Mittelweg 111, 20149 Hamburg
Druck: Druckhaus Schöneweide, Berlin
Fotos: Ines Baier, Peter Bergholz
Titelgestaltung: Lipp Design, Hamburg

Printed in Germany 2003

ISBN 3-935436-13-0

Gerda Boyesen
Peter Bergholz

Dein Bauch ist klüger als du

Stress umwandeln
Sex beleben
Ängste lösen
Entspannt schlafen
Täglich Glück empfinden

Miko-Edition

Inhalt:

Zum Geleit

Ich freue mich, dass dieses Buch jetzt entstanden ist, es ist ein Höhepunkt der gemeinsamen Zeit von Peter Bergholz und mir. Sie begann bereits vor 20 Jahren, als er mit seinem Verein Zegat sehr erfolgreich meine Biodynamischen Ausbildungen bekannt machte und organisierte. Später gehörte er dem engeren Kreis der Trainer im Internationalen Institut an.

Wir haben in all den Jahren sehr entspannte, schöne Momente erlebt und uns darüber gefreut, dass immer mehr Menschen die Biodynamischen Gruppen besuchten.

Aber der Erfolg hat immer Kehrseiten, und die bescherten uns auch dunkle, schwere Stunden. Peter pflegt dann zu sagen „Was runtergeht, das geht auch wieder nach oben!" Und so geschah es auch. Wenn man das Unvermeidliche annimmt, der Logik der menschlichen Natur folgt und um kosmische Gesetze weiß, dann geht es immer weiter! Manchmal auch mit Hilfe eines Stethoskops!

Aus unserer Anfangszeit habe ich Peter noch als „Bioenergetiker" in Erinnerung. Er hatte den Ruf eines unerschrockenen „Haudegens", der auch mit Aggressionen gut zurecht kam. Er arbeitete damals viel mit emotionalen Abreaktionen, veranstaltete in seinen Gruppen wilde Kämpfe und war sehr erfolgreich damit. Ich als Biodynamikerin hatte natürlich andere Schwerpunkte.

Als wir jetzt im Sommer in London zusammen waren und die letzten Gespräche zu diesem Buch führten, da fiel uns auf, dass wir uns doch im Laufe der Jahre sehr einig geworden sind: wie sich Psychologie und Psychotherapie auch immer entwickeln mögen, die Einführung des Prinzips des Schmelzens wird das große Verdienst der Biodynamik bleiben, viele Therapiemethoden haben davon profitiert.

Ich hatte in all den Jahren zu wenig Zeit, um meine Methoden auch außerhalb der therapeutischen Welt bekannt zu machen und habe es sehr geschätzt, dass Peter früh damit begann. Er war in den siebziger und achtziger Jahren Leiter einer großen Beratungsstelle bei Hamburg und veranstaltete dort Tageseminare für Eltern. Ich konnte manchmal dabei sein und war absolut fasziniert, wie er Elemente meiner Methoden integrierte, wie begeistert die Leute waren und welche Veränderungen so bei Menschen möglich wurden, die ihrer Kinder wegen gekommen waren und persönlich wohl nie in eine Psychotherapie gehen würden.

Wir haben uns dann einmal eine ganze Woche in den Odenwald zurückgezogen und über die Ausweitung der Biodynamik nachgedacht. Ich selbst wollte mich weiter auf meine Klienten und die Ausbildungsgruppen konzentrieren, Peter ist dann aber beherzt den Weg nach außen in die Alltagswelten gegangen, hat überall Vorträge und Seminare durchgeführt - für Eltern, für Angstbetroffene, für Gestresste und Suchende und auch in Unternehmen. So entstanden neue Räume für die Biodynamik und ich fühle diese Arbeit bei Peter Bergholz in allerbesten Händen.

Gerade in schweren Zeiten brauchen Menschen Unterstützung und neue Perspektiven, und deshalb werden diese Angebote eine große Zukunft haben. Man kann sich vorstellen, wie das Leben in den Familien wieder glücklich und die Schule zu einem Ort kreativen Miteinanders wird. Und auch die Arbeitswelt könnte gesünder und produktiver sein, es bedarf nur einiger konkreter Maßnahmen. Überall bleibt heute Lebensenergie stecken und dagegen kann jeder etwas tun, z.B. mit den Übungen unserer Dynamischen Entspannung.

Darum soll es in diesem Buch gehen. Am Anfang war ich zugegebenermaßen etwas irritiert, wie Peter die komplexe Theorie der Biodynamischen Psychologie zuspitzt und vereinfacht, aber ich habe mich dann doch von dem Argument überzeugen lassen, dass wir kein neues Lehrbuch schaffen, sondern biodynamische Sichtweisen und vor allem die Psychoperistaltik „unter die Leute" bringen wollen.

Ich wünsche allen Leserinnen und Lesern gute Erfolge!

Gerda Boyesen
London, Mai 2003

Einführung

Der Positive Bauch

Unser Bauch ist unsere Schatzkammer! Fast alles, was wir für ein glückliches und erfolgreiches Leben benötigen, ist hier zu finden!

Haben Sie sich schon einmal überlegt, warum manche Tage so anstrengend und erfolglos sind, während an anderen alles zu gelingen scheint. Vielleicht haben Sie an solch erfreulichen, gute-Laune Tagen selbst schon gespürt, dass etwas im Körper zu strömen scheint. Eine Kraft, die uns durch den Tag trägt und die vorhandenen Ressourcen mühelos zu öffnen scheint: Lebensenergie! Sie entscheidet über die Qualität unseres Lebens.

Lebensenergie wirkt unspezifisch und erfasst, wenn sie strömt, Fühlen, Denken und Handeln gleichermaßen. „Dann brauche ich nur einen Bruchteil der sonst üblichen Zeit für meine Artikel und mir fallen auch 1000 neue Themen ein. Und plötzlich strahlen mich sogar wildfremde Frauen an und schlafen kann ich auch viel besser als sonst“ So schildert der Journalist C. Hahn das optimale Zusammenspiel an den erwähnten „guten Tagen“.

Dieser wunderbare Zustand des Strömens ist gefühltes Glück und nicht zu „toppen“. Glücklicher als glücklich geht nicht!

Wenn Lebensenergie aber zu schwach fließt, dann bleibt das Leben in jedem Fall hinter den Erwartungen zurück, und Menschen werden krank.

Diese Zusammenhänge sind seit ewigen Zeiten bekannt, beschäftigen Heilkunde, Philosophie, Physik und werden langsam auch von konventionellen Schulmedizinern beachtet.

Gerda Boyesen gelang es, vor mehr als 40 Jahren und eher „zufällig“, die körpereigenen Quellen dieser vitalen Lebenskräfte herauszufinden. Sie liegen in unserem Verdauungstakt, im Bauch.

Diese Entdeckung war bahnbrechend, Gerda Boyesen konnte beschreiben, wie kleinste, unmerkliche Spannungsherde im Bauch entstehen und sämtliche Lebensbereiche ausbremsen können. Und sie entwickelte eine einzigartige Methode, diese Prozesse zu stoppen und Lebensenergie gezielt zum Strömen zu bringen - jederzeit und nahezu überall, in der tiefsten persönlichen Krise und an trostlosen Orten. Dies wurde zur Geburtsstunde einer neuen „Biodynamischen Psychologie“, die Gerda Boyesen weltweite Anerkennung bringen sollte. „Eine der größten Psychotherapeuten dieses Jahrhunderts“ , so die „Zeit“ im Jahre

1982. Langsam spricht es sich herum. Die „Frankfurter Rundschau“ titelte gerade “Dein Bauch ist klüger als dein Kopf“, „Bild“ brachte im März 2003 eine ganze Serie “Geheimnis Darm, die Quelle des Wohlbefindens“, auch „Focus“ und „Psychologie heute“ beschäftigen sich mit einem Phänomen, das eigentlich jeder aus eigener Erfahrung kennt.

Wir sagen: „Ich habe Wut im Bauch - das verursacht mir Bauchschmerzen - es kommt mir direkt aus dem Bauch - es ist mir auf den Magen geschlagen - ich spüre Kribbeln, Schmetterlinge, Aufregung, Spannung.... im Bauch“, und Kinder lassen sich bei Seelenschmerz den Bauch streicheln.

Das „Bauchgehirn“ regiert das „Kopfgehirn“, das weiß man erst seit 20 Jahren. Nichts läuft gegen die Stimme des Bauches!

Konflikte, Stress, Sehnsüchte, Frustrationen, Schmerz, Stolz, Trauer, Langeweile, Überraschungen Hemmungen – die täglichen Ereignisse eines normalen Lebens werden hier verdaut, verarbeitet, reguliert. Und deswegen liegen in den Darmwänden auch die Quellen unserer Lebensenergie. Übrigens wird hier auch 95% des Glückhormons Serotonin produziert.

Gerade wird von einem aktuellen Forschungserfolg berichtet. Im Februar 2003 teilte die Universität Heidelberg mit, dass ein Forscherteam von Prof. Peter Nawroth (Ärztlicher Direktor an der Medizinischen Universitätsklinik Heidelberg) erstmalig die komplette Stress-Kettenreaktion von der Anspannung über die Hormonausschüttung bis zu molekularen Veränderungen im Zellkern aufzeigen konnte.

Stress und Anspannung wirken danach direkt bis in die Molekularstruktur des Zellkerns und lösen dort ein Schlüsselmolekül namens „NF-kappaB“ aus, das eine große Rolle bei Entzündungsprozessen, chronischen Erkrankungen und dem Altern spielt („gemeinsamer Nenner“, so Nawroth). Dies geschieht zeitnah, also unmittelbar und nicht etwa in fernen Tagen. Gespürt haben wir es immer, nun gibt es auch den wissenschaftlichen Beleg: Stress und Anspannung machen krank und früher alt, unausweichlich! “Medikamentös können diese Prozesse nicht beeinflusst werden“, so Nawroth in einem Interview mit dem Deutschlandfunk, „helfen können allein Entspannungstechniken“

Deshalb sind die in diesem Buch erstmalig dokumentierten Übungen und Gedanken nicht nur eine zuverlässige Fitnessquelle für Körper und Geist, sie verhindern auch krankmachende Prozesse und schützen die Gesundheit. Sie sind ohne Vorkenntnisse zu erlernen und bewirken sofortige Erfolge. Es sind kleine, „Gewinnende Bewegungen“, die den positiven Dialog mit dem Bauch herstellen und die Sie überall umsetzen können: zuhause sowieso, in Bus und Bahn, im Büro, vor schwierigen Situationen, an langweiligen Tagen. Ob Sie gerade Krisen bewältigen müssen oder das Selbstvertrauen am Boden liegt, Ihre Beziehungen zu Ihren Mitmenschen verbessern oder Schmerzen loswerden wollen, ob Sie ihren Stress reduzieren oder ihre Ausstrahlung steigern wollen. Die Lösung beginnt im Bauch! Hier entspringen die uns treibenden Kräfte! Kraft, Mut, Begeisterung , Neugierde – alles Vitale und Inspirierende kommt von hier.

Sie werden Ihre Inneren Bremsen selbst entdecken und lösen können und Ihre eigenen, kleinen Bewegungen herausfinden. Sie sind der individuelle Schlüssel für strömende Lebensenergie aus dem Bauch heraus. So wecken Sie die Energie und Kraft, die bereits in Ihnen stecken und nutzen Sie für Ihre Gesundheit, Ihre Ausstrahlung, Ihr Lebensglück und Höchstleistungen, wo auch immer Sie diese erbringen wollen. Immer wieder und immer leichter....

Die Psychologie muss umdenken. Bislang beschäftigte sie sich vor allem mit der Entwicklung von psychotherapeutischen Techniken, hier gibt es mittlerweile ein breites und ausreichendes Angebot. Nun tritt eine ganz neue Aufgabe in den Vordergrund. Seit Jahren breitet sich eine allgemeine psychische Verunsicherung aus, und zwar durch alle Schichten der modernen Industriestaaten. Menschen verfügen heute über nie da gewesene Informations-, Absicherungs- und persönliche Entwicklungsmöglichkeiten, dennoch geht ihnen Lebensfreude und innere Orientierung verloren.

Gerda Boyesen sagt: *„So viele Menschen trauen sich heute nicht mehr, ihre eigene Persönlichkeit zu finden, ihre Ecken und Kanten zu zeigen. Sie kommen nicht mehr raus aus ihrer Haut und verlieren so ihre individuelle Lebensmelodie. Wir wollen Menschen darin unterstützen, wieder aus dem Inneren schöpfen zu können und ein glückliches, erfülltes Leben zu führen. Dazu braucht nicht jeder eine Psychotherapie, im Gegenteil. Wir sollten ihnen Anregungen bieten und wunderbare Übungen zeigen!"*

Bislang war die Arbeit mit der Psychoperistaltik streng an körpertherapeutische Behandlungen geknüpft. Durch spezielle Massagen oder andere Techniken werden die „Töne aus dem Bauch" aktiviert. Es gibt aber auch die Möglichkeit von Selbsthilfe oder Selbstmanagement, und um die geht es in diesem Buch. An die Stelle des Therapeuten treten jetzt kleine Bewegungen, die auf die Psychoperistaltik einwirken. Manche sprechen von den „wichtigsten Bewegungen nach Beendigung der Kindheit", wir nennen sie „Gewinnende Bewegungen" oder „winning moves". Es sind einfachste, natürliche, unspektakuläre Bewegungen, aber die Wirkungen sind sensationell.

Sie führen in tiefste Entspannungsprozesse - bis in den Bauch hinein, generieren in jeder Situation gestauchte Kräfte und lösen die wunderbaren Strömungen aus.

Im Abschnitt „Hilf dir selbst, wer sollte es sonst tun" finden Sie Plädoyers für ein leichteres Leben, ein skizzierter Wegweiser durch die üblichen, unvermeidlichen schwierigen Lebensphasen. Tenor: Verliere dich nicht in Kämpfen, die du nicht gewinnen kannst. Akzeptiere die Dinge, die sowieso passieren! Alles was du benötigst, hast du schon in dir! Versuche zu verstehen! Lieber tanzen und Champagner schlürfen, als immer nur abwarten und Tee trinken! Das letzte Hemd hat keineTaschen!

Das menschliche Leben unterliegt natürlich-biologischen und kosmischen Gesetzmäßigkeiten, denen sollten wir folgen, dann wird vieles von dem leichter, was sowieso schwer genug ist: seine Kinder verstehen und achten; Partnerschaften aufbauen, die beständig wachsen können; Sexualität lebendig halten; Ängste als Signale und Depressionen als Herausforderung verstehen; das Älterwerden feiern und freundlich miteinander leben und arbeiten.

Vergleichsweise wenige unserer Zeitgenossen praktizieren regelmäßig Yoga, Tai Chi oder andere schöne Dinge. In den USA dagegen sind an jeder Ecke Institute für Partnermassage, Entstressung, Meditationen u.a. zu finden. Jeder trifft sich hier, jung und alt, Professoren und ihre Studenten, Arbeitslose und Bosse, Gurus und Anfänger. In den frühen Morgenstunden sind die Rasenflächen in Los Angeles und San Francisco bevölkert von Menschen, die dort in großer Seelenruhe ihre Energie-Übungen machen und sich auf diese Weise auf ihren Tag vorbereiten. Man akzeptiert offensichtlich die Tatsache, dass sich ein energievolles, erfolgreiches Leben nicht von allein einstellt sondern erarbeitet werden will und steht ganz einfach dazu, etwas aus sich und seinem Leben machen zu wollen. Und es gibt diese eigenartige Scham nicht, die hier allein bei der Vorstellung ausbricht, in der Öffentlichkeit eine kleine Yoga-Übung zu machen. Was die Dynamische Entspannung und die Gewinnenden Bewegungen anbelangt, so verspüren wir dennoch einen gewissen Optimismus, unsere Leser dafür interessieren zu können. Warum? Weil schnelle Resultate eintreten!

Die segensreichen Effekte von Yoga, Autogenem Training, Tai Chi u.a. treten erst nach Wochen oder Monaten des Trainings zutage, dies ist bei den Übungen der Dynamischen Entspannung anders. Sie können bereits nach wenigen Wiederholungen ein körperliches Verlangen nach neuen Glücks- und Stärkegefühlen auslösen und den Organismus im positiven Sinne „süchtig" machen – für viele Menschen die einzige Chance, wirklich auf neue Wege zu gelangen. In jedem Fall können Sie zeitnah erleben, ob und wie diese Methoden bei ihnen wirken und wohin sie mit Ihnen gelangen können.Übrigens werden Sie im Anhang keine Literaturhinweise finden, das liegt in der Natur der Sache. Gerda Boyesen ist seit 50 Jahren in diesem Bereich tätig, und bei mir ist es auch schon ein Vierteljahrhundert. Beide forschen wir, probieren aus, entdecken, verwerfen. Da wird das eigene Material so umfangreich, dass es für sich stehen kann und muss, ohne Legitimation durch Dritte. Dennoch sind die jüngsten wissenschaftlichen Bestätigungen, auf die wir in einem eigenen Abschnitt kurz eingehen, sehr erfreulich.

Wenn zwei Autoren gemeinsam ein Buch schreiben, möchten Leserin und Leser im allgemeinen gern wissen, welche Gedanken von wem stammen. Wir haben es im Buch so gelöst, indem wir Ausführungen von Gerda Boyesen stets in *kursiver Schrift* präsentieren.

Dennoch bleibt festzuhalten: Auf wundersame Weise sind Autorin und Autor während der Arbeit am Manuskript zu einer Person verschmolzen. Wir haben viel diskutiert, aber unsere Grundansichten waren praktisch deckungsgleich.

Für mich stellen die 20 Jahre persönlicher Zusammenarbeit mit Gerda Boyesen und besonders die Arbeit an diesem Buch außerordentlich bereichernde und beglückende Momente in meinem Leben dar, und deshalb darf dieses Buch erst beginnen, nachdem ich Ihnen das aufregende Leben dieser außergewöhnlichen Frau vor Augen geführt habe.

Peter Bergholz
Bremervörde, Mai 2003

Wendepunkte im Leben von Gerda Boyesen

„Das Leben ist voller spannender Höhen und Tiefen"

„Eine der größten Psychotherapeuten des Jahrhunderts", so „Die Zeit", als sie 1982 über Gerda Boyesen berichtet. Der ausführliche Artikel machte ihre Arbeit schließlich auch in Deutschland bekannt, nachdem sie vorher bereits in England, Holland und Frankreich für Furore gesorgt hatte. Wie wurde diese Frau zu einer Schlüsselfigur der modernen Psychologie und Psychotherapie? Welche Markierungen bestimmen ihren Weg, der vor 80 Jahren im kleinbürgerlichen Milieu der norwegischen Stadt Bergen seinen Anfang nahm und sie zu einer weltweit gefeierten und gleichzeitig auch umstrittenen Psychotherapeutin werden ließ?

Gerda Boyesen bezeichnet sich selbst als „Ja-Person", die es allen Menschen in ihrer Umgebung recht machen will (muss). Also versucht sie, verschiedene Welten miteinander zu verbinden. Die Erwartungen der Familie und eigene Träume, die rigiden Vorstellungen der Psychoanalyse und ihre forschende Neugierde, Mutter dreier Kinder zu sein und gleichzeitig Therapeutin mit einem Zwölf-Stunden-Tag. Phasen der Schwäche und Hilfsbedürfigkeit und jahrzehntelang die Rolle als Chefin eines Familienclans. Und immer wieder gilt es, enorme Widerstände zu überwinden, in der privaten Umgebung und in der Akzeptanz ihrer neuen Methode. Gegenseitige Berührungen, Musik, ozeanische Gefühle, das Schmelzen innerer Blockaden, Humor, überhaupt Gruppen! Das war nicht die Welt der bis dahin von alten Männern dominierten Psychotherapie.

Es gelingt ihr, psychologische Welten miteinander zu verbinden, die vorher nicht nur unabhängig, sondern auf strikte Abgrenzung bedacht, nebeneinanderher werkelten: Die Psychoanalyse von Freud bis Reich (verbal, distanziert und direktiv) und die klassische Physiotherapie mit ihren verschiedenen Massagetechniken.

Bahnbrechend auch die Beobachtungen zum Ursprung der Neurosen. Chronische Anspannungen, Ängste, Depressionen, Abhängigkeiten etc. sind das Resultat nicht vollständig „verdauter", abgebauter Spannungen. Sie findet heraus, dass der Verdauungstrakt (Bauch) dabei zum Speicher nervöser, letztlich krankheitsbildender Energien werden kann (Konzept der Psychoperistaltik).
„Nichts läuft gegen den Bauch!", er reguliert unsere Lebensenergie und damit alle Gedanken, Gefühle, Impulse. Wie aber lassen sich die Spannungen im Bauch abbauen? Gerda Boyesen entwickelt dafür ganz neue Methoden, sie

sind sehr einfach und verblüffend wirksam. Als „Pfadfinder" benutzt sie dabei das aus der Medizin bekannte Stethoskop, mit dessen Hilfe auch Selbstbehandlung möglich wird. Plötzliche Darmgeräusche (Psychoperistaltik) sind die Indikatoren für aktivierte Stressverarbeitung und der damit verbundenen Entspannung und Heilung. Gerda Boyesen lebt ihre Lehre, das Stethoskop ist ihr ständiger Begleiter. So konnte sie sich bis heute Lebensfreude und Optimismus bewahren und jene deprimierenden und harten Situationen verdauen, an denen es in ihrem Leben nie mangelte.

Gerda Monsen wird am 18. Mai 1922 in Bergen/Norwegen geboren. Sie ist die Älteste von vier Geschwistern. *„Meine Schwester war das schönste Kind (und später die attraktivste Frau), meine Brüder waren männliche Draufgänger, standen im Mittelpunkt, wo immer sie auftraten. Ich war der Dackel!"* Der Vater ist ein begeisterter Vertreter der „Schreber"-Pädagogik, autoritär, mit festen Prinzipien. *„Eigentlich wurde ich von einem Deutschen erzogen"*, sagt Gerda im Rückblick. Er arbeitet im Unternehmen seines Vaters und leidet schrecklich unter dieser Situation, vor allem unter den Ansprüchen der Kunden. *„Er war kein Typ, der sich zum Diener eignete, er wollte viel lieber selbst bedient werden!"* Die Mutter ist das Gegenteil, freiheitsliebend und vielseitig. Sie muss aus gesundheitlichen Gründen ihre Karriere als Pianistin aufgeben. Später wird Gerda ihre Neurosen mit diesen Diskrepanzen erklären: *„Ich wurde von meiner Mutter angeregt und gleichzeitig vom Vater gebremst, das macht krank."* Als Gerda fünf Jahre alt ist, löst sich der Vater aus dem elterlichen Betrieb und macht sich mit einem Geschäft für Schulbedarf in Oslo selbstständig. Die Familie wohnt in einem großen Haus, es gibt Personal, Kindermädchen, Gerda erlebt wunderbare Jahre. *„Vor allem draußen in der Natur. Wir hatten eine unbeschwerte Kindheit."*

Die dreißiger Jahre: Wirtschaftlicher Niedergang und Aufstieg der Familie Monsen

Anfang 1931 geht diese Zeit zu Ende, im Zuge der wirtschaftlichen Depression entwickeln sich die Geschäfte des Vaters schlecht. Die Familie ist gezwungen, Oslo zu verlassen und in sehr viel bescheidenere Verhältnisse zu wechseln. Eine sehr kleine Wohnung für eine große Familie. Gerda hat Schwierigkeiten, sich zu arrangieren. Sie muss ihr Zimmer teilen, außerdem ist die Mutter kaum noch zu Hause. Keiner weiß zunächst, was die Mutter treibt. Sie lernt Skilaufen, um der häuslichen Enge zu entfliehen. Dabei entwickelt sie eine Geschäftsidee, welche die Familie wirtschaftlich retten wird. Ihr fällt auf, dass die Skifahrer in Norwegen schlecht gekleidet sind. Sie entwirft eine Sportmode, vermarktet diese und wird eine erfolgreiche Geschäftsfrau. „Dior von Norwegen" nennt man sie. Auch Gerda treibt es aus der Enge, sie widmet sich dem Tennisspiel und bringt es hier zu Meisterehren.

Die vierziger Jahre: Die Familie Boyesen gründet sich

Norwegen wird im Zweiten Weltkrieg von den Deutschen besetzt, eine Zeit der Erstarrung und Depression. Gerda spürt, wie sich auch ihr Leben verengt, Ängste! Sie sucht nach Auswegen, will sich nicht von der allgemeinen Panik anstekken lassen und besucht eine Ballettschule. *„Die Bewegungen gefielen mir, aber ich war so furchtbar steif und ungelenk und konnte mich überhaupt nicht frei bewegen. Damals nannte ich dies aber noch nicht neurotisch, den Begriff kannte ich noch nicht. Aber ich spürte, dass ich was unternehmen musste, um diese Steife und Hemmungen zu verlieren".* Sie entdeckt das Singen für sich und ist glücklich. Ihre Lehrerin übt nie Druck aus, ist sehr persönlich und voller Leichtigkeit, gleichzeitig auch konzentriert und ernsthaft. Es sind diese Eigenschaften, die später auch die Psychologin Gerda Boyesen auszeichnen werden. Wahrscheinlich findet sie hier ein wegweisendes Vorbild. In späteren Jahren findet Gerda immer wieder zum Singen zurück, an ihrem 70. Geburtstag stellt sie sich auf die Bühne und begeistert mit glockenreiner Stimme die 300 Gäste mit dem Sinatrasong „My Way". *„Es war mein schönstes Geschenk, dass ihr alle zugehört habt!"*

Und sie lernt im Warteraum ihrer Gesangslehrerin einen eleganten, attraktiven, höflichen Mann kennen. Carl-Christian Boyesen, ihr künftiger Mann. Er entstammt einer der reichsten Familien Norwegens, eine aristokratische, elegante und steife Welt. Die Schwiegereltern sind nicht begeistert, sie hatten andere Pläne mit ihrem Sohn. Dennoch wird der Schwiegervater Gerda immer wieder finanziell unterstützen. Carl-Christian arbeitet ebenfalls im Familienunternehmen, es ist allerdings keine Kronprinzenposition. Im Gegenteil, immer wieder wird er zum Blitzableiter für die Spannungen seines Vaters und kehrt abends deprimiert und geladen heim.

Gerda wird zum Mittelpunkt seines Lebens, ihr gegenüber ist er ein liebender, autoritärer und besitzergreifender Mann: *„Er kann es überhaupt nicht aushalten, wenn ich mal nicht an ihn denke oder etwas alleine machen will, dann dreht er durch. Ich denke, schon in dieser Zeit begann meine 'Puppe in der Puppenstube'-Episode - ein Dasein, das schließlich 20 Jahre dauerte, die ganze Zeit meiner ersten Ehe. Und ich begann ebenso zwei Leben zu führen. Das eine war für mein inneres Selbst, das andere für die Außenwelt."*

1944 wird Tochter Ebba geboren, ein Jahr später Mona Lisa und als Gerda kurz darauf mit Sohn Paul schwanger wird, beschließt sie gegen heftigsten Widerstand, vor allem der dominanten Schwiegereltern, ein Psychologie-Studium zu beginnen. *„Ich war so neugierig auf das Leben, ich konnte es nicht länger als Hausfrau und Mutter aushalten."* Eine harte Zeit beginnt, zerrissen zwischen den Welten, erfüllt von neuem Wissen, Schuldgefühlen, Vorwürfen.

Bilder aus dem Familienalbum:

Oben: Zwischen Ballettschule und Gesangunterricht: Gerda Boyesen im Alter von 16 Jahren. Rechts: Junges Familienglück: Gerda mit Ehemann Carl-Christian und Tochter Ebba im Jahre 1944 in Norwegen.

Im Juli 2000: Nach langen Jahren des Nebeneinanders der gelungene Versuch einer gemeinsamen Veranstaltung (v.l.n.r.): Die Töchter Ebba und Mona Lisa mit Gerda bei ihrem Sommerkurs im Seminarhotel Odenwald.

Meine eigene Zukunft war für mich lange ein graues Blatt. Mir war sehr früh klar, dass ich irgendetwas studieren wollte. Inspiriert durch meine Mutter, die Geschäftsfrau war, habe ich damit begonnen, Betriebswirtschaft zu studieren. Das habe ich aber schnell wieder aufgegeben, weil es mir viel zu trocken war. Danach dachte ich darüber nach, vielleicht Tänzerin zu werden. Später interessierte mich dann auch noch die Fotografie. So bin ich über Jahre immer wieder in neue Themen eingestiegen, habe sie wieder verworfen und wieder etwas anderes Interessantes entdeckt. Methode: Tryal and error. Mit 26 Jahren wurde mir dann klar, dass ich neurotisch bin. Ich wusste keine bessere Behandlung für mich, als selbst Psychologie zu studieren. Ich empfand diese Erkenntnis wie eine Offenbarung."

Die fünfziger Jahre: Eine neue Psychologie entsteht

Während des Studiums arbeitet sie in einer Psychiatrie und hat die Erlaubnis, ausgiebig in den Patientenakten zu lesen. Immer wieder wird das „gute Elternhaus" erwähnt, aus dem die Patienten kommmen, schwer gestörte Menschen. *„Das machte mich hellhörig, weil wir beide, mein Mann und ich, ebenfalls aus einem so genannten guten Elternhaus kommen. Und mein Mann war so neurotisch, dass er sogar gewalttätig werden konnte, wenn er sich provoziert fühlte. Meine zentrale Frage war nun, warum sind wir so neurotisch geworden, wo wir doch aus so guten Familien stammten und mit so viel Liebe erzogen wurden. Dieses tiefe Interesse und die heilige Wut auf die so genannte normale Kindererziehung hat von nun an einen Prozess in mir ausgelöst und meinen Weg bestimmt. Ich habe auf alles in meiner Umgebung reagiert, was irgendwie mit dem Thema Neurose zu tun hatte. Die Angst, bei meinen Kindern die gleichen Fehler zu begehen, wurde immer größer. Ich wollte meine Kinder so sehr vor Neurosen schützen, mit dem Ergebnis, dass sie die ganze Familie terrorisieren konnten, speziell mich als Psychologin. Meine Unbestimmtheit, meine Angst, meine Unklarheit haben dann eines Tages zu einem Eklat mit meinen drei Kindern geführt. Ich kam gerade dazu, als sie dabei waren, ein ganzes Zimmer komplett auf den Kopf zu stellen und es sogar teilweise zu zerstören. Unbedingt hätte ich eingreifen müssen, meine neurotische Angst hat mich jedoch dermaßen gehemmt, dass ich völlig passiv blieb, handlungsunfähig, hilflos. Innerlich spürte ich einen gewaltigen Ärger. Meine innere Stimme aber befahl mir 'Bleib ruhig, beherrsche deine Wut, sonst werden deine Kinder neurotisch.' Was sie brauchten, wusste ich nicht genau, doch hatte ich nur den einen Gedanken: bloß keine Neurosen produzieren.*

An diesem Tag aber kam es angesichts des unglaublichen Chaos zum Überfließen meiner Gefühle. Ich erwischte meine Tochter an den Haaren und zog sie vom Boden hoch. Sie brüllte vor Schmerzen, und ich kam mir vor, als hätte ich in sämtlichen Erziehungsfragen von Grund auf versagt, was mich noch wüten-

der und noch verzweifelter machte. Ich war einfach nicht wiederzuerkennen, packte und schüttelte sie in alle Richtungen, und schließlich war ich so unglücklich, dass ich auf die Knie sank und sie weinend um Verzeihung bat. Mitten in diesem Drama erschien urplötzlich meine Mutter in der Tür. Sie wohnte gar nicht in der Stadt, sie wohnte auf dem Land. Wir hatten uns überhaupt nicht verabredet, aber sie stand nur da und fragte ganz ruhig, was denn hier los sei. 'Ebba, räum die Kissen auf!', 'Mona, hilf mir die Stühle wieder aufzustellen!' ,Und du Gerda, häng die Vorhänge wieder richtig hin!' Und plötzlich sah ich, wie das ganze Drama, das ich durch meine Ohnmacht und mein Gehenlassen produziert hatte, sich auflöste und in eine gutwillige, koordinierte Zusammenarbeit verwandelte. Hier glaube ich wieder an die Gleichzeitigkeit der Ereignisse. Weder waren wir verabredet, noch wusste ich, dass sie uns besuchen wollte. Sie hatte sich diesen Besuch auch gar nicht vorgenommen, er hatte sich spontan ergeben. Weil wir sie in diesem Moment so sehr brauchten, hat das Universum sie zu uns geführt. In einer Studie las ich dann, dass gerade Lehrer, Psychologen und generell 'Kopfmenschen' Schwierigkeiten in der Erziehung ihrer Kinder haben, eben weil sie sich so schwer behaupten können, weil so etwas wie eine gesunde Bestimmtheit und Durchsetzungsfähigkeit fehlt."

Im Jahr 1952: Prüfungen und Abschluss des Studiums an der Universität Oslo

Es folgt eine enorme Ehekrise: *„Mein Mann konnte es nicht aushalten, wenn er mich beim Lesen meiner Psychologiebücher erwischte. Er wollte mich als elegante Dame der Oberschicht sehen, so wie es seine Mutter war, und er wurde immer wütender."* Aus diesen Situationen heraus kommt es sogar zu körperlichen Auseinandersetzungen und zum Wegschließen der Bücher.

„Nachdem ich Psychologie studiert hatte, wusste ich nicht genau, was ich damit anfangen wollte. Ich lebte in der reichen Familie meines Mannes und niemand dachte daran, dass ich ernsthaft Geld verdienen wollte. Allerdings wusste auch niemand, dass ich selbst keinen Penny zur freien Verfügung hatte. Als ich einmal zwei Lippenstifte gekauft hatte, machte mein Schwiegervater mir große Vorwürfe. Ich fühlte mich in der Familie meines Mannes sowieso schlecht behandelt und wollte auch deshalb unbedingt mein eigenes Geld verdienen. Es hieß damals, wenn man als Psychologe reich werden möchte, muss man entweder Arzt oder Physiotherapeut werden. Mein Professor schätzte meine rhetorischen Talente und schlug mir vor, Vorträge für Hausfrauen zu halten. Ich aber wollte richtiges Geld verdienen und begann eine Ausbildung in Physiotherapie."

Hier entwickelt Gerda Boyesen erste vorsichtige Theorien über die Verkörperung von Neurosen. In diese Zeit fällt auch der Beginn einer Therapie bei Ola Raknes, Schüler und Kollege von Wilhelm Reich. Reich ist ein bewunderter, verfemter, bekämpfter und verehrter Mediziner und Psychoanalytiker, ein Querdenker, der erst posthum in den siebziger Jahren allgemeine Beachtung und Wertschätzung finden sollte. Auf seiner Flucht vor den Nazis landete Reich auch in Oslo, musste bald aber auch Norwegen verlassen und siedelte in die USA über.

„Raknes war Reich nach Amerika gefolgt und kannte deshalb auch seine neue Behandlungsmethode, die er Orgonomy nannte. Er machte mit mir Sachen, von denen ich vorher nie gehört hatte. In einer der ersten Stunden sollte ich mich auf den Boden legen und mir vorstellen, eine Qualle zu sein. Für mich war das so albern und künstlich, dass ich mir gar nichts vorstellen konnte und wollte. Auch fühlte ich nichts. Was sollte ich überhaupt fühlen, ich konnte mit den Fragen von Ola Raknes einfach nichts anfangen. Wovon ich damals noch keine Ahnung hatte war die Tatsache, dass meine Muskeln zu der Zeit noch so hart waren, der ganze Körper so verspannt, dass ich auch gar nichts fühlen konnte, schon gar nicht, wie Lebensenergie durch meinen Körper hindurchfließt. Meine erste Erfahrung mit diesen angeblich sensationellen Methoden war sehr ernüchternd."

Sie bemüht sich um eine Tätigkeit bei der sehr bekannten Nic Waal. *„Plötzlich aber kam mir der Gedanke, für einige Monate ans Institut von Bülow-Hansen zu gehen, um deren seltsame Methoden kennen zu lernen. Ich hatte das Vorhaben schon fast wieder vergessen, als ich eine Freundin traf, die mich zu einer Versammlung in der Schule für Physiotherapie einlud. Gewöhnlich ging ich nicht zu solchen Treffen, aber dieses Mal sagte ich zu. Ich setzte mich neben Anna, und irgendwann sagte sie mir, dass sie heiraten werde. Ob ich nicht Lust hätte, ihren Platz im Bülow-Hansen-Institut zu übernehmen, wo sie seit einiger Zeit arbeitete. Ich konnte doch nicht anders, als mit Ja antworten. Noch war es für mich ein Rätsel, was an diesem Institut vor sich ging, aber ich sah oft genug die ausgezeichneten Resultate. Wäre ich also dieser Einladung an diesem bestimmten Abend nicht gefolgt, wäre mein Leben womöglich ganz anders verlaufen. Da war er wieder, der Synchronismus der Ereignisse. So hat mich das Leben also wieder einmal zu meiner jetzigen Arbeit geleitet. Es kann also ganz einfach sein, dem Fluss des Lebens zu vertrauen, wenn man bereit ist, Umwege zu gehen, Phasen der Unsicherheit zu durchleben, Fehler zu machen und den Mut zur Spontaneität hat."*

1956 beginnt Gerda ihre Tätigkeit am weltbekannten und richtungsweisenden Institut von Bülow-Hansen, vertieft ihre physiotherapeutischen Kenntnisse, arbeitet bis zu 14 Stunden täglich und sammelt unschätzbare Erfahrungen. Sie berichtet: *„Durch die Ausbildung im Bülow-Hansen-Institut habe ich dann meine Begabung für die Biodynamische Psychologie und die Bioenergetische Massage erfahren, und mir eröffnete sich eine völlig neue Welt des Körpers. In den Stun-*

den bei Ola Raknes machte ich wunderbare Erfahrungen mit meinem eigenen Körper. Das Leben fing jetzt erst richtig an!"

Offensichtlich durch Intrigen verliert Gerdas Mutter von einem Tag auf den anderen ihre Modefirma und das mittlerweile stattliche Vermögen. Für die Familie ist es eine Katastrophe, die Eltern sind gezwungen, im Haus ihrer Tochter Unterschlupf zu suchen, gegen den erbitterten Widerstand von Carl-Christian Boyesen, der sich gestört fühlt. Er möchte seine Frau für sich allein. Heftige, auch gewalttätige Auseinandersetzungen sind an der Tagesordnung. Die Eltern verlassen ihr Zimmer nicht mehr, die Zustände werden unhaltbar.

Gerda verdient jetzt aber bereits gutes Geld und ermöglicht damit ihrer Mutter den Erwerb eines Hauses in Hals in Dänemark. Ihr ganzes Einkommen wird in den nächsten Jahren dorthin fließen, Carl-Christian ist alles andere als entzückt. Die Mutter fängt in Dänemark neu an, baut eine Entenfarm auf, vertraut den falschen Leuten und scheitert erneut. Beruflich sind es fruchtbare Jahre bei Bülow-Hansen, langsam entwickelt Gerda die Grundzüge ihrer Biodynamischen Psychologie. Es sind ganz neue Sichtweisen, die bei Kollegen aber kaum Beachtung oder gar Akzeptanz finden. *„Ich war mit meinen Gedanken, Fragen, Thesen, Ideen ganz allein. Eines Tages las ich über Freud, dass seiner Meinung nach unser Ego nicht nur im Hirn, sondern auch im zentralen Nervensystem und den dazugehörigen Muskeln sitzt. Er nannte es 'das motorische Ich.' Mir war das vorher nicht bekannt, diese Worte versetzten mich jedenfalls augenblicklich in Hochstimmung. Dieses in der allgemeinen Diskussion übersehene Konzept von Freud war die Brücke zwischen Psychoanalyse und Körperpsychotherapie, zwischen Freud und Reich, und es ließ auch die Massagemethoden von Frau Bülow-Hansen mehr zu einer psychotherapeutischen Behandlung werden. Sie hatte mir häufiger erzählt, dass Dr. Trygve Braatoy, der sie bei der Entwicklung der Methode die ganzen Jahre unterstützt hatte, immer zu sagen pflegte: 'Wenn man über die Muskeln die inneren Organe und das Nervensystem beeinflussen kann, dann hat man einen Ansatzpunkt für die Behandlung der Neurose gefunden!'*

Plötzlich konnte ich verstehen, womit die Fortschritte meiner Klienten zu tun hatten, es waren die Abreaktionen des Nervensystems, die durch die Behandlungen ausgelöst wurden, das Zittern und Schwitzen, die Kälte, der Durchfall, die Übelkeit. Es waren Reaktionen, die ebenso wichtig und gut waren wie Tränen, Wut oder andere emotionale Ausbrüche, um die es mir vorher immer ging. Und mir war klar, dass es vor diesen vegetativen Reaktionen stille und unbeobachtete Signale geben müsste, die wir noch nicht kannten. Wir wanderten also noch in unbekanntem Land, aber die wissenschaftliche Neugierde in mir und der innere Psychodetektiv waren nicht mehr zu stoppen."

Die sechziger Jahre: Die Entdeckung der Psychoperistaltik

1959 wird Gerda Boyesen leitende Psychologin an der Psychiatrischen Klinik in Oslo, sammelt neue Erfahrungen. Die häusliche Situation aber ist katastrophal. *„Mein Mann wollte einfach keine berufstätige Frau. Er wollte mit mir ausgehen, lange Ferien machen und mich zu Hause wissen."* Mehrwöchige Urlaubsaufenthalte werden ihr zur Qual, *„ich war immer mit den Gedanken bei meinen Patienten und meinen Beobachtungen. Ich bin nicht geboren, um vier Monate im Gebirge zu urlauben."*

Dann kommt das Ende ihrer Tätigkeit am Dikemark Hospital: *„Man wollte mich unbedingt behalten und sie versuchten mich zum Dableiben zu überreden, aber mein Mann und die Kinder waren stärker. Nun musst du endlich bei uns bleiben. Zu Hause! Und ich entschied mich, das Beste daraus zu machen. Jetzt gab es kein Kindermädchen und keine Haushaltshilfe mehr, ich machte alles allein, putzen, den Boden feudeln, Essen kochen, waschen – wie es alle richtigen Hausfrauen tun. Mrs. Boyesen, die täglich wie eine Verrückte zum Bus rennt, die gefragte Therapeutin, die zwar etwas mädchenhafte, aber doch gutgekleidete Lady. Die Frau, die immer Personal zu Hause hatte. Ich biss die Zähne zusammen und hielt durch.*

Irgendwann allerdings begannen die Kinder mich anzuflehen: 'Mutter, bitte werde wieder so, wie du mal warst, wir können dich so nicht mehr aushalten!' 'Hier, nimm einen Löffel Lebertran', sagte ich darauf, denn ich wollte eine wirklich gute Mutter sein und jagte den ganzen Tag hinter den Kindern her. Nur so konnte ich mich von dem Schmerz ablenken, nicht mehr das zu tun, was mich so erfüllte, nämlich zu arbeiten, Klienten zu sehen, mir Gedanken zu machen. So wurde ich eine übereifrige, emsig bemühte, hektische Hausfrau und Mutter. Den ganzen Tag aktiv, aber eigentlich habe ich in der Zeit weniger geschafft als vorher. Am Ende hatte auch mein Mann genug und alle waren froh, als diese Episode vorbei war."

In dieser Zeit aber kann Gerda nicht das Geld verdienen, das sie braucht, um die Hypotheken für die Entenzucht ihrer Mutter in Dänemark zu bezahlen. „Melde privaten Bankrott an", sagt ihr Mann, immerhin Spross einer der reichsten Familien des Landes. „Das macht doch jetzt keinen Unterschied mehr, du bist sowieso pleite!" Auch beruflich geht es nicht weiter. Selbst als auf dem Weltkongress der Psychiatrie in Uppsala ihre Theorien zur Psychoperistaltik wissenschaftliche Anerkennung finden, bleiben ihre norwegischen Kollegen skeptisch. Sie fühlt sich privat und beruflich in der Sackgasse und beschließt, dies zu ändern. 1964 kommt es zur Scheidung. *„Drei Tage und drei Nächte haben wir plötzlich ohne Aggressionen sprechen können, auch Carl-Christian hat eingesehen, dass er seine Vorstellungen von Familienleben mit mir nie verwirkli-*

chen können würde. Meine Ehe war eigentlich eine einzige Katastrophe. Wäre es aber anders gewesen, hätte ich mich nie auf diese Weise auf den Weg gemacht. Ich wagte einen Sprung ins Ungewisse, als ich nach London ging. Ich hatte schon häufiger daran gedacht, nach England zu gehen, aber ich war noch nie allein, und schon gar nicht allein im Ausland. Die Kinder waren mittlerweile über Zwanzig. In meiner Arbeit war ich sehr gut, aber nicht mal die 'Experimentellen' interessierten sich dafür. Der einzige Psychologe, der mich unterstützte, war Professor Ursin. Um sein Angebot, das Forschungslaboratorium der Universität Bergen benutzen zu dürfen, anzunehmen, brauchte ich das Einverständnis von Professor Christiansen. Er war zwar ein Freund von mir, hatte aber mit meinem Energie-Konzept absolut nichts im Sinn. Er lehnte meine Bitte ab und gab mir den Rat, die Psychologie an den Nagel zu hängen, nach London zu fahren und Bücher zu schreiben.

Ich beschäftigte mich tatsächlich immer mehr mit einem Umzug nach London. Alle meine Freunde rieten mir damals, eine feste Anstellung in der Tavistock-Klinik anzustreben. Ich ließ diesen Plan dann doch wieder fallen – ich war noch nicht wirklich entschlossen. Stattdessen rief ich eines Tages meine Professorin in Kinderpsychologie an und erklärte, ich wolle mich um eine Stelle an der Anna-Freud-Klinik in London bewerben. Sie stimmte dem ganz spontan zu und schlug vor, dass wir uns am Dienstag in London in der norwegischen Botschaft treffen wollten. Es war Freitag!

Am Montag dann, als ich meinen Pass abholen wollte, traf ich Ola Raknes, den ich in all den Jahren unserer Bekanntschaft noch niemals 'zufällig' auf der Straße getroffen hatte. Er hatte davon gehört, dass ich nach London gehen wollte. Er fragte mich tatsächlich in diesem Moment, ob ich nicht seine Londoner Patienten übernehmen wollte, er wollte aus Altersgründen die Praxis dort aufgeben. Er gab mir die Adresse und Telefonnummer seiner Sekretärin in London. Von diesem Moment an konnte ich den Synchronismus der Ereignisse wieder deutlich erkennen und hatte nun keine Angst mehr, weil ich so voller Zuversicht war, dass sich alles zum Guten zusammenfügen würde. Ich wusste, dass ich durch Gott gelenkt wurde und dem kosmischen Plan folgen sollte."

Im Jahr 1968 siedelt Gerda mit ihrer Tochter Mona nach London um. In London findet sie sofort die Resonanz, die ihr in ihrer Heimat versagt blieb. Ola Raknes übergibt ihr seine dortigen Patienten und mit Ronald Laing, damals eine Kultfigur in der Szene, schließt sie Freundschaft. Als erste Reich-Therapeutin findet sie regen Zulauf und ihre Biodynamik wird sehr schnell populär. Bald bietet sie ihre erste Ausbildung in London an, an der auch ihre Mutter teilnimmt, sie war ihrer Tochter hierher gefolgt.

Die siebziger Jahre: Das Gerda-Boyesen-Institut in London

Es ist die Zeit des Aufbruchs, London wird zur ersten Anlaufstelle für Kollegen aus den USA, die neue Methoden mitbringen. Gerda trifft sie alle, John Pierrakos, David Boadella, Malcolm Brown. Man besucht sich gegenseitig in den Workshops, lernt voneinander.

Gerda bezieht ein Haus in der Marylebone High Street, eine vorzügliche Adresse in London. Und es ist ein phantastisches Haus. *„Ich war überrascht, dass ein so wunderbares Anwesen zu haben war. Drei Stockwerke, mit großer Empfangshalle, einer schönen Wohnung für uns, und außerdem lag es etwas zurück. Das war besonders wichtig, denn nun konnten die Leute in den Therapien und Gruppen so laut schreien, wie sie wollten, es wurde niemand gestört. Zu der Zeit habe ich sehr viel mit heftigen emotionalen Ausbrüchen gearbeitet, deswegen musste ich mich frei fühlen!"*

Dieses Haus wird sehr bald zum Mittelpunkt von Parties und Vorlesungen; die Londoner Psychologie- und Therapieprominenz gibt sich die Klinke in die Hand. *„Wenn ich aber bei meinen Vorträgen über das Strömen der Lebensenergie sprach und über das unabhängige Wohlbefinden, das dadurch ausgelöst wird, dann guckten viele der Gäste verwirrt, weil sie solches selbst nie erlebt hatten und deswegen keine Ahnung davon haben konnten. Meine Theorie über das vegetative Nervensystem und die Bedeutung für die emotionale Verdauung, das Konzept der Psychoperistaltik also, das wurde von den meisten akzeptiert. Endlich hatte ich ein Milieu gefunden, in dem ich mich unterstützt fühlte und mich nicht verteidigen musste. Das setzte enorme Kräfte frei!"*

Gerdas Arbeit unterscheidet sich von allen anderen, sie wird über die Grenzen hinaus bekannt. Es folgen Einladungen ins Ausland, 1980 gibt es die erste Ausbildungsgruppe in Deutschland, veranstaltet von ZIST bei München. Inzwischen ist Gerda Besitzerin eines großen Institutes in London, zwei ansehnliche Häuser, zentral an einem Park gelegen: das Acacia House. Mit eigenem Personal und vielen Klienten, die aus aller Welt kommen. Ihre Mutter verbringt hier ihre letzten Lebensjahre, *„als Massagetherapeutin mit begnadeten Händen"* - endlich hat sie doch noch zu ihrer Bestimmung gefunden!

Es zeigt sich, dass die einsetzende Dynamik Gerda Boyesen bisweilen an den Rand ihrer Kräfte bringt. Konkurrenzkämpfe unter den Trainern, negative Projektionen auf die „Gründer-Mutter", unklare Geldgeschichten. Hier hätte sie eine klare Struktur schaffen müssen, doch meistens befindet sie sich auf Reisen, weit weg vom Geschehen.

Es gibt ernste gesundheitliche Probleme - *„Ich war mit zu vielen kranken und belasteten Menschen zu eng zusammen und habe mich nicht genug geschützt"*. Dieser Energieverlust schwächt, macht Gerda krank. Aber sie findet, wie schon häufiger in ihrer Vergangenheit, gerade in trüben Zeiten neue Erkenntnisse: *„Früher hatte ich immer die Vorstellung, den Stress und die Konflikte am besten durch lautes Schreien auflösen zu können. Eines Tages aber, als ich mich gerade hingelegt hatte, spürte ich, wie dieser Druck plötzlich anfing sich zu verändern, sich zu bewegen, ja fast weg zu schmelzen. Welch ein herrliches Gefühl der Sanftheit und des inneren Friedens durchströmte mich plötzlich. Ohne jegliches Dazutun, ganz von alleine. In diesen Minuten verstand ich endlich, dass ich die ganze Zeit falsche Ziele verfolgt hatte, mich festgerannt hatte in Vorstellungen, die ich irgendwo aufgesammelt hatte, die aber mit der menschlichen Natur wenig zu tun hatten. Ich verstand endlich, dass nervöse Spannung, Druck, Stress, Frustrationen und Angst nur schmelzen können."*

1979 heiratet sie ein zweites Mal. Dan Smith ist Amerikaner und Journalist beim „Economist", er bemüht sich nach Kräften, das prosperierende Institut administrativ zu unterstützen. Dann erwirbt Gerda gemeinsam mit Sohn Paul ein Schloss in Südfrankreich, „Chateau de La Salle" in der Nähe von Macon. Wer einmal dort war, vergisst es nie. Hier treffen sich im Sommer sämtliche europäischen Ausbildungsgruppen, arbeiten, experimentieren, leben! Später können die enormen Unterhaltungskosten nicht mehr aufgebracht und das Schloss nicht mehr gehalten werden.

Die achtziger Jahre: Die Biodynamik erobert die Welt

Dieses Jahrzehnt ist geprägt von weltweiter Anerkennung der Biodynamischen Psychologie, die sich auch materiell auszahlt. Renommierte Magazine berichten, Einladungen folgen, in Lübeck gründet sie die „Gerda-Boyesen-Academy", die sich mit der wissenschaftlichen Erforschung chronischer Erkrankungen beschäftigt. 1987 erscheint Gerdas erste Abhandlung „Über den Körper die Seele heilen" in Deutschland. Ihre Theorien über die zentrale Bedeutung der Psychoperistaltik erfahren wissenschaftliche Bestätigung aus Biologie und Physik. Immer stärker arbeitet sie jetzt auch mit der Radionik als alternativem Heilverfahren. Zusammen mit Dr. Jean Paul Gerome organisiert sie in London die erste Ausstellung zur Geschichte der Radionik.

Gerda arbeitet 360 Tage im Jahr, nur Weihnachten nicht. Gruppen und Privatpatienten empfängt sie in London, Oslo, Hals, Aalborg, Paris, Lübeck und Monaco, hier besitzt sie mittlerweile Häuser und Wohnungen. Für einige Zeit taucht Carl-Christian in ihrem Leben wieder auf. Zu einem warmherzigen, hilfsbereiten älteren Herrn gewandelt, versucht er vom dänischen Hals aus das Unternehmen organisatorisch zu leiten, auch er ist überfordert.

Zwischen Kräfteverfall und Neuorientierung

Herbst 1997: Zwischen kräfteraubenden Chemotherapien, eigentlich sterbenskrank und unter Aufbietung ihrer letzten Kräfte kommt Gerda Boyesen zu einem Vortrag nach Frankfurt.

Unten: Auf wunderbare Weise wieder genesen, demonstriert Gerda Boyesen im Herbst 2000 auf einem zweiwöchigen Sommerseminar im Odenwald ihre Methode der biodynamischen Behandlungen - der Schlüssel zur Psychoperistaltik.

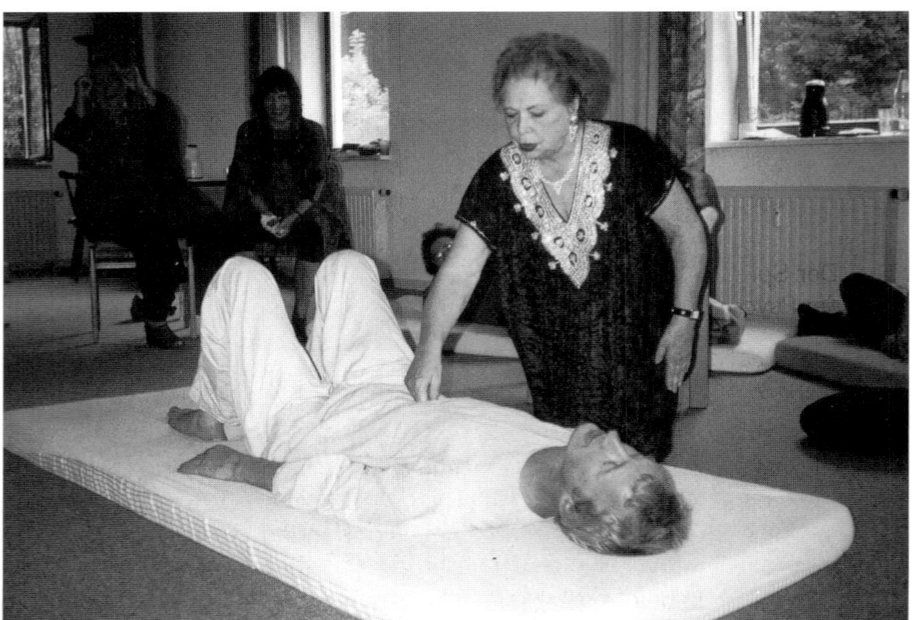

Die neunziger Jahre: Krisen überall

Energetische Schwächeanfälle folgen: *„Ich hatte immer noch nicht gelernt, mich richtig zu schützen."* Angeblich sollen helle Farben ihre Abwehr stärken, es folgt die „Gold-Weiße Periode", sie ist nur in Weiß und Gold gekleidet, die Haare blond gefärbt. Gerda Boyesen sucht in dieser Zeit nach neuen Wegen zur Popularisierung ihrer Biodynamik. *„Dass es eine effektive Therapiemethode ist, war inzwischen klar. Aber nur fünf Prozent der Menschen lassen sich auf Therapien ein. Wie erreichen wir die anderen?"*

1991 entwickelt sie mit Peter Bergholz in Hamburg einen „Biodynamischen Tag zum Wohlfühlen und Kennenlernen: „Meeting People" und das Konzept der „Dynamischen Entspannung", es werden erfolgreiche Veranstaltungen, modellbildend für andere und auch heute noch lebendig. Auf dem „Fest der Visionen" 1991 in Potsdam begeistert Gerda Tausende und ist der Star der Veranstaltung. Es ist sicherlich einer der absoluten Höhepunkte in ihrem Leben und in der Geschichte der Biodynamik. Die Biodynamik basiert auf dem Modell des ewigen Wechsels. Danach folgt auf jedes Hoch unweigerlich ein Tief. Die Abwärtsbewegung im Leben von Gerda Boyesen beginnt um ihren 70. Geburtstag herum, dieser wird 1992 noch mit einem prächtigen Fest in Lübeck gefeiert, liebevoll organisiert von Siegfried Bach, einem ihrer ersten deutschen Schüler.

Gerda arbeitet in Südamerika, Neuseeland, Australien, den USA. In Europa entstehen überall „Gerda-Boyesen-Institute". In Norddeutschland gründen die Töchter eine „Europäische Schule für Biodynamische Psychologie". Gerda Boyesen übersieht, daß die Bewegung zu groß geworden ist. Es wird unübersichtlich, sie ist nicht mehr in der Lage, die Einhaltung der Prinzipien ihrer Lehre und des Biodynamischen Lernens zu kontrollieren. So werden plötzlich fünfjährige Ausbildungen angeboten, teilweise mit Trainern, die Gerda selbst nie gesehen hat. Es gibt Tendenzen einer immer stärkeren Verschulung, dies empfindet Gerda als „Gift für die Biodynamik". Eine erfreuliche Nachricht: 1996 veröffentlicht „Der Spiegel" den Aufsatz „Kommandos aus dem Bauch", eine Bestätigung der Psychoperistaltik.

Dennoch, die schon vorher fragile, weil auf eine einzige Person zugeschnittene Struktur löst sich zunehmend auf, die Umsätze brechen weg, nach und nach werden die meisten Immobilien verkauft. Im Herbst 1997 erlebt sie eine Situation, wie sie demütigender nicht sein kann. Sie erhält eine Einladung zu einem großen Kongress in Bremen, veranstaltet unter anderem von einer Organisation namens „Forum", darunter auch Dr. Annelie Keil, Professorin an der Uni Bremen. In überfüllten Sälen demonstriert Gerda die Arbeit mit den peristaltischen Geräuschen, sie behandelt Freiwillige, die provozierten Geräusche werden über große Lautsprecher übertragen. Ein großer Erfolg. Höhepunkt soll am letzten Tag eine vom Fernsehen aufgezeichnete Podiumsdiskussion der Körpertherapie-Pioniere sein: Alexander Lowen, Ilse Middendorf und Gerda Boyesen. Eine einzigartige Runde von Veteranen, die sich vorher nie begegnet sind. Die mittlerweile 75-jährige Gerda Boyesen ist mit Abstand die jüngste. Sie freut sich auf dieses Event, auf die Auseinandersetzung mit Lowen. Alle sitzen bereits, als Gerda plötzlich von Annelie Keil gebeten wird, ihren Platz zu räumen. Angeblich sei kein Platz für sie auf dem Podium, weil ein jüngerer (und durchaus ansehnlicher) Reich-Theoretiker aus Berlin an der Runde teilnehmen sollte. Gerda ist schockiert, wie benommen steht sie auf und irrt durch den Saal. Viele Zuhörerinnen protestieren lautstark aber vergeblich, dann verlässt Gerda stocksteif den Saal.

Über die Hintergründe dieses unglaublichen Verhaltens wird lange debattiert, böse Stimmen vermuten sehr private Gründe, andere sprechen von „Muttermord". Danach sitzen noch einige Freunde mit Gerda im Foyer, es fällt kein einziges Wort und es fühlt sich an, als sei alle Energie entwichen.

Wenige Wochen später erkrankt sie an Lymphdrüsenkrebs. Die zermürbenden Begleiterscheinungen der Chemobehandlung lindert sie durch disziplinierte Selbstbehandlung ihrer Psychoperistaltik, kann sich aber schlecht mit dem erzwungenen Stillstand arrangieren. Einen Vortrag in Frankfurt sagt sie nicht ab, sondern erscheint dort zur Verwunderung aller. Schwer gezeichnet, aber auch voller Temperament und Optimismus. Zusammen mit Dan war sie nur für diesen Termin aus London angereist, nach dem Vortrag steigen beide wieder in ihren Volvo und fahren direkt zurück.

Nun wird auch „Acacia-House" in London, das Herz der Bewegung, aufgegeben. Gerda zieht mit ihrem Mann Dan nach Frankreich, in die gesunde Luft des Zentralmassivs. Sie überwindet den Krebs und ist 1999 wieder unterwegs, von Gruppe zu Gruppe, auch in den USA. Die „Europäische Assoziation für Körperpsychotherapie (EABP)" ernennt sie zum Ehrenmitglied, ihr Festvortrag findet größte Beachtung in der Fachwelt. Im Sommer 1999 beginnt die Arbeit an dem gemeinsamen Buch mit Peter Bergholz, beide treffen sich in London und Paris und vereinbaren, dass es ein leicht verständliches Praxisbuch werden soll. „Wie eine leichte Muse."

Ab 2000: Neuorientierung

Sie kauft in London ein Wohnhaus ganz für sich allein, Dan bleibt in Frankreich, beide besuchen sich regelmäßig. Ein neues Institut wird in London eröffnet, kleiner, überschaubarer. *„Ich habe aus meinen Fehlern gelernt, ich kann kein Chaos um mich herum mehr aushalten. Hier fühle ich mich wohl."*

Zwei Jahrzehnte wie im Flug...

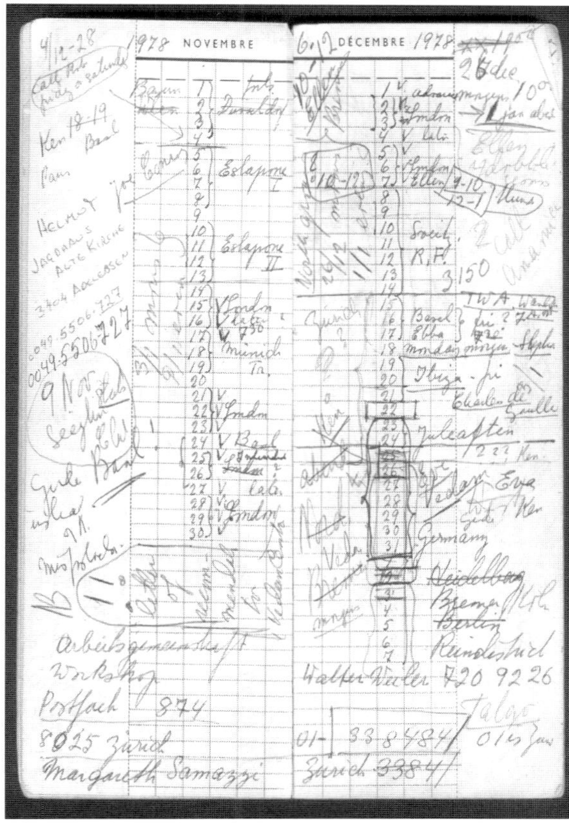

Die Lawine rollt! Ein Blick in das Terminbuch von Gerda Boyesen vom November 1978 mit Eintragungen für Vorträge, Seminare und Kontakte zeigt Gerda Boyesen am Beginn ihres erfolgreichsten Jahrzehnts. Sie wird bereits in immer mehr europäische Länder eingeladen, später hat sich ihr Ruhm bis nach Neuseeland verbreitet. Anfang der 90er Jahre folgt dann die große Gesundheits- und Schaffenskrise.

„Nur fünf Prozent der Menschen wollen eine Therapie. Wie erreichen wir die übrigen?“ Die Antwort findet sich im Sommer 1999 bei einem Treffen in Paris: Gerda Boyesen und Peter Bergholz beginnen mit der Arbeit an diesem Buch. Das Ziel: Ein Werk, das dem Leser unmittelbaren Nutzen bringen soll.

Seminarhotel Odenwald, Juli 2000: Nach langer Zeit wieder ein gemeinsames Seminar mit ihren Töchtern Ebba und Mona. Im November 2000 erscheint in „Geo" ein Grundlagenartikel über die Arbeit von Professor Michael Gershon „Wie der Bauch den Kopf bestimmt". Zitat: „Geahnt haben es die Menschen schon immer: Der Sitz der Gefühle liegt im Zentrum des Körpers. Dort, wo Aufregung Schmetterlinge flattern lässt, wo Ärger auf den Magen schlägt. Nun gibt die Wissenschaft ihnen allen Recht!"

Genau dies hatte Gerda Boyesen vor 40 Jahren herausgefunden, im Alleingang - ohne Forschungsmittel und Mitarbeiter.

Ihren 80. Geburtstag begeht sie nur im Kreis der Familie, der Krebs war im Herbst 2001 erneut durchgebrochen und hatte sehr ernste Situationen heraufbeschworen. Die Gäste des Festkongresses zu ihrem Geburtstag in Freiburg kann sie nur über Video begrüßen. Nach der zweiten Chemobehandlung lehnen die Ärzte eine Fortsetzung ab, der Körper sei zu geschwächt. Jetzt setzt sie alle Hoffnung auf Selbstbehandlung mit Hilfe von Psychoperistaltik und auch dem Einsatz eines Radionik-Apparates.

Offensichtlich mit Erfolg, im Juni geht es immer besser, und in den folgenden Monaten werden die Arbeiten am Buch „Dein Bauch ist klüger als du" abgeschlossen. Ein neues Biodynamisches Ausbildungsinstitut gründet sich in London, einen Steinwurf von Gerdas Haus entfernt. Geschäftsführerin ist Mary Malloy, eine Mitstreiterin aus alten Zeiten.Nun kommen wieder Gruppen und Klienten auch aus Deutschland nach London. Und im März 2003 ist Gerda Boyesen auch wieder in Deutschland. Zusammen mit Siggi Bach beginnt sie eine neue Deep Draining Ausbildung.

Ein neues Hoch kündigt sich an.

Die drei fundamentalen Konzepte der Biodynamischen Psychologie

Dieser Beitrag von Gerda Boyesen wendet sich an Leser, die Näheres über die gedanklichen Ansätze der Psychotherapeutin erfahren möchten. Ungeduldige Leser können diese Seiten ohne Schaden überspringen und später darauf zurückkommen.

„Wir sitzen auf den Schultern eines Riesen, welcher der französischen Psychiatrie eine gewisse Grundlage gegeben hat. Es handelt sich um Bergson, den Autor von „Elan vital". Ich möchte auch Mesmer erwähnen, der, nachdem er den Begriff des animalischen Magnetismus in Umlauf gebracht hatte, immer wieder angegriffen und verleugnet wurde. Gegen Ende des 18. Jahrhunderts standen seine Theorien in den französischen Salons zunächst hoch im Kurs - seine Anhänger hielten sich bei den Händen, die Füße im Wasser, und gingen gemeinsam durch kathartische Erfahrungen. Am Ende seines Lebens war Mesmer entmutigt von all den Angriffen, denen er ausgesetzt war. Er verbrachte den Rest seines Lebens in Italiens Bergwelt und starb einsam und enttäuscht. Trotz allgemeiner starker Opposition fielen Mesmers Gedanken bei Menschen wie Breuer oder Vogt, die im 19. Jahrhundert an der Hypnose arbeiteten, auf fruchtbaren Boden. Von ihnen ging der Einfluss dann auf Psychiater wie Bernheim und Charcot, Freud und Schultz über.

So wurde diese Strömung zum Ursprung der heutigen Entspannungstechniken und der Tiefenpsychologie. Mesmers Ansatz war auch von ausschlaggebender Bedeutung für das, was man heute die „Science Chretienne" nennt - eine Bewegung, in deren Rahmen Mary Baker Eddy die Heilung durch Handauflegen gelehrt hat. Dieser letztere Interventionsmodus wird von der Schulmedizin und der Analyse noch nicht in Betracht gezogen.

Nicht zuletzt war auch Reich von Freud grundlegend beeinflusst. Dieser hatte, obwohl sich seine Arbeit vorwiegend auf das Gehirn und das, was im Kopf vor sich geht, konzentriert, dennoch die Existenz einer Kraft, einer Lebensenergie beobachtet, die er Libido nannte. Am Anfang wollte niemand etwas davon wissen - schließlich findet man bei der Sektion einer Leiche auch keine Libido. Freud hat letzten Endes sein auf dem Begriff der Libido basierendes Modell zugunsten eines psychologischen Modells aufgegeben.

Reich seinerseits hat dort weitergemacht, wo Freud aufgehört hatte. Er musste 1933 wegen Hitler nach Oslo auswandern, und hier ist es ihm gelungen, die Existenz einer vitalen Energie anhand von Messungen nachzuweisen, und zwar außerhalb des Körpers. Er bezeichnete sie als Bioenergie, als kosmische Energie, und beschließt, sich ein Laboratorium einzurichten, wo er mit diesen Phänomenen experimentieren kann. In einigen seiner Experimente gelang es ihm, ein Feld voller leuchtender Partikel sichtbar zu machen, das den Körper umgab. Er bat Kinder und Erwachsene, die von seiner Arbeit nichts wussten, es anzuschauen und ihre Beobachtungen zu beschreiben. Sie alle sahen das gleiche, nämlich kosmische Energie. Auch ich selbst kann sehr viel Bioenergie sehen, wenn ich zum Beispiel im Flugzeug fliege.

Später entdeckte Reich diese Bioenergie auch im Körper und nannte sie Orgon. Am Anfang glaubte er sich noch allein mit seiner Entdeckung der kosmischen Energie. Dies ist ein Phänomen, das immer wieder vorkommt: Eine Wahrheit wird entdeckt, wieder und wieder, und jedes Mal gibt man ihr einen Namen, jedes Mal wird sie wieder verleugnet, aber man kann sie nicht umbringen, weil sie wahr ist.

Schon die alten Ägypter arbeiteten mit kosmischer Energie, nur bezeichneten sie diese nicht als Bioenergie. In Indien sprechen die alten Philosophien und Religionen von „Prana". In China wird in der Akupunktur seit Jahrhunderten mit diesem Konzept gearbeitet, nur heißt es hier „Chi". Die Chinesen haben diese Energie nach Yin und Yang differenziert, je nachdem ob sie auf- oder absteigt, ob sie vom Himmel oder von der Erde kommt. In Oslo hat Reich viele Anhänger gefunden - darunter auch den norwegischen Gesundheitsminister. Es bildete sich um ihn eine Schule, aber sein Denken war dem seiner Zeitgenossen schon so weit voraus, dass man seine Theorien nur schwer ertrug. Zu dieser Zeit gab es keine Sex-Forscher namens Master und Johnson, und niemand wollte etwas von seinen Ausführungen über die Sexualität hören. Als Reich mit einigen seiner Patienten in der Psychiatrie Messungen des Orgasmus durchführen wollte, hatte er die Toleranzgrenze der norwegischen Gesellschaft und des Parlaments überschritten. Die Medien tauften ihn den „König des Orgasmus", und er wurde in die USA ausgewiesen.

In den Staaten widmete er sich voll und ganz seinen Forschungen. Als er anfing, von zukünftigen Ingenieuren zu sprechen, welche die kosmische Energie nutzen sollten, um Regen zu machen oder mit UFOs in Kontakt zu treten, fanden auch die Amerikaner, dass er zu weit ginge. Selbst seine Mitarbeiter bezeichneten ihn als schizophren und ließen ihn im Stich. Er hatte eine ewige Wahrheit gefunden, die er allein nicht vertreten konnte, noch dazu in einer Zeit, die für seine Entdeckungen noch nicht reif war. Schließlich kam er ins Gefängnis und starb dort. Seine Bücher wurden verbrannt, aber seine Arbeit geht weiter, weil die Wahrheit sich auf die Dauer nicht verdrängen lässt. Reich wollte seine Werke übrigens aus Enttäuschung über seine Zeitgenossen nicht veröffentlichen. Die meisten seiner Bücher sind erst viel später erschienen, zu einer Zeit, als man begann, sie zu schätzen und als Reichs Zeitgenossen, die sich so dagegen gewehrt hatten, bereits tot waren.

In Oslo lebte ein Freund und Schüler von Reich, der ihm stets treu geblieben war: Ola Raknes. Ich habe ihn durch Zufall kennengelernt, zu der Zeit, da ich meine eigene Neurose erkannt hatte. Ich wollte sie unbedingt loswerden, egal mit welchen Mitteln. Die erste Übung war die „Jellyfish-Übung" bei Ola Raknes. Am Anfang fand ich diese Übung völlig idiotisch, weil man überhaupt nichts dabei empfand. Ich habe es auch mit dem Akkumulator probiert, aber auch hier empfand man nichts besonderes. Tatsache ist, dass ich zu dieser Zeit einfach nichts fühlen konnte. Es bedurfte sieben Jahre intensiver Therapie, bevor ich anfing, wirklich zu spüren. Nachdem ich andere Therapien kennengelernt hatte, bin ich wieder zu Raknes gegangen. Er forderte mich wieder auf, die Jellyfish-Übung zu machen, und diesmal war es phantastisch! Er meinte, nun bräuchte ich keine Therapie mehr. Diesmal war auch der Effekt des Akkumulators sehr stark.

Nach meinen ersten Sitzungen mit Raknes hatten wir begonnen, mit einer Massagemethode zu arbeiten, die man, um einen Ausdruck von Feldenkrais zu gebrauchen, als Psychoanalyse des Körpers bezeichnen könne. Ich hatte mich an der Bülow-Hansen-Schule in Oslo eingeschrieben. Bülow-Hansen war eine Physiotherapeutin, die entdeckt hatte, dass man allein mit Massage wesentlich mehr ausrichten konnte, als der Physiotherapie normalerweise zugesprochen wird. Die Wirkung ihrer Arbeit war verblüffend. Da sie die Schüler vom „König des Orgasmus" nicht mochte, schien es mir angebracht, ihr meine Beziehung zu Raknes zu verschweigen. Außerdem sah ich keinen Zusammenhang zwischen der Arbeit von Reich und Raknes und den Massagen, die Bülow-Hansen lehrte. Nachdem ich realisiert hatte, dass die Darmgeräusche eine wichtige Rolle bei den Phänomenen spielten, die man während der Massagen beobachten konnte, begann ich über die möglichen Zusammenhänge nachzudenken. Erst das Verständnis der Funktion der Psychoperistaltik ermöglichte mir eine Synthese beider Ansätze, auf deren Grundlage ich die Biodynamische Psychologie entwickelte.

Reich hatte bei der Entwicklung seiner Theorie über die Funktion des Orgasmus nach einem Mittel gesucht, um Neurosen aufzulösen. Nachdem er dem Orgasmus eine solche Bedeutung beigemessen hatte, musste er auch eine Erklärung dafür finden, wie Menschen ohne Sexualität leben konnten. In der Tat hatte auch er sich die Frage nach einem Vorgang im Bauch gestellt, der Spannungen lösen könnte. Während meiner Arbeit war zu beobachten, dass die Emotionen entlang des Verdauungskanals aufsteigen, weshalb ich ihn dann als „Emotionalen Kanal" bezeichnet habe.

Ich habe mich auch gefragt, was wohl aus der Energie wird, wenn sie einmal im Kopf angelangt ist - irgendwo muss sie ja schließlich hin. Ein Teil davon wird im Ausdruck, in der Selbstbehauptung, dem Erschaffen verbraucht, aber was geschieht mit dem Rest? Energie muss zirkulieren, und die einzige Richtung, die ihr bleibt, ist nach unten. Wenn die Energie wieder absteigen kann, dann führt dieser Vorgang zu der Harmonie, die ich „melting", Schmelzen, nenne.

Hier haben wir also drei fundamentale Konzepte der Biodynamischen Psychologie: die Psychoperistaltik, der Ess-Kanal und das Schmelzen der Spannungen.

Wenn die Energie aufsteigt, dann hat es keinen Sinn, sich zu entspannen. Das ist der Moment, wo man seinen Tonus, die berühmte „fightreaction" braucht - daher gibt es in diesem Moment auch keine peristaltische Aktivität. Die Peristaltik setzt dann ein, wenn die Gefahr vorüber ist - dann kann man sich entspannen und die Muskeln loslassen. Der Flux bewirkt Subjektivität und Selbstbehauptung, der Deflux Objektivität und Verständnis. Der Flux treibt uns hin zum Verstehen, während der Deflux das Verständnis von uns selbst und den anderen herbeiführt, uns ins Universum integriert. Wenn die Menschen stets nur in der Bewegung des Flux lebten, würden sie irgendwann nur noch wüten und hassen; Beziehungen müssten so manche Zerreißprobe bestehen. Wir hätten es überall nur noch mit Schlaflosigkeit, negativen Gefühlen, psychosomatischen Symptomen, Depressionen, Wahnsinn zu tun - das ist dann der Punkt, wo wir Drogen brauchen (Tranquilizer, Schlaftabletten), oder im schlimmsten Fall Elektroschocks, welche die Energie radikal auf den Nullpunkt zurückbringen. Es ist besser, wir lassen es nicht dazu kommen.

Wir sehen also, wie wichtig es ist, auch den Deflux zuzulassen, sich in ein Gefühl des Schmelzens hinzugeben. Man kann diesen Zustand gleichermaßen durch Massage, mit dem Stethoskop und mit Psychotherapie herbeiführen - wir müssen den Menschen nicht unbedingt anfassen, um die Peristaltik auszulösen. Ich kenne einen Psychiater in Brasilien, mit dem ich zusammenarbeite. Einige seiner Patienten haben mir erzählt, dass sich ihre Peristaltik jedes Mal öffnet, wenn er eine Deutung macht. Dies kann auch in einer angenehmen Beziehung geschehen, oder wenn man einfach nur eine Tasse Tee trinkt. Fühlen wir uns aber provoziert oder sind wütend, kann sich die Peristaltik nicht öffnen. In diesem Fall können wir nur hoffen, dass sich die Peristaltik später öffnet, wenn der Schlaf oder die Träume uns zur Entspannung verhelfen.

Freud meinte, unsere guten Träume hätten vor allem die Funktion, unseren Schlaf zu schützen. Ich habe auch beobachtet, dass die Hoffnungsträume die Peristaltik öffnen und dem überspannten Organismus zum Deflux verhelfen. Wissenschaftlich unterscheidet man zwei Hauptphasen des Schlafes: die REM-Phase, während der sich der größte Teil unserer Träume abspielt, und den ent-

spannten Tiefschlaf. Ich habe festgestellt, dass die REM-Phase auch die Funktion hat, den tagsüber nicht ausgeglichenen Flux zu remobilisieren. Der in der Augenbewegung und im Traum - unter Umständen sehr heftige Albträume - aktualisierte Flux steigt an die Oberfläche, und der Körper kann, genau wie bei der Dynamischen Entspannung, loslassen. Ab einer bestimmten Intensität entspannt sich der Körper, der Flux wird zum Deflux, die Spannungen lösen sich auf, während der Körper in Tiefschlaf sinkt.

Ich habe das einmal an mir selbst erlebt. Eines Nachts - zu der Zeit, als ich Chef-Psychologin an der psychiatrischen Klinik in Oslo war - träumte ich, dass der Direktor des Krankenhauses die gesamte Belegschaft zu einem großen Fest eingeladen hatte - mit Ausnahme von mir. Von diesem Traum bin ich sehr erregt und voller Spannungen aufgewacht und konnte lange nicht wieder einschlafen. Also griff ich nach dem Stethoskop, aber es gelang mir nicht, die Peristaltik zu öffnen. Endlich schlief ich doch wieder ein und träumte die Fortsetzung: Der Direktor kam auf mich zu und sagte voller Bedauern: „Was für ein schreckliches Missverständnis; ich werde eine Party ganz speziell für dich geben - es wird ein tolles Fest." Als ich diesmal erwachte, schnurrte meine Peristaltik wie eine Katze, und ich fühlte wunderbare Ströme in meinem Körper.

Auf diese Ströme möchte ich noch näher eingehen. Sehr oft erzählen mir Patienten, dass sie nach der Behandlung solche Ströme im Körper fühlen. Es ist tatsächlich die Energie, die im Körper zirkuliert. Reich hat beobachtet, dass seine Klienten nach der Arbeit am Muskelpanzer diese Ströme stets als sehr angenehm empfanden, außer wenn sie zu stark wurden. In diesem Fall traten Kontraktionen auf, wie man sie sonst bei Angst oder Unwohlsein erlebt. Das ist das, was man die Lust-Angst nennt: Wenn die lustvollen Ströme zu stark werden, kippt die Lust in Angst um. Man wird mit diesen Strömen geboren, denn sie vermitteln uns das innere Wohlbefinden - das ist es, was wir Bioenergie nennen. Man fühlt ein Schmelzen, wenn diese absteigenden vegetativen Energieströme den Körper durchlaufen.

Diese absteigende Energie heißt in China Himmelsenergie, während die den Ess-Kanal entlang aufsteigende, zum Äusseren drängende als Erdenergie bezeichnet wird. Die Chinesen behaupten, die Himmelsenergie sei maskulin (Yang) und die Erdenergie feminin (Yin). Ich habe mich damit niemals anfreunden können, aber inzwischen habe ich herausgefunden, dass im alten China die Himmelsenergie als weiblich und die Erdenergie als männlich galt.

Wir können sagen, dass die Biodynamische Psychotherapie von Freuds Arbeit inspiriert ist, und zwar insofern, als wir mit dieser Energie arbeiten, die aus der Tiefe des Körpers über den Ess-Kanal ins Bewußtsein aufsteigt. Andererseits steht sie auch der Arbeit von Jung sehr nahe: dort nämlich, wo sie die männliche und weibliche - die auf- und die absteigende Energie benennt, die sich auf Jungs Konzept von Animus und Anima bezieht. Und wir nähern uns umso mehr an Jung an, als wir die Bedeutung der absteigenden Energie hervorheben, die uns mit der spirituellen Dimension in Kontakt bringt.

Ich bezeichne die sexuelle Energie, die von der Erde durch die Füße ins Becken aufsteigt und dem Individuum die Kraft zur Selbstbehauptung gibt, als rote Energie; blaue Energie nenne ich die vom Kopf und dem Gehirn herabfließenden Ströme, die dem Individuum schöpferische Kraft verleihen. Dieser Kreislauf kann mitunter schwer gestört sein. Beim Schizophrenen zum Beispiel bleibt die blaue Energie im Kopf, die rote Energie in den Genitalien, und die beiden Ströme können sich niemals begegnen.

Die Biodynamische Psychologie wird häufig auf die Anwendung des Stethoskops reduziert. Das entspricht nicht der Wahrheit. Als ich in London die einzige reichianische Therapeutin war, kamen viele meiner Klienten aus sechs oder sieben Jahren Analyse. Sie hatten genug vom Reden und wollten bei mir nur Körperarbeit machen. Es ist unmöglich, so zu arbeiten. Wenn all die verdrängte Primär-Aggression, die Traurigkeit, die Enttäuschung den Ess-Kanal heraufsteigt, dann ist man gezwungen zu sprechen, wenn man nicht ersticken will. Es gibt die eine Methode der Biodynamik: einmal steht es an zu weinen, ein anderes Mal zu schreien, dann wieder, sich ins Schmelzen gehen zu lassen. Biodynamische Therapeuten müssen über mehrere Methoden verfügen..

In der Biodynamik haben wir ein Bild von dem, was wir unterstützen wollen. Ich möchte euch gerne von Ulla Bloom, einer Schülerin und lieben Freundin von uns erzählen. Sie hatte vor ihrer Ausbildung in einer Schule für Blinde gearbeitet, und die Schüler sagten einmal zu ihr: „Das ist das erste Mal, dass wir eine sanfte Stimme hören, und Schritte, die weich und angenehm sind. Hier haben alle sonst laute und schrille Stimmen und laufen hart, energisch und angespannt durch die Gegend. Wir wussten gar nicht, dass es angenehm sein kann, jemanden laufen und sprechen zu hören.“ Das ist ein Beispiel für Reichs Theorie über die mechanische und die lebendige Persönlichkeit.

Eine mechanische Persönlichkeit ist zu blockiert, als dass lustvolle Ströme in ihrem Körper entstehen könnten, während eine lebendige Person das Pulsieren des Universums, die Wogen des Ozeans, den Gesang der Sterne in sich spürt, denn die Energie, die durch sie hindurch fließt, strömt auch durchs Universum. Das Institut, in dem Ulla arbeitete, wurde von solchen mechanischen Wesen geleitet, die sie anwiesen, nicht mit den Blinden zu sprechen, sondern stattdessen die Wäsche zu waschen. Das heißt nicht, dass wir nicht Wäsche waschen sollten oder hier und da nicht auch mechanisch sein dürften, denn wir brauchen auch diesen Rhythmus für eine Menge wichtiger Arbeiten. Es gibt jedoch keinen

Grund, deshalb den Kontakt mit der Energie, die uns durchströmt, zu verlieren. All das habe ich entdeckt, bevor ich von Reich gelesen hatte. Ich war damals sehr unwissend und naiv, und ich glaubte, eine ungeheuerliche Entdeckung gemacht zu haben. Ich weiß jetzt, dass ich - wie Reich einige Jahre zuvor - tatsächlich eine ewige Wahrheit gefunden hatte. Bei der Lektüre von Reich, und später auch von anderen, war ich zuerst enttäuscht und dann überglücklich.

Die Biodynamische Psychologie ist also Teil einer immensen Bewegung, die sich unaufhörlich weiterentwickelt, und es ist natürlich, dass wir auf weitere Techniken und energetische Ansätze stoßen, die von anderen Therapeuten entwikkelt wurden. Ich schätze die Übungen von Lowen und fühle mich der Akupunktur sehr verbunden, genauso wie Freud, Reich, Jung, den Neo-Reichianern etc., und ich konnte feststellen, dass wir häufig das gleiche wiederentdeckten.

Auf einen Satz gebracht: die Biodynamische Psychologie arbeitet mit der Lebensenergie, immer mit der Richtung des Lebensstroms und niemals dagegen.

So einfach ist das.

Erster Teil: Lebensenergie

Nimm dein Lebensglück in die Hand!

Glück beginnt, wenn es anfängt zu strömen

Die Bedeutung der Inneren Bremsen

Gefangen in unserem eigenen Körper

Stress und Druck kommen nicht von außen

Die Bedeutung der Restspannung

Die eigenen Bedürfnisse

Nichts läuft gegen die Stimme des Bauches

Der Bauch - unser heimlicher Herrscher

Die wunderbare Kraft der Lebensenergie

Es strömt von innen - oder es strömt gar nicht:

Nimm dein Lebensglück in die Hand!

Als alle Leute noch damit beschäftigt waren, erst ihre Häuschen und danach die Statussymbole zusammenzuschuften, hat Gerda Boyesen einen Begriff in die Welt gesetzt, mit dem damals kaum jemand etwas anfangen konnte und auch nicht wollte: unabhängiges Wohlbefinden. Die Erfahrungen in ihrer Familie haben sicherlich verstärkt, was sie bereits als Kind spürte: Glück kommt von innen oder es kommt gar nicht. Und: Glückserleben ist vor allem ein körperlicher Zustand, der mit dem Gefühl inneren Strömens zu tun hat, wobei es absolut unerheblich ist, wie dieses Strömen zustande kommt. Wenn es strömt, dann strömt es, dieser Zustand ist nicht zu toppen, es gibt kein Glück über das Glück hinaus!

Deshalb muss das Glücksgefühl nach einer großen, weltbewegenden Tat nicht notwendigerweise größer sein als jenes eines Obdachlosen, der in einer Mülltonne etwas Verwertbares findet und sich darüber freuen kann.

Glück hat auch mit dem Bewusstsein zu tun, selbst für dieses innere Strömen sorgen zu können und es nicht abhängig zu machen von anderen Menschen und äußeren Dingen. Das ist, wie jeder weiß, nicht ganz einfach, denn die Erziehungsprogramme und Zeitgeistströme laufen beständig in andere Richtungen, zum Beispiel in die berüchtigte „Wenn dann"-Falle. „Wenn ich meine Beförderung geschafft habe, dann wird das Leben wunderschön..."

Wie und wo lässt sich dieses Strömen aber finden? Viele suchen es im Glauben, andere im sozialen Engagement oder durch hervorragende Leistungen. Im Naturrausch, hervorgerufen durch Nervenkitzel und Grenzerfahrungen und anderem. Nun ist unsere Natur aber mit Sicherheit nicht darauf angewiesen, dass wir Heldentaten verbringen oder Eigenartigkeiten entwickeln müssen, um uns richtig zu spüren. Unsere Vorfahren haben weder den Himalaya bestiegen, noch sind sie mit 280 Sachen über die Autobahn gedüst und mußten sich beim Sex wahrscheinlich auch keine Latexkleidung überstreifen, und erlebten dennoch immer wieder Zustände der Glückseligkeit, wie wir aus Überliefertem wissen.

„Jeder Mensch hat die Fähigkeit, Glück zu empfinden, aber die meisten haben es leider verlernt. Bei einem Menschen, der nicht nur psychisch angespannt ist, sondern bei dem auch schon die Muskeln verspannt und verhärtet sind, hat dieses innere Glücksempfinden schon dermaßen abgenommen, dass er sich meistens nur noch auf materieller Ebene orientieren kann. Man sagt ja auch, dass der glücklichste Mensch der Welt keine Schuhe besitzt, denn er besitzt

seine innere Glückseligkeit. In einer Umgebung, in der es normal geworden ist, sich ständig zu streiten, zu kämpfen, Schwierigkeiten aus dem Weg zu gehen und sich anzuspannen, beginnen wir eines Tages auch damit, unseren Körper in Spannung zu halten, um in dieser Umgebung überleben zu können.

Es gibt ja kaum noch Familien, in denen darauf geachtet wird, in entspannter Atmosphäre Nahrung zu sich zu nehmen, nach dem Essen zu ruhen und keine stressigen Themen beim Essen zu diskutieren.

Diesen fehlenden Respekt sollten sich vielleicht auch Paare manchmal etwas bewusster machen und zum Beispiel dem Mann abends eine halbe Stunde Ruhe gönnen, um aus der hektischen Arbeitswelt wirklich nach Hause kommen zu können. Wir sollten uns diese Ruhephase gönnen, um nicht sofort von den privaten Alltagsproblemen und Klagen überwältigt zu werden.

In unserer heutigen Zeit ist Stress so modern geworden. Wenn wir aber nicht mehr auf unseren Körper hören, der uns sehr genau sagen kann, wann er Entspannung braucht und wieder Stress ertragen kann, wird der Körper krank. Spätestens jetzt müssen wir unserem Körper Aufmerksamkeit schenken und werden zur Selbstregulierung gezwungen.

Sigmund Freud war Nervenarzt und ihn interessierte die Behandlung der Psyche, um den Menschen das Fühlen der Lebensenergie wieder möglich zu machen. Wilhelm Reich ist auf einem Bauernhof aufgewachsen, vielleicht haben ihn daher mehr das Fleisch und die Muskeln interessiert, weil er ständig die Tiere beobachten konnte. Reich hat sich ja sehr auf die körperlichen Spannungen der Menschen konzentriert und hat diese mit seinen Händen auflösen können. Nachdem die eingesperrten Gefühle wieder an die Oberfläche kommen konnten, sprachen die Menschen von schönen Strömungen, die sie in ihrem Körper fühlen konnten, viele nannten sie einfach Glücksgefühle.

Ich selbst hatte früher einen harten Muskelpanzer und war praktisch ohne Gefühle. Erst als ich Entspannung kennenlernte, entdeckte ich viele Dinge neu, und so habe ich dann auch Plätze und Menschen gefunden, mit denen ich mich glücklich fühlte. Ich wurde nicht kritisiert und beurteilt und konnte mich ohne Angst ausdrücken. Ich fühlte, dass alles auf Erden für mich und nicht mehr gegen mich war. Diese Grundlage sollte eigentlich jede Familie haben. Selbst in der Arbeitswelt kann man sich meiner Meinung nach so frei fühlen. Wenn sich alle einer gemeinsamen Herausforderung stellen und kooperativ und freundschaftlich zusammenwirken und nicht, wie es leider so oft geschieht, gegeneinander arbeiten, können wir ein kollektives Erfolgserlebnis als Glücksgefühl erleben. Ein amerikanischer Psychologe namens Goldstein vertritt die Auffassung, dass wir Menschen nur ein Ziel haben, nämlich uns selbst zu entdecken und zu verwirkli-

chen. Leider wird dieses Ziel in unserer Gesellschaft immer wieder durch Reglementierungen gebremst. Das fängt schon in der Erziehung und in der Schule an. Und aus Angst vor Sanktionen verlieren wir oft den Mut, an dieser Aufgabe festzuhalten.

Es wäre ein langweiliges Leben, keine Herausforderungen mehr anzunehmen und sich nur noch zu entspannen. Kleine oder große Aufgaben halten unser Gehirn, unseren Körper und unsere Seele lebendig. Menschen, die sich keinen Aufgaben mehr stellen, verlieren an Lebensenergie.

Die Strömungen oder die Lebensenergie kann man auch fühlen, wenn man religiös lebt. Religionen, die mit Angst und Strafe drohen, lehne ich daher ab. Die Angst vor Gottes Strafe würde dieses Gefühl der angenehmen Strömungen verhindern. Wenn wir aber daran glauben, dass Gott für und nicht gegen uns ist, leben wir entspannter. Dann würden wir auch Sex und Selbstbefriedigung nicht mehr länger als Sünde betrachten. Gott hat uns auch diese körperlichen Lustgefühle gegeben, damit wir sie genießen.

Eltern, die mit ihrem eigenen Körpergefühl unsicher sind, können kaum einen natürlichen liebevollen Körperkontakt zu ihren Kindern haben. Kinder können bei Eltern, die ein liebevolles Verhältnis zu ihrem eigenen Körper haben, mit viel mehr Wärme und Natürlichkeit aufwachsen. Wenn wir daran glauben, dass Gott uns zur Seite steht, glauben wir auch daran, dass wir ungestraft glücklich sein dürfen. Vielleicht würde auch die Konkurrenz unter uns Menschen abnehmen, wenn wir uns bewusst machen, dass wir alle einzigartig und Gottes Kinder sind."

Wie aber können wir unser Glück in die Hand nehmen, worauf müssen wir achten, was sollten wir vermeiden und was wissen? Darum geht es in den folgenden Kapiteln, wir beginnen „oben" mit dem Thema „Lebensenergie" und enden „unten" mit dem „Bauch". Zunächst aber sollten Sie Ernst kennenlernen. Ein Mensch, aus dem Leben gegriffen, der das Vorangegangene exemplarisch verdeutlicht.

Ein Mann namens Ernst

Einen Mann, sein Name war Ernst, verschlug es Anfang der sechziger Jahre in mein Heimatdorf. Er wurde von den Einheimischen sehr bald „Lebenskünstler" genannt, das war damals nicht besonders positiv gemeint. Denn er war anders als die alteingesessenen Bauern und die angesiedelten Vertriebenen, er hatte seinen eigenen Stil. Er war sicher schon über 60 Jahre alt, sah aber aus wie einer unserer größeren Brüder, war immer gesund und stets bester Laune. Jeden Tag fuhr er mit zwei anderen Männern in die Stadt, wo er seinen Lebenunterhalt in einer Kohlenhandlung verdiente. Abends kamen sie erschöpft zurück und die

Kumpel von Ernst legten sich, sobald sie die häusliche Schwelle übertreten hatten, umgehend auf die Couch, „um die müden Knochen auszuruhen". Sie waren unsere Nachbarn und deshalb weiß ich auch, dass sie den ganzen Abend nicht mehr richtig in Gang kamen.

Ernst dagegen, und das war in den Jahren sehr ungewöhnlich, machte jeden Abend einen kleinen Dauerlauf, er trug dabei einen unförmigen Trainingsanzug, derbe Turnschuhe und sein Laufstil war nicht sehr elegant. Aber er hatte offensichtlich großen Spaß dabei, man hat ihn jedenfalls nur lächelnd laufen gesehen. Manchmal, wenn es warm war, machte er merkwürdige Sachen, man konnte ihn dann nach dem Laufen im Gras liegen sehen, sehr lange, eine halbe Stunde mindestens. Da bewegte er seinen Kopf, summte ein Lied und schlief dann wohl auch mal ein. An anderen Tagen fuhr er abends noch in den nächsten Ort, da war er im Vorstand des Sportvereins tätig war, außerdem war er Mitglied in seiner Gewerkschaft und Kassierer im SPD-Ortsverein. Den Urlaub verbrachte er in den Bergen und übte dort das Steigen.

Im Dorf aber gehörte er zu den Außenseitern, und obwohl er freundlich zu jedem war, mochten viele ihn nicht. „Der macht es sich zu leicht!", sagten besonders diejenigen, die ständig jammerten und sich beklagten. Ernst wusste das, aber er ließ sich nicht beeindrucken und an die Seite stellen, er ging auf die Menschen zu und suchte das Gespräch mit ihnen. Und tatsächlich, irgendwann gehörte er dazu. Jedenfalls wurde er, als auch bei uns dann endlich auch ein Sportverein gegründet wurde, sofort in den Vorstand gewählt.

Warum diese Geschichte? Sie liefert einige Bilder für die Zusammenhänge, um die es in den nächsten Kapiteln geht. Ich hatte 30 Jahre lang nicht mehr an Ernst gedacht, er tauchte plötzlich vor meinem inneren Auge auf, und zwar just in dem Augenblick, als ich dieses Konzept der Lebensenergie für einen Kunden skizzierte - das ist einige Wochen her.

Seitdem geht er mir nicht mehr aus dem Sinn, und rückwirkend bin ich voller Bewunderung für diesen weisen Mann, der seiner Zeit voraus war und in der Enge eines Bauerndorfes selbst herausgefunden hat, worauf es ihm im Leben ankommt und trotz aller Anfeindungen einen sehr eigenen, unkonventionellen Lebensstil pflegte. Wir finden hier schon jene Themen, die auf den folgenden Seiten beschrieben werden und die so etwas wie einen kognitiven Rahmen für die Praxisteile der Dynamischen Entspannung darstellen.

1. Ernst ist aktiv, gesund und wirkt auch mit 60 Jahren jung und dynamisch - Lebensenergie.

2. Er hat eigene, persönliche Interessen und Vorlieben, die er verfolgt und die ihm Anerkennung vermitteln - Bedürfnisse.
3. Er findet eigene Wege, seinen inneren Druck loszuwerden - Entspannung des Körpers.
4. Wenn er sich nach seinem Sport hinlegt, nur kleine Bewegungen macht und dann zur Ruhe kommt, dann nimmt er das vorweg, was wir später Biodynamische Meditation nennen werden - den freien Bauch.

Genau um diese vier Begriffe und ihr Zusammenwirken geht es bei allen Übungen. Sie öffnen Tore zum vollen Erleben. Darunter verstehen wir die Fähigkeit, die vorhandenen körperlichen und mentalen Kräfte zu mobilisieren und sie mit Erfolg einzusetzen. Die Fähigkeit, Krisen ohne belastende Rückstände zu verdauen und gestärkt aus ihnen hervorzugehen. Die Sensibilität für die eigene Innenwelt, für die Impulse aus dem eigenen Bauch – auf dem Weg zum unabhängigen Wohlbefinden. Die Fähigkeit, mit Freude die Dinge zu tun, die getan werden müssen und das Leben als Herausforderung zum Wachsen und Lernen zu gestalten. Sexualität miteinander und in jeder Zelle der Körpers zu erleben und, möglichst bis zum letzten Atemzug, sich etwas vornehmen zu können, auf das man sich freuen kann. Das volle Leben wird gern geteilt, und es kennt vor allem Mitgefühl. Und wir werden unser Leben als rund und beglückend erleben, wenn wir die Verantwortung für unsere Bestimmungen und Talente übernehmen und diese zur Entfaltung bringen, trotz Risiken und Widerständen.

Es sind Schritte auf dem Weg zum großen Ziel der Selbstanerkennung und der Liebe. Sie werden dann irgendwo, auf einem wackeligen Holzstuhl im Garten, auf der Matratze im Kinderzimmer, in der U-Bahn, am Schreibtisch sitzen – wo auch immer, und fühlen sich durchströmt von einem Gefühl der Liebe zu sich selbst und darüber, als einer von vielen Teilen am Gelingen des Ganzen mitzuwirken. Es ist ein großartiges Gefühl, so zu sein, wie Sie sind. Obwohl es den Anschein haben mag, als seien hier sehr unterschiedliche Themen aufgezählt, sind sie auf eine unsichtbare Weise doch miteinander verbunden, es gibt einen gemeinsamen Nenner.

Es ist eine Kraft, die jeden Menschen auf diesem Globus beseelt und die auch jeder gleichermaßen nutzen kann. Alter, Bildung, Gesundheitszustand, sozialer Status, finanzieller Status, kulturelle Zugehörigkeit spielen keine große Rolle. Und der Bettler in den Straßen von Kalkutta kann von ihr ebenso profitieren wie die Übersättigten in ihren goldenen Käfigen.

Diese Kraft nennen wir Lebensenergie. Lebensenergie ist ein zwar messbares, aber dennoch eher abstraktes Phänomen, wir sehen sie in der Regel nicht, aber jeder kann sie spüren. Volles, zufriedenes Leben korreliert mit vital schwingender Lebensenergie, wie bei Ernst, dem Kohlenschlepper und Lebenskünstler.

Bekanntermaßen können wir keinen oder nur geringen Einfluss auf den Lauf der Dinge nehmen, wir sind ja nicht einmal in der Lage, andere Menschen in unserem Sinne zu verändern, jedenfalls nicht gegen ihren Willen. Nein, die Quellen für ein gutes Leben müssen wir schon in der eigenen Person suchen und finden. Dafür ist die Lebensenergie der wirksamste Parameter. Freilich hat die Sache einen Haken: Lebensenergie läßt sich nicht beliebig manipulieren!

„Erst wenn wir wissen, was wir tun,
können wir tun, was wir wollen."
Dr. Moshé Feldenkrais

Lebensenergie strömt nicht auf Befehl, man kann sie nicht kaufen und auch nicht herbeidenken. Relevante Bereiche des Lebens positiv entwickeln – dies ist der Ansatzpunkt unserer Arbeit.

Wir stellen Ihnen hier die drei Einflussfaktoren vor, die nach unseren Erfahrungen für die Mobilisierung der Lebensenergie eine überragende Bedeutung ausüben:

1. Der entspannte Körper
2. Impulse von innen (Bedürfnisse)
3. Der freie Bauch

Der entspannte Körper ist atmend und auch beweglich. Ein inneres Netzwerk sorgt für optimale muskuläre Anspannung bei Belastungen und zeitnahe Auflösung nach deren Beendigung. Die körperlichen An- und Entspannungen verknüpfen sich eng mit den Gefühlen, im entspannten Zustand können sich diese ausbreiten, in der Anspannung bleiben sie dem Bewusstsein weitgehend entzogen.

Das Gegenbild zum entspannten ist der gepanzerte Körper, in dem chronisch angespannte Muskeln das emotionale Innenleben einzwängen. Wenn wir von „Impulsen von innen" sprechen, dann sind damit Bedürfnisse gemeint, die dem Organismus jene Reize liefern, die er zur vollen Entfaltung seiner Energien benötigt. Diese Grundbedürfnisse werden später genauer beschrieben.

Jedes Bedürfnis ist in der jeweiligen Situation wichtig. „Ich überwinde mich, trotz Eis und Schnee eine halbe Stunde zu joggen", ebenso wie große Themen: „Ich werde meinen ungeliebten Job kündigen und mir eine neue berufliche Herausforderung suchen". Hier spielen bewusste Entscheidungen eine wichtige Rolle. Das Gegenbild dazu wären Ersatzbefriedigungen, die lediglich Ressourcen vergeuden, aber keine Seelennahrung liefern oder die Verdrängung von Bedürfnissen.

Der Begriff „freier Bauch" beschreibt ein Verdauungssystem, in dem auch psychisches Material zügig und ohne Reste verarbeitet wird. Die damit korrespondierenden peristaltischen Bewegungen können die Serotoninproduktion und die emotionalen Ströme aus dem Bauch heraus auslösen und verstärken.

Das Gegenbild ist ein Verdauungstrakt, in dem sich die Spannungen nicht gelöster emotionaler Prozesse (Steine im Bauch) in den Darmwänden halten und deren Bewegungen stark einschränken können.

Und so wirken diese Lebenselemente zusammen:

Die Bereiche stehen in Wechselwirkung miteinander, sie können sich gegenseitig verstärken und mobilisieren dann Lebensenergie. Ein entspannter Körper, ein freier Bauch, lebendige Impulse von innen - erst einmal sind dies abstrakte Begriffe, die lediglich einer gewissen Orientierung dienen sollen. Wir haben ihnen aber drei Urbegriffe des menschlichen Verhaltensrepertoires zugeordnet, die gleichsam programmatische Ableitungen ermöglichen:

Der Körper entspannt sich - durch Bewegung.
Grundbedürfnisse werden wach - durch couragiertes Verhalten.
Der Bauch wird frei - durch Biodynamische Übungen.

Courage, Bewegung, Biodynamische Übungen

Liebe Leserin und lieber Leser, wir gehen davon aus, dass Sie neue Anregungen für Ihr Leben suchen und deshalb die biodynamischen Methoden kennenlernen möchten, in unserem System finden Sie verschiedene Ansatzpunkte. Gerda Boyesen sagt dazu: „Man soll mit dem anfangen, was einem am leichtesten fällt." Und das ist häufig der Weg über den Körper. Unsere Übungen sind sehr einfach, man kann nichts falsch machen und sie bringen schnelle Ergebnisse. Diese Feedbacks beeindrucken dann auch jene, die neue Lösungen vorzugsweise mit dem Kopf suchen.

Auf einer Vortragsveranstaltung kritisierte ein solcher Teilnehmer: „Bedürfnisse, Entspannung, Bauch - wo bleibt denn da das Denken? Es stimmt doch, dass die Materie dem Geist folgt, dann genügt es doch, sein Denken zu verändern!" Wie aber verändert sich das Denken? Sicher nicht so, wie es die selbst ernannten und mittlerweile von der Bildfläche verschwundenen Motivationsgurus „lehrten":

„Stelle dich jeden Morgen vor den Spiegel und wiederhole zwanzigmal, dass dies ein erfolgreicher Tag sein wird und du ein ganz toller Mann bist!" Ganz so schlicht funktionieren Menschen freilich nicht. Die Biodynamik setzt auf die Einheit von Körper-Geist: positive Körpergefühle korrespondieren mit positiven Gedanken.

Diesen Zusammenhang nutzen wir, und deshalb sind die hier vorgestellten Übungen ein guter Zugang für alle Bereiche unseres Seins. Auch für die spirituelle Entwicklung.

Ein natürliches Wachsen entwickelt sich nämlich von „unten" (dem Boden bzw. dem Körper) nach oben. Wenn der Körper schwingen kann und Energien freisetzt, dann streben diese von allein nach „oben" und öffnen den Organismus für kosmische Schwingungen, für feinstoffliche Energien, für göttliche Verbindungen. Deshalb folgt der Weg über den Körper, aus unserer Sicht, einer natürlichen Ordnung. Außerdem ist er für viele Menschen persönlichkeitsnäher als die Arbeit mit der Psyche und führt zu schnellen Ergebnissen. Manchmal rieseln beim Training mit den fünf Übungen der Dynamischen Entspannung die ersten Glücksgefühle bereits nach wenigen Minuten. Und es ist nie zu spät - auch ein alter oder ein kranker Körper kann zum Schwingen gebracht werden, das sollte man wissen!

Es ist nicht bekannt, wie viele von uns chronische Anspannungen mit sich herumschleppen und mit angezogenen Bremsen leben, aber die Schätzungen liegen bei 80 Prozent. „Das ist die moderne Pest!", urteilte jüngst sogar das „Deutsche Ärzteblatt". Eine ziemlich unauffällige Pest, die sich aber epidemisch verbreitet und bewusst gestoppt werden muss, denn aus sich selbst heraus wird sie nicht heilen.

Glück beginnt, wenn es anfängt zu strömen

Wie fühlen Sie sich, wenn Sie frisch verliebt sind? Es werden fantastische Tage sein, voller Leichtigkeit und Bewegung, Kribbeln im Bauch und durchzogen von Wärme oder leichten Schauern. Leichte Vibrationen halten Ihre Muskeln in Bewegung... Nicht wahr, Sie könnten Bäume ausreißen, und das Tag und Nacht! Sie spüren Ihr Herz, den Bauch, die Fingerspitzen – und alles ist durchflossen von lieblichem Strömen.

Die Kraft, die an solchen Tagen so kräftig in uns pulsiert, wird in der Körperpsychotherapie gemeinhin „Lebensenergie" genannt. Wilhelm Reich, Arzt und Psychoanalytiker, Kollege und später Antipode von Sigmund Freud, war der erste, der das Zusammenspiel von Körperhaltungen, Verspannungen und dem Strömen der Lebensenergie beobachtete und deren Auswirkungen auf Psyche und Denken beschrieb. Das wunderbare Gefühl des Fließens und Strömens ist das Ergebnis der Bewegung von Flüssigkeiten im Organismus (Blut, Lymphe und Zellflüssigkeiten). Die für die psychisch-physischen Prozesse relevante Entdeckung bestand darin, dass diese Flüssigkeiten energetische Ladungen aufweisen.

Als Gerda Boyesen diese Erkenntnis vor 40 Jahren immer wieder betonte, erntete sie bestenfalls Achselzucken. Niemand war interessiert. Mittlerweile ist das anders, die energetische Ladung (Schwingung) einer Materie ist für viele wichtiger geworden als die Materie selbst. Beispiel Wasser. Hier sind in den letzten Jahren verschiedene Systeme zur „Belebung" des Wassers auf den Markt gekommen. Und siehe da, Schnittblumen aus dem gleichen Strauss blühen im belebten Wasser vier Tage länger als im gleichen, aber unbelebten Wasser. Wenn diese Effekte in allen Wiederholungen auftreten, dann muß eine nichtmaterielle Kraft wirksam sein und diese wird verkürzt als „Energie" bezeichnet. Ein glücklicher Mensch wird als attraktiver wahrgenommen als die gleiche Person in neutraler Verfassung. Auch hier wirkt Energie (Ausstrahlung) und der Begriff der Lebensenergie gehört heute zum Sprachgebrauch.

Alexander Lowen, Begründer der Bioenergetik und Kollege von Wilhelm Reich, nennt sie übrigens „Überbringer des Eros". Warum? „Wenn sie (die energetisch geladenen Körperflüssigkeiten) eine bestimmte Stelle des Körpers erreichen, schenken sie ihr Leben, Wärme, Erregung." Energetisch gesehen, könnte man den ganzen Körper mit einer Zelle vergleichen, mit einem energetischen Kern in der Mitte, der Membran (Haut) und einem Energiefeld herum (Ausstrahlung).

Die in der Membran eingeschlossene und in Flüssigkeit gebundene Energie pulsiert (Erregung) und kann sich innerhalb der Zelle in alle Richtungen zugleich ausbreiten oder in bestimmte Richtungen fließen, je nachdem, wie wir auf einen Reiz reagieren. Der Erregungsfluss wird als Gefühl oder Regung wahrgenommen. Die Energie kann auch über die Membran hinaus in die Welt strahlen und in Verbindung zu anderen Systemen treten. Die Pulsation verläuft dabei vom Kern nach außen und zurück - in einem ständigen Rhythmus von Expansion und Kontraktion, also Ladung und Entladung. Wilhelm Reich gebraucht das Bild einer Amöbe oder einer Qualle, deren Leben ja durch keine weiteren Parameter als die rhythmischen Veränderungen von Expansion und Kontraktion bestimmt werden.

Zurück zum Menschen: Wer sich in seiner Lust entspannen kann, nimmt feine durch seinen Körper fließende Empfindungen und Vibrationen wahr. Reich nannte dies auch Vegetatives Strömen. Angst entsteht dagegen, wenn sich die Strömungen nicht mehr ausbreiten sondern, als Reaktion auf eigene Gedanken oder äußere Gefahren, nach innen umkehren. Unter fortdauerndem Stress kann sich die Amöbe einkapseln. Sie formt eine semi-durchlässige Zyste, eine Verhärtung ihres Protoplasmas, die nun die inneren Bereiche schützt. Der Mensch entwikkelt eine ganz ähnliche Panzerung, indem er seine Muskulatur versteift, die ihn nun vor Schmerzen bewahren soll. Man kann sich über das Leben als eine großartige Chance freuen oder es als ständige Gefahrenquelle fürchten. Manchmal mischen sich auch beide Erlebnisweisen, aber eine wird dominieren:

Abbildung: Freie Schwingung - offenes Leben

Es ist wie das Reiten auf den Wellen des Lebens, das Mitschwimmen ohne unterzugehen. Dies ist eine bewegliche Lebensführung, sie ist unruhiger und angstfreier. Die Sicherheit resultiert aus dem tiefen Wissen, mit dem Leben fertig werden zu können. Die stärkste aller denkbaren Beruhigungen.

Die Lebensenergie eines offen gehaltenen Lebens lässt sich als kräftige Schwingung darstellen, die sich zwischen Polariäten (Gegensätzen) eines Menschen bewegt und aus sich selbst heraus Kraft gewinnt. Diese Energie reicht aus, um Widrigkeiten und Krisen zu bewältigen und als positive Entwicklungsschritte bewusst werden zu lassen. Wenn Lebensenergie schwingen kann, dann heilen Wunden und Erholung setzt sofort ein, die Selbstregulation aktiviert sich! Und Selbstvertrauen und Freude am Leben können strömen. Und Gedanken weiten sich.

Dieses Leitbild vermitteln allerdings nur wenige Familien ihren Kindern, zumindest in unseren Regionen scheint es so zu sein. Wie sonst ließe sich die Tatsache erklären, dass die überwiegende Mehrzahl unserer Zeitgenossen offensichtlich einem anderen Muster folgt.

Abbildung: Flache, gedämpfte Schwingung - anspruchloses Leben

„Mir geht es gut, wir sind 12 Jahre verheiratet und es ist noch nichts passiert", diese Äußerung eines Klienten hat mich in ihrer Doppelbödigkeit lange beschäftigt. Die Haltung ist einerseits plausibel, sie drückt aber auch große Angst und Anspruchslosigkeit aus. Denn wo negative Highlights fehlen, da gibt es auch keine positiven, so jedenfalls nach dem Gesetz der freien Schwingung. Das Positive folgt dem Negativen und umgekehrt. Deshalb ist auch jeder Versuch zum Scheitern verurteilt, der darauf abzielt, nur das Schöne oder Harmonische im Leben zu haben und sich die Kehrseiten zu ersparen.

Wer sich zu stark vor Aufregungen und unsicheren Situationen schützen will, dessen Lebensmuster wird zwangsläufig von Wiederholungen, Vermeidungen, Kontrolle und (Bewusstseins-) Einschränkungen geprägt sein. Und dann passiert genau das, was diese Menschen unbedingt zu vermeiden trachten: der Organismus verliert mit den Schwingungen auch seine Kraft. Und wenn keine Kraft mehr fließt, dann ist die Angst nicht mehr weit. Sie besetzt den unbelebten, energielosen Raum und kann sich von dort verbreiten. Die erhoffte innere Ruhe jedenfalls kann so nicht einkehren! Im Gegenteil.

Als die Bürger meines Heimatdorfes langsam zu Wohlstand kamen, begannen sie, ihre Häuser mit aufwändigen Sicherheitsanlagen zu schützen. Ohne Not, denn es hatte nie größere Einbrüche gegeben. Das änderte sich nun, denn die roten Warnlampen auf den Dächern wirkten für die Spitzbuben wie ein Signal „Hier gibt es etwas zu holen". Da sich die Bürger aber durch zahlreiche Fehlalarme an die nächtlichen Sirenentöne gewöhnt hatten, reagierte irgendwann kein Nachbar mehr, wenn es sich um einen echten Alarm handelte. Das Gegenteil des Erhofften war eingetreten.

Nein, die Unwägbarkeiten des Lebens können nicht beherrscht oder vermieden werden, dies ist eine Illusion. Jedenfalls solange Menschen nicht in der Lage sind, in die Zukunft zu blicken. Jeden Morgen beginnt ein neuer Tag, und niemand weiß, was passieren wird.

In meinen Vorträgen erwähne ich auch gerne das Beispiel einer Nachbarin, einer ansehnlichen Mittdreißigerin, Mutter zweier Kinder und nebenberuflich als Buchhalterin tätig. Das Bemerkenswerte: Sie hat in ihrem ganzen Leben noch keine einzige Großstadt gesehen! Hamburg und Bremen liegen nur 80 Kilometer entfernt, aber sie hat keinerlei Verlangen danach. „Was soll ich da, Einkaufen kann ich hier auch, und mit den Kriminellen dort auf den Strassen will ich nichts zu tun haben!" Zugegebenermaßen ist dies ein extremes Beispiel, aber es macht den inneren Konsens des überzogenen Sicherheitsstrebens deutlich, das Festhalten am Bekannten und Vertrauten und die Abwehr des Unbekannten. Kinder würden mit dieser Einstellung nicht in den Kindergarten und schon gar nicht in die Schule gehen wollen. Gott sei Dank verfügen die starken Schwingungen der ersten Lebensjahre aber über eine gewisse Widerstandsfähigkeit, und so können Neugierde und andere Wachstumsimpulse auch in ängstlichen Familien überleben, jedenfalls einige Jahre. Die menschliche Natur ist sehr stark!

Und die Lebensenergie will, daß wir uns innerlich und äußerlich bewegen. Das konnte der japanische Wissenschaftler Emoto gerade mit fotografierten Kristallstrukturen des Wassers eindrucksvoll dokumentieren: Selbst auf dieser Ebene sucht sich das Leben zum Selbsterhalt fortwährend neue Anregungen. Und weil sich Leben von Natur aus weiterbewegen will, ist ein enormer Aufwand erforderlich, um es auszubremsen und die Schwingungen flach zu halten. Diese Aufgabe muß der gesamte Organismus übernehmen, über sein inneres Netzwerk baut er ein entsprechendes System von Verengungen und Anspannungen auf – bis hin zum chronischen Körperpanzer. Gewaltige Kräfte werden dadurch gebunden und vergeudet, sie fehlen für die Bewältigung und das Feiern des Lebens.

Übrigens äußern sich Teilnehmer immer wieder begeistert über die beiden kleinen Grafiken. Das hat uns anfänglich überrascht, da es sich doch um recht schlichte Gebilde handelt. Aber sie sind überschaubar und deshalb eingängig, jedenfalls stimmen sie nachdenklich und vielen wird plötzlich bewußt, wie stark sie ihrem Leben Aufregungen und Abwechslungen entzogen haben, und was dabei auf der Strecke blieb.

Faktoren, die unsere Lebensenergie beeinträchtigen:

Die Bedeutung der Inneren Bremsen

Die Lebensenergie benötigt innere (Ziele, Neugierde) und äußere Anregungen, dann regeneriert sie sich immer wieder aufs Neue. Fehlen diese Anregungen, so kommt der Mensch nicht mehr richtig in Schwung. Daneben kennen wir weitere Situationen, die diesen Prozeß negativ beeinflussen. Natürlich schwächen krisenhafte Lebensphasen den Organismus, ebenfalls familiäre Verstrickungen und ausweglose Situationen, aber es sind auch harmlose Gewohnheiten, die aufgrund ihrer Summierung das Lebensgefühl beeinträchtigen. Sie sind häufig so unauffällig, daß ihre negativen Wirkungen gar nicht erkannt werden.

Vor allem sind dies die täglichen Kompromisse und Verstellungen, die unsere Kräfte rauben. Ein anschauliches Beispiel: Sechzig Mitarbeiter einer Behörde haben eingeschätzt, wie stark einzelne Situationen und eigene Verhaltensweisen die Lebensenergie beeinträchtigen.

Vorgegeben waren die Antwortalternativen: 0, 5, 10, 15, 20 Prozent. Die Ergebnisse:

20 Prozent:
Dauerndes Zusammensein mit einer jähzornigen Person.

15 Prozent:
Einen Raum mit einer sehr ängstlichen Person teilen.
„Hoffentlich falle ich hier nicht auf!"
„Keiner soll meine Unsicherheiten bemerken."
Strafe durch Schweigen.

10 Prozent:
Sie haben mehrere Male in der Woche das Gefühl von Überforderung. „Ich schaffe das nicht!"
Sie sagen „ja" obwohl Sie „nein" meinen.
Sie beginnen den Tag mit negativen Gedanken.
Sie haben eine gute Idee, behalten diese aber für sich.
Sie verbringen mehrere Stunden mit einer Ihnen unsympathischen Person in einem Raum.
Es ist für Sie sehr wichtig, keine Fehler zu begehen.

5 Prozent:
Sie lächeln, obwohl Ihnen nicht danach zumute ist.
Sie grüßen, obwohl Sie gar nicht grüßen wollen.
Sie nehmen Rücksicht, weil Sie die andere Person nicht verletzen möchten.
Obwohl Ihnen nicht danach zumute ist, hören Sie sich das Schicksal anderer an.
Sie schlucken eine giftige Bemerkung runter.

Jeder kennt diese Verhaltensmuster, die aus bestimmten Grundhaltungen resultieren.

Lebenssituationen:
Überforderung/Unterforderung.
Belastende Veränderungen.
Verlust eines Menschen, Trennungen.
Gesundheitliche Probleme.
Bedrohung der materiellen Sicherheit.
Mangel an Perspektiven.
Grundbedürfnisse werden nicht im ausreichenden Maß gelebt.

Einstellungen/Haltungen:
Gefühlskontrolle: Verbergen von nichtakzeptierten inneren Zuständen (Unsicherheit, Ängste, Widerspruch, Wünsche, Träume, Trauer, Liebe, Wut etc.).
Pessimistische Gedanken, negatives Selbstbild,
Schonung, Überbetonung von Sicherheit, Angst vor Fehlern und Aufmerksamkeit,
Fehlende Visionen.

„Altlasten“:
Nicht erfolgte Lösung von der Ursprungsfamilie oder deren einzelnen Mitgliedern.
Verstrickungen (alte Bezugspersonen, Partner etc).
Familiengeheimnisse.
Nicht aufgelöste Traumata.

Das Gegenteil: Fließende Lebensernergie

Wie schön wäre es doch, sich von den erwähnten Faktoren frei zu machen, fließende Lebensenergie zurück zu gewinnen! Sie bringt Körper, Geist und Seele in Schwung, an diesen Tagen strahlen die Augen und der sprichwörtliche Erfolg scheint tatsächlich in den Schoß zu fallen. Ein starkes Immunsystem schützt vor biologischen und emotionalen Infektionen und ermöglicht schnelle Erholung.

Gerda Boyesen: *„Wenn die Lebensenergie wiederkehrt, dann scheinen sich innere Tore zu öffnen. Ideen, Gedanken, Worte fließen wie eine muntere Quelle. Und plötzlich bedarf es keiner Mahnungen und Belehrungen, denn Kinder fan-*

gen an, sich selbst zu kümmern. Und Erwachsene werden zu Begeisterten, Probleme werden zu Herausforderungen, und die Zeit wird plötzlich überall knapp. Himmlische Eigenschaften werden frei: Liebe, Humor, Verständnis, Geduld. Sie sind sowieso in jedem vorhanden, jetzt aber kommen sie ins Leben. Es kann auch heilige Wut hochkommen, aber sie hinterlässt Klarheit und Klärung und alles wird wieder gut! Die Versöhnung wird zur Verpflichtung.

Die süßen Ströme der Lebensenergie bringen uns in Bewegung, öffnen die Atmung, füllen die Muskeln und lassen uns einzigartige Momente absoluten Glücks erleben. Nicht ein- oder zwei- oder dreimal im Leben, sondern täglich! Dann sollen wir die hörbaren Melodien unseres Bauches mit Dankbarkeit annehmen. Und jeder kann seine Lebensenergie finden, hier und jetzt. Keiner muss dafür ans andere Ende der Welt reisen oder sich auf spätere Zeiten vertrösten. Verschiebe nichts, sondern beginne heute!

Neu gewonnene Lebensenergie wird Sie nicht nur innerlich verändern, sondern auch äußerlich. Vielleicht gehören Sie zu denen, die immer wieder in den Spiegel schauen und dann schlechte Laune bekommen. Natürlich altert die Haut, Falten entstehen, die Gesichtszüge verändern sich – wer diesen Prozess nicht annimmt und ihn künstlich zu stoppen versucht, wirkt irgendwann lächerlich und erreicht das Gegenteil seiner Wünsche. Wer aber anfängt, seine Lebensenergie zum Aufblühen zu bringen, dessen Äußeres blüht ebenfalls auf, es ist die wirksamste aller Schönheitsbehandlungen.

Ein Spiegel kann uns den Hinweis geben, dass wir abgespannt oder müde aussehen. Wir haben in der letzten Zeit vielleicht zu viel gearbeitet und zu wenig geschlafen. Wir haben uns womöglich selbst etwas vernachlässigt. Wenn wir diesem Hinweis folgen und wieder einmal etwas liebevoller mit uns umgehen, tut dieses der Seele und unserer Ausstrahlung unglaublich gut.

Streichen Sie jetzt die Schläfen links und rechts mit den Fingerspitzen aus. Es fühlt sich auch sehr schön an, sich so zwischen den beiden Augen und auf dem „dritten Auge" zu massieren.

Die kleinen Stressfalten neben der Nase und die Mundwinkel kann man ebenso sanft behandeln. Die Falten gehen davon natürlich nicht weg, aber das Gesicht sieht sehr viel entspannter aus. Geben Sie sich sieben Minuten Zeit dafür, immer wieder streichen, kreisen, massieren. Und immer so, dass es der Haut und dem Gewebe darunter gut tut. Die Verjüngung im Gesicht kann man tatsächlich im Spiegel beobachten."

Schlaff, grau und müde: Wenn Lebensenergie nicht mehr fließt

Ganz anders sehen die Tage aus, an denen die Lebensenergie nicht ausreichend fließen kann. Die vitalen Funktionen des Organismus laufen dann untertourig, das

- schwächt die körperliche Leistungsfähigkeit, man erreicht schneller seine Grenzen. An beschwingten Tagen fallen fünf Stockwerke ganz leicht, in angespannten Zeiten geht nach wenigen Stufen die Puste aus;
- schwächt weitere Leistungsparameter wie Flexibilität, Konzentrationsvermögen, Beharrlichkeit, Lernbereitschaft;
- beeinträchtigt die Selbstregulation des Organismus, Stress und Krankheitssymptome können sich nur langsam abbauen;
- macht Gesichter grau und faltig, bedingt durch mangelnde Ausleitung von Abfallprodukten.

Außerdem: Den Bewegungen wird die natürliche Anmut entzogen und der persönlichen Ausstrahlung der Glanz. „Es kommt nichts rüber von dir", sagen die Leute dann. Im Körper gestaute Energien lassen den Menschen nicht nur älter aussehen, er altert tatsächlich schneller. Sexualität wird mehr zur anstrengenden Arbeit als zum freien Spiel der Sinne. Emotionen werden matt und Kommunikation anstrengend. Lebensenergie will von ihrer Bestimmung her schwingen und pulsieren. Ist die Strömung unterbrochen oder sehr schwach, dann wird sie an irgendwelchen Stellen im Organismus gebremst oder zurückgehalten. Hier bauen sich in der Folge feste Spannungen auf, die sowohl Schmerzen als auch andere Missempfindungen verursachen werden. Typisch sind Kopf-, Rücken-, Glieder- und Magenschmerzen. Oder Engegefühle im Hals- Brust- und Bauchbereich. Verbreitet ist auch ein sich „Sich-nicht-wohlfühlen-in-seiner-Haut", das Resultat von Unruhe (Überladung, nicht abschalten können) oder Unterladung (müde und antriebsarm sein). Ängste und depressive Verspannungen gehören ebenfalls dazu.

An folgenden Stellen des Körpers machen sich die Auswirkungen andauernder Spannung bemerkbar:

Haare: Die Versorgung mit Mineralien lässt nach, so dass wir Haare verlieren oder die Haare sich weiß verfärben.

Gehirn: Der Körper schüttet bei starken Gefühlen körpereigene Opiate aus, die jedoch den Blutdruck erhöhen. Werden diese nicht abgebaut, vergrößert sich die Gefahr eines Schlaganfalls um das Dreifache.

Immunsystem: Flache Lebensenergie schwächt das Immunsystem. Die Abwehrkraft kann um bis zu 70 Prozent sinken. Es besteht ein Risiko, an Grippe, Krebs, Rheuma oder Allergien zu erkranken.

Haut: Der Stoffwechsel wird verlangsamt, und der Körper entgiftet schlechter. So entsteht Stoffwechselmüll (Freie Radikale), der die Zellen angreift. Die Haut altert dreimal so schnell wie sonst.

Gelenke: Bei starkem Stress kann sich der Sauerstoff im Blut um bis zu 40 Prozent reduzieren. Dadurch werden die Zellen schlechter versorgt und können sich schlechter regenerieren. Es kann zu Entzündungen an den Gelenken, Wirbeln und Sehnen kommen.

Anspannungen und Stress:

Gefangen in unserem eigenen Körper

„Ich bin jetzt 80, ich nehme mir einfach das Recht zu sagen, dass viele Menschen heute geradezu idiotisch mit sich selbst umgehen. Lieblos und ohne Ideen. Keiner soll so empfindlich sein wie die Prinzessin auf der Erbse, aber wir sollten unseren Körper und unsere Seele auch nicht so missachten! Liebe, Zuneigung, Begeisterung, Neugierde, Verrücktheiten - so viele schöne Dinge sind fast verschwunden im Leben vieler Menschen. Das macht auf Dauer frustriert und freudlos. Wir sollten jetzt innehalten und eine neue Richtung einschlagen, denn wir sind auf die Welt gekommen, um zu leben und nicht um zu funktionieren.

Lasst uns jetzt also mehr bewegen, mehr singen, freundlich miteinander sein, lachen und in uns hineinspüren. Es gibt dort so viel Spannendes zu finden!"

Was macht aus lebendigen, liebenswerten, selbstbewussten und kreativen Kindern in wenigen Jahren langweilige, pessimistische Erwachsene? Das ist schnell erklärt: Wir kommen mit einer Vielzahl von Bedürfnissen auf die Welt. Sie sind am Anfang einfach zu erfüllen und differenzieren sich im Laufe der Entwicklung. Freie Kinder folgen diesen Impulsen offen und direkt, sie bewegen sich ohne Unterlass, kommen und gehen, schmusen und lösen sich wieder. Sie begreifen, halten, suchen Grenzen und Erfolge. Sie saugen, jauchzen, lächeln, sind wütend, schreien, und wann immer sie müde werden, lassen sie alles los und nehmen sich den Schlaf, den sie brauchen. Freie Kinder probieren sich aus und strahlen vor Stolz und Lust, das macht sie zu diesen phantastischen Geschöpfen, die wir alle lieben. Es folgt die Vertreibung aus dem Paradies. Die Blicke von Mama und Papa fangen an, sich zu verändern, erst vorsichtig, dann drängender: „Jetzt musst du langsam anfangen zu lernen, liebes Kind, und auch vernünftiger werden!" Das Ursprüngliche beginnt zu verblassen und irgendwann ist das lebendige, freie und gewitzte Kind verschwunden.

Lassen Sie uns diesen Prozess etwas genauer betrachten: Aus dem spontanen, wilden Mädchen oder Jungen wird der vernünftige, beherrschte Erwachsene. In den ersten Jahren des Lebens sind es die Elternfiguren, später übernimmt er die Bändigung seiner inneren Welt selbst. Ein komplexes Zusammenspiel von Gedanken, Muskelanspannungen, Bewegungen und Körperhaltung schafft nun die äußere Hülle, die dem Erwachsenen zur neuen Heimat wird, mehr oder weniger weit entfernt vom ursprünglichen Paradies. Es ist eigentlich immer ein dramatisches und auch trauriges Wegsperren der lebendigsten Anteile unserer

Natur. Bewerkstelligt wird dies durch ein System innerer Bremsen, die wir selbst betätigen. In unseren Trainingsgruppen bauen wir manchmal Körper- und Gedankenhaltungen nach, um das Bewusstsein für die selbstgestalteten Dramen im eigenen Körper zu sensibilisieren. Das funktioniert in etwa so: „Stell dich bitte hin, drücke deine Knie leicht durch und spanne deine Zehen an, kralle sie leicht in den Boden. Dann ziehe den Bauch etwas ein und drücke die Arme leicht an den Körper, winkle sie etwas an. Hebe die Schultern einige Milimeter an und halte sie in dieser Position. Presse die Lippen aufeinander und spanne die Kiefermuskeln leicht an.Und erinnere dich dann an eine Situation, in der du dich geärgert hast, über dich oder über andere." Die Teilnehmer sind von den Ergebnissen dieser kleinen Selbsterfahrung immer wieder überrascht. Was erleben sie? Der Atem wird nach wenigen Sekunden flach, innere Unruhe steigt auf, nach fünf Minuten macht sich ein gewisser Ärger breit, oder auch depressive Gleichgültigkeit, dann Müdigkeit...

Dies ist kein weltfremdes Psychoexperiment, sondern das einfache Nachstellen der Körperhaltung eines angespannten Menschen. Deutlich wird dabei der Zusammenhang von Körperhaltung und Gefühl. Wir machen unsere Gefühle selbst, durch die Art des Atmens, der Bewegung, der Muskelanspannung, des Schauens und auch des Sprechens. Es ist ein Wechselspiel, bei dem nie so ganz klar wird, was wem folgt oder vorangeht. Sie kennen wahrscheinlich die nicht zu beantwortende Frage, ob nun die Henne oder das Ei zuerst auf der Welt war, so ähnlich ist es hier auch. Immerhin wissen wir jetzt aber, daß wir Einfluss auf unsere Befindlichkeit nehmen können und somit eben auch Verantwortung tragen für unsere Gefühle, Stimmungen und die Ausschöpfung der Ressourcen. Fünf Minuten Lächeln, und die schlechte Laune schwindet; eine Minute lustvoll die Hände zu entschlossenen Fäusten ballen, und Zuversicht steigt hoch; einige Male kraftvoll auf den Boden treten, und die Müdigkeit ist wie weggeblasen - so einfach funktionieren wir tatsächlich! Probieren Sie es aus!

In unserer Arbeit nutzen wir natürlich diese Wirkzusammenhänge. Sie werden zum Beispiel im Praxisteil dieses Buches die Gewinnenden Bewegungen kennenlernen, das sind minimale motorische Aktivitäten mit maximalen Auswirkungen auf Körper, Geist und Seele, also auf den gesamten Organismus.

Die Inneren Bremsen

Die Inneren Bremsen funktionieren nach dem „Alles-oder-Nichts-Prinzip". Die Ausbremsung der nicht erwünschten Lebensregungen erfasst deshalb auch jene, die gar nicht ausgebremst werden sollen. Wer in seiner Familie nicht traurig, laut, neugierig und manchmal verrückt sein darf, wer auf seine Fragen keine Antworten erhält, der wird sich auf die Situation einstellen, indem er die Gesamtheit seiner Impulse runterfährt. Die Inneren Bremsen wirken nämlich deshalb so erfolgreich, weil sie nicht nur einzelne Verhaltensweisen ausbremsen sondern auf die Schwingungen der Lebensenergie insgesamt wirken. Ich erinnere einen sehr lebhaften Jungen, der endlos viele Fragen hatte, die ihm seine Eltern beantworten sollten. Das geschah vorzugsweise beim gemeinsamen Abendbrot, denn dies war eigentlich die einzige Situation, in der alle drei zusammenkamen. Der Vater war Vertreter und viel unterwegs, und der Junge wartete jeden Tag sehnsüchtig auf dessen Rückkehr, er hatte so viel beobachtet, gehört und gelesen und es drängte ihn, alles seinem Papa zu erzählen. Der aber wollte wenigstens zu Hause seine Ruhe haben - eine zwar verständliche, aber für Väter temperamentvoller Kinder schon immer unrealistische Erwartungshaltung. Seine Antworten wurden immer knapper und müder, und irgendwann sprach er nur noch das Notwendigste mit seinem Sohn, ähnlich wie vorher schon die Mutter, die sich für Flugzeuge, Trecker, Feuerwehrmänner und Raubvögel so gar nicht begeistern konnte. Da saß das vierjährige Kind nun und redete gegen eine Wand.

Resonanz aber ist ein Grundbedürfnis, ein Lebenselixir, dazu später mehr. Der Entzug von Resonanz wirkt in alle Lebensbereiche hinein und entzieht dem ganzen Organismus Energie, so auch in diesem Fall. Tatsächlich wurde der Junge am Abendbrottisch sehr still, dabei aber blieb es nicht, er sprach auch mit sich selbst immer weniger, und irgendwann hatte er keine Fragen mehr und verlor das Interesse an all den Dingen, die einmal seine Welt waren. In den folgenden zwei Jahren wurde er zum Dauerfernseher, verfettete zusehends und verweigerte sich schließlich am Einschulungstag. Daraufhin gingen die Eltern zur Beratungsstelle. Diese ganzheitliche Funktionsweise der Inneren Bremsen ist die Ursache für Auswirkungen auf alle Lebensbereiche:

Dauernde Anspannungen: keine Ausstrahlung

Wer sich sehr stark an Erwartungen, Ge- und Verboten orientiert, der gewinnt (vielleicht) vorübergehendes Wohlwollen, er verliert aber das Schwingende in sich, also Freude, Humor, Spontaneität, Kreativität, Mitgefühl, Großzügigkeit.
Deshalb wirken sehr angepasste, gefügige, außengeleitete Menschen häufig so langweilig, geizig und leblos. Nur wer Glück hat, erwacht eines Tages aus diesem trostlosen Verliererspiel, wie jene brave Hausfrau, die Marianne Faithfull vor Jahren besang. Den Putzlappen in der Hand, fängt sie an davon zu träumen, mit einem Sportflitzer durch Paris zu kurven. Und dann die schmerzhafte Gewissheit, dass es ein Traum bleiben muss, es sei denn...

Dauernde Anspannungen: keine Leistung

Anspannungen binden enorme physische Kräfte, die dem Organismus nicht mehr zu Verfügung stehen. Dann können die Tage sehr lang und anstrengend werden. Dies ist ein großes Problem in Unternehmen, in denen nicht ständig am Betriebsklima, also den Beziehungen aller Beteiligten gearbeitet wird. Hier spannen sich die Mitarbeiter in stillen Macht- und Überlebenskämpfen derart an, dass nur ein Bruchteil ihrer Energien in die eigentliche Arbeit fließen kann. „75 Prozent meiner Kraft brauche ich für die Kämpfe gegen die anderen Abteilungen bei uns“, so ein Siemens-Manager schon vor einigen Jahren; dieser Wert dürfte inzwischen gestiegen sein.

Dauernde Anspannungen: keine Lust auf Lust

Lust ist Schwingung, und Anspannung bewirkt Schwingungsverlust. In diesem Zustand springt kein Funke über, weder im Bett noch im Büro. Es gibt weitere bedeutsame Zusammenhänge, Heilung gelingt schneller in der Entspannung, Kinder spielen lieber mit entspannten Eltern, Freunde kommen häufiger, wenn die Atmosphäre frei ist.

Das große Missverständnis:

Stress und Druck kommen nicht von außen

„Verspannungen und Stress sind eine Folge von äußerem Druck" – so meint es fast jeder, und deshalb handelt es sich hier um eines der verbreitetsten Missverständnisse überhaupt.

Der schreckliche Chef, die nörgelnden Schwiegereltern, der Druck im Job, nervige Kinder, tägliche Verkehrsstaus, hellhörige Wohnungen! Die kleinen und manchmal auch großen Katastrophen des Alltags können in der Tat unerträglich werden und dennoch sind sie für unsere Anspannungen und Nervosität nicht verantwortlich, die produziert jeder von uns selbst! So naheliegend Schuldzuweisungen sein mögen, so verstellen sie doch den Blick für erforderliche Konsequenzen und verleiten zum Versuch, lediglich äußere Belastungen zu reduzieren.

Nein, Stress und Spannungen entstehen, wenn wir nicht in der Lage sind, uns richtig zu artikulieren, Situationen zu klären, Grenzen zu halten, uns nicht trauen oder nicht anvertrauen. Diese Spannungen sind im Grunde verkörperte Hemmungen, Teile des eingeschüchterten Körpers.

Sehr deutlich spürt eine gute Bekannte von mir diesen Zusammenhang, die nach jedem Besuch ihres arroganten, abweisenden Sohnes mit tagelangen Muskelschmerzen zu tun hat. Sie fühlt sich bei diesen Anlässen von ihm übergangen und geringschätzig behandelt, findet aber nicht den Mut, ihn mit ihren Gefühlen zu konfrontieren. Sie gibt sich freundlich und hilfsbereit und so gelingt es ihr, die anschwellende Empörung dem Sohn gegenüber zu verbergen. Danach fällt sie in einen bleiernen Schlaf und erwacht mit Spannungsschmerzen im ganzen Körper.

Aus diesem Stoff ist der Stress! Nicht die Belastungen selbst sind das Problem, sondern die Umgangsweise mit ihnen.

Welche psychologische Funktion erfüllen chronische Anspannungen?
Sie sollen Teile der Lebensäußerungen (Impulse) im Körper festhalten. Und zwar aus den unterschiedlichsten, in der jeweiligen Persönlichkeit liegenden Gründen. So können es Ängste vor den Reaktionen der Außenwelt sein - Ablehnung, Missachtung, Kritik, Bloßstellung, Benachteiligung, Ausgrenzung oder anderes. Oder es sind Ängste vor der eigenen Innenwelt, vor Scham und

Schuldgefühlen, vor Kontrollverlust, Abhängigkeitsbedürfnissen und anderen Gelüsten. Oder vor dem Unheimlichen in der Tiefe der Seele.

Zur Verdeutlichung haben wir hier einige Impulse zusammengetragen, die in unserer Kultur häufig mit Ausdruckhemmungen verknüpft sind, sie sind unterteilt in aktive (rote) und entspannende/rezeptive (blaue) Bedürfnisse.

Ich will lachen
Ich bin wütend
Ich habe recht
Laß mich in Ruhe
Hau ab
Ich hasse dich
Ich will erzählen
Ich will schimpfen

Ich will weg
Ich liebe dich

Ich will es haben
Ich will es nicht haben
Ich bin stark

Ja!
Nein!
Ich habe eine Idee

Das Grundmuster unserer emotionalen Ausdrucksmöglichkeiten wird natürlich in frühen Kindertagen gelegt. So sind beispielsweise potentiell gewalttätige aber auch konfliktvermeidende Scheinharmonie-Familien schwierige Lernfelder für den Umgang mit roten Impulsen.

In Familien mit nervös-dominanten Elternteilen oder in Umgebungen, in denen Inaktivität negativ bewertet wird, gibt es hingegen wenig Unterstützung für die Bedürfnisse nach Regeneration und Loslassen. Hier einige blaue Impulse:

Ich nehme es hin
Ich will mich hingeben
Ich lasse los
Ich lasse mich gehen
Ich vertraue mich an
Ich lasse es passieren
Ich schaffe es nicht
Ich brauche dich
Ich kann es nicht

Ich genieße
Ich träume
Ich lasse mir endlose Zeit
Ich mache gar nichts
Ich döse
Ich schlafe
Ich spiele
Ich lasse es geschehen

Und mit einer kleinen Meditation kommen Sie Ihren eigenen Verspannungen und Stressprozessen auf die Spur: Suchen Sie sich aus dieser Auflistung die beiden Themen heraus, mit denen Sie selbst die größten Schwierigkeiten haben.

Schließen Sie dann bitte die Augen und stellen Sie sich vor, wie Ihr Organismus die Unterdrückung dieser Impulse bewerkstelligt. „Was passiert in Dir?" fragt

Gerda Boyesen in solchen Situationen und läßt viel Zeit für die Antworten. Achten Sie dabei auch auf die Atmung und auf das Gefühl im Bauch! Und beenden Sie diese Vorstellung erst dann, wenn Sie über ein inneres Bild verfügen, denn die Voraussetzung für jede positive Veränderung ist das Erkennen der eigenen Beteiligung. Wir selbst produzieren unsere Spannungen und Stresszustände. Das ist manchmal schwer zu akzeptieren, aber es ist auch gut zu wissen, denn nun müssen wir nicht mehr auf Hilfe von außen warten.

Die Muskeln entscheiden, ob und was Sie fühlen!

Der Bauch und das Gehirn bereiten die Emotionen vor, am „Fühlen" selbst ist die Muskulatur entscheidend beteiligt. Über entspannte Muskeln können sich die emotionalen Potentiale im ganzen Körper ausbreiten und jene Reize auslösen, die schließlich als Gefühle interpretiert werden.

Das offene Leben aber ist das Pulsieren zwischen Spannung und Entspannung und die Muskeln sind in einer besonderen Weise an diesem Prozeß beteiligt. Sie bauen eine bestimmte Grundspannung (Tonus) auf, ohne die wir ganz in uns zusammensinken würden, wie dies z.B. bei einem Ohnmachtsanfall passiert. Auf drohende Gefahr reagiert der Organismus mit Spannungserhöhung und bereitet sich damit auf Flucht, Angriff oder Betäubung vor. Dabei ist es unerheblich, ob es sich um eine reale oder imaginäre Gefahren handelt. Allein beunruhigende Gedanken reichen aus, um die entsprechenden Schutz- /Anspannungsreaktionen auszulösen. Der menschliche Organismus reguliert sich selbst und schaltet nach Beendigung der Bedrohung um, die Anspannung wird aufgelöst, dann fließt der Atem wieder tiefer und regelmäßiger, die Gedanken weiten sich, Gefühle kommen zurück, es strömt durch den Körper, und das bedeutet Wohlbefinden.

Andauernde Alarmierungen jedoch überfordern die Selbstregulation, die Erholungsprozesse greifen nicht mehr tief genug, die Spannungen in den Muskeln lösen sich nur noch teilweise und können sich zur chronischen Anspannung entwickeln. Die Muskeln werden hart und verlieren an Sensibilität, „Ein harter Muskel ist ein tauber Muskel und er kann unsensibel wie ein Mauerstein sein", sagt Gerda Boyesen. Und deshalb ist der Spannungs- bzw. Entspannungszustand ein so wichtiger Parameter für das Gefühlsleben, schließlich ist unser Körper von einer Muskelhülle umgeben, und selbst an den zentralen Bauch-Prozessen der Psychoperistaltik ist die Muskulatur entscheidend beteiligt.

Nur in einem Körper, der nicht von Verhärtungen in Muskeln und Gelenken eingespannt ist, kann die Lebensenergie (W. Reich: der vegetative Fluß) ungehindert strömen, das drückt sich in einem Gefühl von Ganzheit und Verbundenheit aus, oder wie es ein Patient von Reich formulierte: „Ich bin wie mit der Welt unmittelbar verbunden. Es ist, als ob alles in mir und außerhalb von mir schwingen würde. Es ist wie eine schützende Hülle um ein Kind herum. Es ist unglaublich, wie ich die Tiefe der Welt jetzt spüre." Auf der anderen Seite reduzieren muskuläre Anspannungen den Fluss der Emotionen bis hin zum Abbruch. Denken Sie an kalte Hände, bis zum Knöchel ist der Arm häufig warm, hier fließt die Energie noch, trifft dann auf ein angespanntes Handgelenk und bleibt hier stecken. Entsprechend kann man sich das „Schicksal" emotionaler Prozesse vorstellen. Kurz: ein lockerer Körper ist der beste Resonanzboden für die Dinge, die wir lieben.

Eine Landkarte der Verspannungen

Chronische Verspannungen versperren den inneren Zugang zu den entsprechenden Körperteilen, deren Funktionen stehen dann nur noch eingeschränkt zu Verfügung.

Wer zum Beispiel die Kraft in seinen Armen nicht richtig spüren kann, der wird Schwierigkeiten mit seinem Durchsetzungsvermögen haben. Gemeint ist hier natürlich nicht die reale sondern die empfundene Kraft, die Energie in den Armen. Hier kann ein energisches Mütterchen kraftvoller auftreten als ein verklemmter Muskelprotz.

Ein anderes Beispiel: der rasante Anstieg der Rückenpatienten ist ein untrüglicher Indikator dafür, dass viele Menschen ihren Rücken nicht mehr richtig fühlen können. Auf der psychologischen Ebene drückt sich dies zum Beispiel in Gefühlen übertriebener Anpassungsbereitschaft und mangelnder Widerstandsfähigkeit aus.
In diesen verspannten Körperstrukturen wird also etwas festgehalten, was dem Organismus dann bei der Bewältigung seiner Aufgaben fehlt. Man kann zwar versuchen, diese Schwächen zu kompensieren - das autoritäre Auftreten von Menschen mit wenig Selbstbewusstsein ist ein Symbol solcher Versuche – das organismische Dilemma aber verschärft sich dadurch. In Reaktion auf die unbelebten, schwachen Körperbereiche entsteht Überdruck in anderen (z.B. schwaches Rückgrat – „arrogant" hochgestreckter Kopf). Jetzt gerät der gesamte Organismus in Verspannung.

Chronische Muskelverspannungen können sich im ganzen Körper ansiedeln und sind besonders deutlich in Körperregionen wahrzunehmen, die an der Umsetzung der erwähnten Impulse direkt beteiligt sind.

Augen – Kontakt, Kiefer – starke Gefühle, Stimme – Artikulation, Brustkorb – Liebe und Wut, Oberkörper – sich anvertrauen, Becken – Sexualität, Arme – Selbstvertrauen, Beine – Standfestigkeit, Gelenke – Bewegungsfähigkeit, Stirn – Transzendenz, etc.

Extremitäten: Hände und Füße sind verkrampft, die Arme scheinen am Oberkörper zu kleben, starke Verhärtung der Waden- oder Oberschenkelmuskulatur, durchgedrückte Knie

Kopfbereich:
Angestrengte Stirn – Runzeln, Falten, starrer bzw. ausweichender Blick. Harter Kiefer, zusammengebissene Zähne, zusammengepresste Lippen, enge Kehle: der Kloß im Hals

Schulter-Nacken-Bereich: Hochgezogene Schultern, versteifte, bewegungslose Schultern, Stiernacken

Sonstiges:
Starrer Oberkörper. Gehaltener Brustkorb: Atem kann nicht fließen. Eingezogener Bauch, steifes Becken, steife Gelenke

Die Bedeutung der Restspannung

Sie erfahren hier etwas, wovon Sie wahrscheinlich nie gehört haben. Das Thema heißt: Restspannung!

Sie haben gerade einen schönen Spaziergang hinter sich oder gerade ein herrliches Bad genossen, Autogenes Training gemacht oder einen gemeinsamen Mittagsschlaf – und nun fühlen Sie sich total entspannt. Ein kleiner Test: Setzen Sie sich 20 Minuten irgendwo hin und tun Sie nichts, außer sitzen, schauen, atmen, denken, sitzen. Bitte nicht einschlafen dabei!

Wie gelingt diese kleine Meditation? Bleiben Sie gelassen und genießen diese Zeit? Oder kommen ihnen die 20 Minuten lang oder langweilig vor und Sie sehnen das Ende herbei? Die letztere ist die „normale" Reaktion, sie besagt, dass nach wie vor Spannungsareale in Ihrem Organismus vorhanden sind, obwohl Sie subjektiv den gegenteiligen Eindruck haben.

Dieses Phänomen nennen wir „Restspannung", und es war wiederum Gerda Boyesen, die in ihrer Arbeit auf diese Prozesse stieß. Und sie war es auch, die Wege zur Lösung gefunden hat. Denn Restspannungen sind ein großes Problem, weil sie sich unterhalb der Wahrnehmungsschwelle einnisten und deshalb dem Bewusstsein entzogen sind, wir spüren sie nicht. Deswegen „überleben" sie auch unsere üblichen Entspannungsbemühungen und wirken unbemerkt in dem beschriebenen Sinn.

Wo und wie können sich Restspannungen lösen? In einem geschützen Raum und mit entsprechender Zeit.

In den Fünf Übungen der Dynamischen Entspannungen nennen wir diese Phase „Loswerden", es passiert nicht viel, man liegt oder sitzt und lauscht den Tönen des Bauches, diesem herrlichen Gluckern, Klackern oder Knarren, dessen segensreiche Wirkungen wir noch ausführlich beschreiben werden. Das ist die Phase der Tiefenlösung! Sie macht viele am Anfang nervös, unruhig, ja, auch missmutig - das sind sie eben, die Auswirkungen der noch vorhandenen Restspannungen. Danach aber fühlt es sich an wie im Paradies.

In Gerdas Gruppen liegen die Teilnehmer manchmal über eine Stunde auf dem Teppichboden und dämmern vor sich hin, Gerda sitzt dabei. Sie beschreibt es so: *"In meiner Gruppenarbeit lege ich viel Wert auf eine Atmosphäre, in der die Erwachsenen dieses Gefühl wieder spüren können. Ich lasse die Menschen eine bestimmte Zeit in diesem Gefühl, ohne dass ich den Raum verlasse. Ich tue nichts, oft sitze ich im Alpha-Zustand einfach nur auf meinem Stuhl, aber die Menschen spüren meine Anwesenheit, ohne dass ich eingreife und störe. Ich übernehme die Rolle der Mutter, die ihnen Sicherheit gibt und ihr Wohlbefinden beschützt."*

Manchmal gönnt sie sich in dieser Zeit auch einen kleinen Schlaf, darüber sind einige Teilnehmer allerdings am Anfang verstimmt. „Ich bezahle hier soviel Geld und dann schläft sie mitten in der Gruppe ein." Gerda antwortet dann: "Könntest du leichter entspannen, wenn ich wach bleibe?" Am Ende der Tage aber ist jeder Ärger wie weggeblasen, man amüsiert sich eher und freut sich über dieses unkonventionelle Verhalten. Viele spüren auch die Lust, sich in ihrem Alltag ähnliche Freiheiten zu nehmen. Diese Stimmung ist dann das untrügliche Zeichen dafür, dass die Restspannungen verschwunden sind.

Wie also wieder raus aus den Verspannungen und zurück ins Leben?

Manche denken vielleicht an Psychotherapie. Nun ist es aber schwer vorstellbar, dass der Mensch mit dem Ziel geschaffen wurde, später zum Patienten eines Psychotherapeuten zu werden. Der Prozeß der inneren Verengung kann also weder ein unvermeidlicher sein noch einer, der unbedingt eines Seelenfachmanns bedarf. Wahrscheinlicher ist, dass der verspannte Erwachsene über eigene Möglichkeiten verfügt, um den Zugang zu seinen inneren Quellen jederzeit wieder zu finden. Dass diese Ressourcen immer zur Verfügung stehen und nie vollständig versanden, zeigt die späte Vitalität und Gelassenheit alter Menschen.

Verspannungsmuster müssen nicht wie schicksalsgegeben hingenommen werden (obwohl unzählige Menschen dies tun), jede Abwehrfront kann geschwächt und durchlässig werden, dazu aber bedarf es meist eines Anstoßes von außen. Denn der Mensch verfügt über eine enorme Anpassungsfähigkeit, er kann sich in einer kaum vorstellbaren Weise an jedes schreckliche, öde Leben gewöhnen! Und zwar ohne darunter besonders zu leiden.

Ich kenne ein Paar, das seit 24 Jahren nicht mehr miteinander spricht, dennoch leben beide weiterhin unter einem Dach und sind keineswegs in irgendeiner Form irritiert. Jeder Kollege weiß von ähnlichen Geschichten zu berichten. Das Dramatische an der täglichen Verspannung ist die Tatsache, dass sie von den Betroffenen nicht wahrgenommen wird.
Der überaus gelehrige menschliche Organismus integriert alle Fehlhaltungen und Verspannungen, die deformierte Atmung und das Dauerlächeln, die enge

Stimme und die steifen Gelenke – alles erscheint irgendwann zwangsläufig zur eigenen Person gehörig, also selbstverständlich, und wird so hingenommen.

Gerda Boyesen unterscheidet die Primärpersönlichkeit, in der es strömt und lebendig ist, von der Sekundärpersönlichkeit, die sich im Verlauf der Anpassung an die Außenwelt entwickelt. Je weiter sich der Mensch von seiner natürlichen Primärpersönlichkeit entfernt, desto weniger wird er sich dessen bewusst. Die Wahrnehmungsschwelle wächst mit den Verspannungen.

Es geht noch weiter: ein chronisch angespannter Mensch verliert die Lust und auch die Fähigkeit zur Entspannung. Die Abwesenheit von Druck wird zum unbekannten und deshalb unbequemen Ereignis, das freie Wochenende zur Tortur. „Die ersten Urlaubstage sind immer die Hölle", so ein vielbeschäftigter Geschäftsmann, der sich in einer Rehaklinik vom Herzinfarkt erholt. „Ich werde so müde und es ist wahnsinnig langweilig!" Auch die üblichen Streitrituale am Wochenende entstehen vor diesem Hintergrund, sie bringen dem Körper das vertraute Spannungsmuster zurück.

Der im Grunde unangenehme, ermüdende Zustand chronischer Anspannung wird, wenn dieser Prozeß nicht gestoppt wird, zu einer körpereigenen Droge, mit schweren Entzugserscheinungen und der ständigen Suche nach neuem Stoff. Ein Mensch in diesem Stadium findet denn auch überall entsprechende Auslöser, um jammern und anklagen, kritisieren und wüten zu können. „Der kann sich nur noch aufregen!" sagt man über ihn. Sicher kennen Sie etliche solcher Zeitgenossen, gut möglich, daß Sie selbst dazugehören - ohne es zu merken. Fragen Sie mal herum! Die Einsichtsbarriere ist hier hoch, aus erwähnten Gründen. Deshalb brauchen angespannte Menschen einen Anstoß von außen, bevor es zu spät ist!

Das eigene Meer suchen

„Wenn du ein Schiff bauen willst, so trommle nicht Männer zusammen, um Holz zu beschaffen, Werkzeuge vorzubereiten, Aufgaben zu vergeben und die Arbeit einzuteilen, sondern lehre die Männer die Sehnsucht nach dem weiten, endlosen Meer," empfiehlt Antoine de Saint-Exupéry. Die Sehnsucht nach dem offenen Meer, sie bedeutet für den einen die Überwindung unnötiger Ängste und für den anderen echte Liebe und Zuneigung, oder das Loslassen von Groll und Negativität, oder den uneingeschränkten Genuss sinnlicher Lust, oder das Spüren eigener Wirksamkeit. Jeder hat sein eigenes Meer, man braucht allerdings eine Ahnung von dessen Existenz.

Eine Bekannte litt jahrelang unter einem Bündel von Beschwerden. Regelmäßige Rückenschmerzen, Katzen- und Blütenallergien und depressive Verstimmungen banden den größten Teil ihrer Lebensenergie, es blieb nicht viel übrig für ein volles Leben. Ihre Allergie ließ sie von Ärzten behandeln, wegen der Depressionen ging sie zum Psychologen und besuchte außerdem die Rückenschule der örtlichen Krankenkasse. Viele Monate lang und ziemlich vergeblich. Sie arbeitete als Angestellte in einer EDV-Firma, fühlte sich hier zwar total unterfordert, schätzte aber den sicheren Arbeitsplatz.

Eines Tages erzählte ihr ein Kollege von seinen Plänen, ein eigenes Beratungsgeschäft zu gründen und bot ihr eine Teilhaberschaft an. Das war ihr offenes Meer, jetzt konnte sie es plötzlich spüren, sie wagte die Fahrt auf unbekanntes Gewässer und war von einem Tag auf den anderen frei von verquollenen Schleimhäuten, schweren Gedanken und Rückenproblemen. Jede Verspannung bindet Energie und jede Entspannung befreit Energie. Aber wohin mit der plötzlichen Lebendigkeit? Wenn es keine Hoffnung auf erfreuliche Alternativen gibt, wozu soll denn überhaupt neues Leben in unseren Adern pulsieren?

Das Festhalten am anspruchslosen Leben, und damit auch an den inneren Panzerungen erscheint da häufig als leichterer weil schmerzloser Weg, denn „der größte Schmerz ist nicht der Mangel, auf den kann man sich einstellen", sagt Gerda Boyesen: *„Die größten Qualen leiden wir, wenn wir angefüllt sind mit positiven Gefühlen oder Ideen und keiner da ist, der sie mit uns teilen will! So ist es, in einer lieblosen Welt ist Überleben durchaus möglich, auf eigene, lebendige Liebe aber keine Erwiderung zu finden, das bringt uns um."*

Wie aber dennoch raus aus den lebensfeindlichen und Ressourcenfressenden Verspannungen? Zuerst braucht es die Sehnsucht nach dem offenen Meer und dann das Erkennen der Inneren Bremsen. Damit ist unvermeidlich die Zuwendung zum eigenen Körper verbunden, die Wahrnehmung der hart gewordenen Muskeln, der verkrampften Körperabschnitte und der erkalteten Regionen.

Herauszufinden, wie wir eigentlich sind und was wir aus uns gemacht haben, das ist die erste Station auf dieser Reise. Zum Weitergehen bieten sich mehrere Alternativen an, und wir haben bereits kurz erwähnt, dass wir die einfachste wählen sollten. Erfahrungsgemäß finden die meisten Menschen über Bewegungen einen intensiveren Zugang zum Körper, darauf setzen die „Gewinnenden Bewegungen". Wir beschreiben diese kleinen, leichten, individuellen Bewegungen im Praxisteil. Sie werden Ihnen gefallen.

Diese „winning moves" bringen jede muskuläre Verhärtung zum Schmelzen und führen zuverlässig weiter auf den Weg der strömenden Lebensenergie.

Ausblick: Nicht mehr gefangen sein im eigenen Körper. Was bedeutet das konkret?

Interessieren Sie sich ab sofort für Ihre körperlichen An- und Verspannungen, für Ihre Druckgefühle. Beobachten Sie sich mit Gelassenheit und Verständnis, wann, wo und wie Sie Gefühle und Worte zurückhalten, runterschlucken und unterdrücken. Wie Sie sich dabei anspannen und einengen! Diese Form der Selbstbeobachtung kann sehr aufschlussreich sein. Sie werden diese Verhaltensschemata nicht direkt ändern können, aber die bewusste Selbstwahrnehmung ist der erste wichtige Schritt und weist den weiteren Weg, den Sie gehen können...

Anspannungen gehören zum Leben und Bewegung gehört zum Leben. Und es sind vor allem die Bewegungen, die verhindern, dass sich Verspannungen chronifizieren und wir uns selbst im eigenen Körper einsperren. Es sind aber nicht die groben, zielgerichteten motorischen Aktivitäten, sondern kleine, natürliche, unspektakuläre Bewegungen, die Verspannungen abschmelzen. Wir nennen sie (Energie-)Gewinnende Bewegungen.

Fangen Sie also an, sich mehr und anders zu bewegen und machen Sie sich dabei frei von lebensfeindlichen Bedenken (Wie sieht das aus? Was denken die Leute? etc.). Es ist eigenartig, welche Schwierigkeiten wir uns damit bereiten. Voll im Leben stehende Menschen, denen ansonsten wenig fremd ist, zieren und winden sich wie schüchterne Pennäler, wenn es darum geht, mit ihrem Kiefer einmal ungewöhnliche Lockerungsbewegungen auszuprobieren.

Orientieren wir uns doch künftig stärker an den natürlichen Bewegungsgewohnheiten von Menschen, die freieren Kulturen angehören. Scheinbar mühelos gelingt es ihnen, in Bewegung die Beschwernisse ihres Alltags zu bewältigen, und sie bleiben gelassen dabei, freundlich, lachend. Überhören Sie die inneren Zensoren und bringen Sie künftig mehr Karibik in Ihr Leben!

Nutzen Sie die vielen Möglichkeiten, die jeder Tag bietet, um an der Wiedererlangung der Bewegungslust zu „arbeiten". Überall können Sie in Gewinnende Bewegungen gehen, auch unbemerkt im Büro und selbst während eines angespannten Meetings. Es gibt keine Rechtfertigung dafür, den Körper stundenlang still zu halten, also bewegen Sie sich!

Lesen Sie vor allem auch die Abhandlung über Gewinnende Bewegungen und Alpha-Blues in Teil III dieses Buches und probieren Sie die „Sieben Starter", die Sie sich auf der Video-CD anschauen können.

Höre auf die Rufe von innen:

Die eigenen Bedürfnisse

„Wenn du Durst leidest, hilft dir keine Schokolade.
Wenn du hungerst, nützt dir das Glas Wasser nicht.
Den Heißhunger auf Schokolade löscht keine Salzstange.
Und in der Wut brauchst du keine Zärtlichkeit.“

Aus der Sicht der Biodynamischen Psychologie von Boyesen gibt es eine Frage, die auf der Reise zwischen Geburt und Tod eines Menschen immer wieder die nötige Orientierung geben kann:

Die Frage aller Fragen: Was brauchst du?

Die Antworten werden sich mit den Lebensphasen wandeln. So braucht ein zweijähriges Kind eine andere Form von Nähe als ein Erwachsener. Befindet er sich in einer festen Beziehung, muss er sich vielleicht den nötigen Freiraum verschaffen. Davon hat ein Single wahrscheinlich mehr als ihm lieb ist, er benötigt eher positive Erfahrungen mit Nähe.

Ein wechselhaftes inneres Geschehen bringt das Leben zur Entfaltung. Grundbedürfnisse wie Hunger, Durst und Müdigkeit wird jeder wahrnehmen und einigermaßen befriedigen können, das sichert das Überleben. Doch wie geht es weiter? „Der Mensch lebt nicht vom Brot allein“, er trägt in sich die Sehnsucht nach einem Leben, das mehr ist als ein „über die Runden kommen“.

Vom ersten Lebenstag bis zum letzten Atemzug ist er mit der aktiven Gestaltung seiner inneren Landkarte beschäftigt. Die nötigen Impulse erhält er aus dem Wechselspiel seiner Gedanken, Gefühle und Instinkte. Wird er diesen „Impulsen von innen“, seinen Bedürfnissen also, folgen, so führen sie ihn in ein wechselvolles Leben, pulsierend zwischen Erfolg und Misserfolg, Höhen und Tiefen, Herausforderungen und Ruhephasen. Diese Bewegungen zwischen Gegensätzen schaffen ständige neue Lernerfahrungen und „erzwingen“ Weiterentwicklung. Wobei es sich hier nur scheinbar um Gegensätze handelt, denn in Wirklichkeit gehört alles zusammen. Ohne Misserfolg gibt es nicht das Erleben des Erfolgs!

Ein solches „innengeleitetes Leben“ wird natürlich nie frei sein von Irrungen und Wirrungen, und es ist unbequem, allerdings auch spannend, stärkend und beglückend, denn es entspricht der Natur des Menschen.

„Wir sind ursprünglich nicht auf die Welt gekommen, um Ärzte, Therapeuten und Versicherungsunternehmen reich zu machen!", so Gerda Boyesen. Diese Branchen aber wachsen weiter, und zwar gegen jeden Trend.

Es ist offensichtlich, dass immer noch (oder schon wieder) zu viele Menschen die Verantwortung für ihr eigenes Wohlergehen abgeben und sich stattdessen an Erwartungen und Vorgaben orientieren, die von außen an sie herangetragen werden. Dabei übergehen sie ihre ureigenen Bedürfnisse, die Antriebskräfte der menschlichen Existenz.

Nichts läuft gegen die Stimme des Bauches!

Man weiß auch heute nicht genau, wie die inneren Signale, die Antriebe in der Tiefe unseres Organismus entstehen. Psychoneurologie, Psychobiologie und Verhaltenspsychologie entwickeln unterschiedliche Konzepte. Gene, Lernerfahrungen, Aktivitäten des Gehirns, wahrscheinlich stehen alle diese Faktoren in Wechselwirkung miteinander und bestimmen das Lebensmuster. Eindeutiger ist ein anderer Prozess: Nichts läuft gegen die Stimme des Bauches!

Der Verdauungstrakt als älteste Struktur des menschlichen Evolutionsprozesses verfügt über ein hochkomplexes Nervensystem, das mehr Nervenzellen besitzt als das Gehirn. Er funktioniert weitgehend autonom, also ohne wesentliche Beteiligung des Gehirns und ist für unseren Gemütszustand wichtiger ist als das „zerebrale Gehirn". Jüngste Forschungsergebnisse haben, wie wir noch ausführen werden, größte Bedeutung für Psychologie und Therapie. Belegen sie jetzt auch wissenschaftlich, was jeder aus eigenem Erleben kennen dürfte: ein freier Bauch ist das Tor zur Glückseligkeit, ein angespannter Bauch blockiert den ganzen Tag.

Jeder weiß aus eigener Erfahrung, in welchen Situationen sich Druck im Bauch ansammelt. Es sind zum einen Reste nicht erledigter emotionaler Prozesse, wir nennen sie „Steine", die auf das Verdauungsgemüt drücken, dazu aber später mehr. Oder es ist Frustration, die unvermeidbare Folge von Verleugnung und Verdrängung wichtiger Bedürfnisse! Wie geht es Ihnen zum Beispiel, wenn Ihnen bei einem Meeting ein guter Einfall kommt, den Sie natürlich gerne vor der versammelten Manschaft äußern würden - und sich dann nicht trauen? Die Folge ist ein mieses Gefühl in Form von Druck im Bauch.

Das ist übrigens auch einer der Gründe für die enttäuschenden Ergebnisse firmeninterner Persönlichkeitstrainings. Solange sich die Teilnehmer nicht wirklich frei fühlen, kann ihr Organismus keine neuen Lernerfahrungen abspeichern, er ist mit Absicherung und Schutzmanövern beschäftigt und die schönen Programme können sich nicht wirklich innerlich verankern. Alle guten Vorsätze, schlauen

Bücher, Meditationen, Therapien und Trainings laufen ins Leere, wenn der Bauch nicht mitspielt. Sie können sich Mühe, Zeit und Geld sparen!

Beginnen Sie mit Ihrem Bauch, dann folgt alles andere. Sie folgen damit einer natürlichen Ordnung! Ein guter Bekannter von mir, Hausarzt vom alten Schlag und Mediziner in der vierten Generation, erzählt, dass es nur eine einzige Weisheit gibt, die in seiner Familie zwischen den Generationen weitergereicht wurde: Der Tod sitzt im Darm!

Die wichtigsten menschlichen Grundbedürfnisse

Eigentlich ist es einfach: Sie halten keine ungelösten Konflikte im Bauch und folgen Ihren eigenen Bedürfnissen - dann wird es in Ihnen schwingen und das Leben ist ein Genuss! Natürlich nicht durchgehend, aber immer wieder. Wenn Sie sich bereits auf diese Weise mit sich selbst im Einklang befinden, dann können Sie dieses Buch sofort zur Seite legen oder verschenken, Sie brauchen es nicht!

Für uns andere bleibt die Aufgabe der Annäherung an dieses Ziel, also müssen wir uns unseren Bedürfnissen zuwenden.Sie sind die Kraftquellen der Lebensenergie, mit ihnen endet auch das (Er-)Leben. Gerda Boyesen spricht auch von „Impulsen von innen“ und unterscheidet zwei Richtungen: aufsteigend-aktiv sowie absteigend-rezeptiv, sie ordnet auch Farben zu: Rot und Blau.

Im Kapitel über die Entstehung muskulärer Anspannungen werden rote und blaue Impulse aufgelistet. Es handelt sich um Alltagsregungen, die zum normalen Leben gehören: ich will, ich will nicht, nein, ja, komm her, lass mich in Ruhe, ich brauche eine Pause etc.

Es hat Folgen, wenn diese inneren Rufe nicht wahrgenommen werden oder ihr Ausdruck blockiert wird. Verspannungen, negatives Denken, eingeschränktes Verhalten u.a. Begleiterscheinungen dämpfen die Schwingungen der Lebensenergie.

Wir kennen einige biologische Grundbedürfnisse: Atmung, Schlaf und Nahrung - das jedoch ist nur die unverzichtbare Grundausstattung. Aber auch die kümmerlichste menschliche Existenz braucht zum Überleben mehr als die Befriedigung dieser Grundbedürfnisse. Der Entzug sozialen Kontakts beispielsweise führt schnell zu psychischen Krisen und raschem gesundheitlichen Abbau. Und als Leser dieses Buches werden Sie ohnehin andere Ziele verfolgen als bloßes Überleben.

Wie aber kriegen wir die Kurve? Was macht den Unterschied? Wie wird ein langweiliges Dahinleben zu einem abwechslungsreichen, sinnhaften Aktivleben? Hier liefern die wissenschaftlichen Untersuchungen der Flow-Psychologie zuverlässige und wesentliche Erkenntnisse. Dieser neue Zweig der Psychologie verbindet sich mit dem Namen Mihalyi Csikszentmihalyi, der seit den siebziger Jahren Antworten auf die Frage sucht: „Was brauchen Menschen, um ein glückliches Leben zu führen?“ Seine Arbeit begann an der Universität Chicago und hat sich mittlerweile weltweit ausgebreitet, die Ergebnisse sind in mehreren, auch in Deutschland erschienenen Büchern nachzulesen.

Csikszentmihalyi erfand den Begriff „Flow“ für den Zustand tiefer Zufriedenheit mit sich selbst, „es sind die Momente, in denen ein leichtes Rieseln des Wohlfühlens durch sämtliche Zellen des Körpers zieht, die Gedanken ebenfalls durchfließt und das Gefühl totalen Einsseins mit sich selbst entstehen lässt.“ Im Flow ist der Bauch frei und die Energie schwingt!

Csikszentmihalyi verfügte über erhebliche Forschungsmittel und konnte weltweite Untersuchungsprojekte durchführen. Seine Ergebnisse haben daher große Relevanz. Tatsächlich gelang es, spezielle „Glücksfaktoren“ zu finden, die für alle Menschen gültig zu sein scheinen, unabhängig von Geschlecht, Alter, Bildung, Lebensraum und kultureller Zugehörigkeit. Die innere Landschaft der Spezies Mensch.

Außerdem stehen uns eigene Erkenntnisse zur Verfügung, die sich im Laufe der Jahrzehnte zu einem System von acht Grundbedürfnissen verfestigt haben. Obwohl es von keinem der unzähligen Menschen auf dem Globus jemals eine Kopie geben wird, scheinen alle Menschen auf der psychologischen Ebene mit identischen emotionalen Grundbedürfnissen ausgestattet zu sein.

Was passiert nun innerlich, wenn elementare Bedürfnisse frustriert werden? Eine mögliche Folge möchten wir Ihnen anhand eines Beispiels skizzieren. Eines der acht Grundbedürfnisse nennen wir „Zugehörigkeit“, es ist die Sehnsucht nach innerer Verbindung mit anderen Menschen.

Kennen Sie die furchtbare Zeit nach einer Trennung? Zugehörigkeit ist plötzlich nicht mehr vorhanden. Wie reagiert das gesamte System des Menschen auf diesen Entzug? Meistens ist es so: Die schweren Gedanken ziehen die Gefühle nach unten und umgekehrt. Als Schutz vor schmerzhaften bzw. angstbesetzten Gefühlen und Gedanken schaltet der Organismus auf Sparflamme, er entzieht dem Wahrnehmungssystem Energie.

Dazu flacht sich die Atmung ab, die Bewegungsimpulse werden schwächer, Müdigkeit kommt auf, und alles wird zur Last. Und erinnern Sie sich an den permanenten Druck im Bauch? Es ist kein direkter Schmerz, aber ein unangenehmer Zustand, der sich immer wieder aufbaut und in jenen Tagen nie richtig verschwindet.

Der Bauch aber wird den gehaltenen Druck erst dann wieder lösen können, wenn das System, der Organismus also, wieder stärker schwingt - und umgekehrt. Beide Systeme stehen, wie erwähnt, in einer Wechselwirkung miteinander. Und da die Schwingungen der Lebensenergie von inneren Impulsen, bzw. Bedürfnissen stimuliert werden, sind diese für die Bearbeitung einer Krise sehr wichtig. Wenn also der Appetit wieder kommt oder der Wunsch nach Bewegung oder Gesprächen – dann sind dies die ersten Schritte aus der Krise.

Acht organismische Grundbedürfnisse

Hier also die von uns definierte Matrix der acht organismischen Grundbedürfnisse sowie die Erkenntnisse von Cszikszentmihalyi und anderen.

Die vier *aktiven* Grundbedürfnisse:

Bewegung: Der Mensch braucht Bewegung wie der Fisch das Wasser.

Kraft: Physische Kraft wirkt entweder nach außen, das ist gesund. Oder nach innen - das richtet Schaden an.

Herausforderung: Die Suche nach Herausforderungen ist die Wurzel der Lebenslust.

Spiel: Im Spiel entfaltet sich das innere Netzwerk stärker als in irgendeiner anderen Situation.

Die vier *rezeptiven* Grundbedürfnisse:

Zugehörigkeit: Die Sicherheit, Teil eines Größeren zu sein.

Halten und gehalten werden: Schützen und Schutz finden ist ein Urimpuls menschlichen Seins.

Resonanz: „Du hörst mir zu, und du versuchst, mich zu verstehen." Nur in den Augen des anderen finde ich mein eigenes Selbst.

Berührung: Ein Urbedürfnis, so notwendig wie Essen und Trinken, in unserer Kultur oft arg verkümmert.

Beschäftigen Sie sich in einer stillen Stunde doch einmal mit Ihrer persönlichen Situation. Insbesondere die Bedürfnisse nach Sinnfindung und Zielen, Herausforderungen und Resonanz sind unverzichtbare Elemente für ein befriedigendes und schwingendes Leben. Unseren Teilnehmern (und uns selbst manchmal auch) fällt es immer wieder wie Schuppen von den Augen, wenn sie feststellen können, wie einiges davon, meist unbemerkt, abhanden gekommen ist. Aber die folgende Aufzählung erlaubt auch einen optimistischen Ausblick: sämtliche dieser Bedürfnisse nämlich sind wieder ins Leben zu holen! Und dazu ist es eigentlich nie zu spät. Diese Lebensthemen geben seit vielen Jahren unserer Arbeit eine gute Orientierung, wir verstehen sie im positiven Sinne als „Kampfbegriffe". Für diese Bedürfnisse sollte sich jeder einsetzen, ja kämpfen!

Die acht Grundbedürfnisse werden Ihnen später wieder begegnen, vor allem im Praxisteil „Dynamische Entspannung", und werden aus diesem Grund hier nur kurz erwähnt, mit Ausnahme des folgenden Themas „Berührung".

Jan Philipp Reemtsma, Opfer einer spektakulären Entführung, beschreibt in seiner Schilderung „Im Keller" eine Situation, in der er, tagelang in einen Keller eingesperrt, seinen Peinigern gegenüber von starken Berührungswünschen übermannt wird; ein angesichts der Umstände erschütternder Beleg für die tiefe Verwurzelung dieses Bedürfnisses in der Körper-Seele-Einheit des Menschen. Es ist der Schrei des Organismus nach einer Verbindung von Haut zu Haut.

Die chronische Anspannung alleinstehender, einsamer Menschen hat ihre Ursachen auch hier. Der Schmerz, von keinem Menschen auf der ganzen Welt berührt zu werden, dieser Schmerz ist mit offenen Sinnen nicht auszuhalten. Deswegen auch hier die unbewusste Kontraktion als Schutz vor den Gefühlen und Gedanken. Berührungsverlust ist allerdings nicht nur ein Merkmal des einsamen Lebensabends. Auch in vielen Familien finden Berührungen nicht mehr statt.

Analog zu den bekannten Untersuchungen der Gesprächsdauer zwischen Ehepartnern haben wir vor einigen Jahren die Berührungsintensität in Ehen untersucht und sind zu erschütternden Ergebnissen gekommen – der Mittelwert lag bei 15 Sekunden am Tag, flüchtige Rituale, das morgendliche Küßchen, die steife Umarmung. Millionen ziehen die Anschaffung von Haustieren vor, wenigstens diese leiden in Deutschland selten an Berührungsdefiziten!

Die Ergebnisse der Flow-Forschung

Theoretisch ist es relativ einfach, ein befriedigendes Leben zu führen. Es gilt lediglich einige Gesetzmäßigkeiten zu beachten, die schon länger bekannt sind, und die jetzt auch wissenschaftlichen Beleg finden. Der erwähnte Professor Csikszentmihalyi hat nach Auswertung seiner Millionen von Erhebungsdaten eine Reihe von Bedürfnissen extrahiert, die Flow fördern, also das Leben beschwingen können.Wir stellen sie hier aus Platzgründen nur in Stichworten und eigener Überarbeitung vor.

Die Sehnsucht nach einem sinnvollen Leben

Die Zeitschrift „Psychologie Heute" berichtete über eine Untersuchung, in der alten Menschen die Frage gestellt wurde „Wenn Sie Ihr Leben noch einmal leben könnten, was würden Sie anders machen?"

Die Antworten lauteten:

1. mehr nachdenken
2. mutiger sein
3. sich früher über den Lebenssinn klar werden

Eine Kursteilnehmerin aus Buxtehude beschreibt ihre Lebenssituation: Ihr Geld verdient sie als Arzthelferin in einer äußerst hektischen Praxis, mit chaotischem Chef und unabgegrenzten Arbeitszeiten, zu Hause versorgt sie die Familie und ihre pflegebedürftige Mutter. Gegen acht Uhr ist sie erschöpft, körperlich entkräftet. Aber erst jetzt hat sie die Möglichkeit, sich dem zu widmen, worauf sie sich den ganzen Tag gefreut hat, sie kocht sich einen Tee, holt ihre Unterlagen hervor und fängt an zu arbeiten.

Es geht um ihr großes Ziel, in absehbarer Zeit eine Prüfung zur Heilpraktikerin zu bestehen. Und sie ist wild entschlossen, diesen Beruf danach in eigener Praxis auszuüben. Diese Pläne lösen in ihrer Familie keine Begeisterungsstürme aus, aber sie lässt sich durch nichts entmutigen. Tägliches Lernen bis Mitternacht und an den Wochenenden zur Schule nach Hamburg, zwischendurch Arbeitsgruppen. Sie ist nie krank und meistens gut gelaunt. „Die Vorstellung, eines Tages Menschen helfen zu können, verleiht mir soviel Kraft, dass ich alles mühelos bewältige. Ich muss mich nachts zwingen, die Bücher zuzuschlagen, denn eigentlich könnte ich ewig weitermachen!"

Das ist die Bedeutung von Zielen, sie haben die Kraft von Magneten, die Orientierung geben und unglaublich starke Zugkräfte entwickeln können.

Gerda Boyesen: *„Die Gewissheit, ein sinnvolles Leben zu führen, wurde in der Vergangenheit von Familie, Kirche und Fabrik geliefert. Jeder an seinem Platz mit seiner Aufgabe, nur so war Überleben möglich. Heute muss Sinn selbst gesucht und gefunden werden. Alle Menschen wollen ein sinnvolles Leben führen und jeder birgt seine individuellen Lebensziele in sich. Diese müssen wir entdecken und haben dann die heilige Verpflichtung, ihnen zu folgen, auch wenn es auf den ersten Blick unmöglich erscheint."*

Leider aber verschwenden wir einen Großteil unserer Energie darauf, ständig ohne relevante Ziele in Bewegung zu sein, unseren Lebensunterhalt zu verdienen und irgendeinen angesagten Lebensstil zu kultivieren. Wer Erfolg als Selbstzweck anstrebt, wird zwangsläufig scheitern. Nur durch das Engagement für etwas Größeres, das über das Erfolgsziel hinausgeht, bekommt unser Leben Bedeutung. Sinn unseres Lebens ist die größtmögliche Entfaltung und Vervollkommnung der eigenen Persönlichkeit in größtmöglicher Harmonie und Verbundenheit zu unserer Mitwelt, so eine Verlautbarung der Humanistischen Aktion, München. Menschen fallen in tiefe Depressionen und fühlen sich todunglücklich, wenn ihnen die Leere ihres Lebens bewusst wird.

So wie jene arbeitslosen Jugendlichen, mit denen wir in Ostberlin gearbeitet haben, sie konnten uns nicht eine einzige positive Lebensperspektive nennen; ein junges Leben ohne Ziele, Fixpunkte und Erfolgsmöglichkeiten. Auch Menschen, die einen langjährigen Lebenspartner verloren haben, leiden am stärksten unter der plötzlichen Leere, in der sich ihre eigene Bedeutungslosigkeit spiegelt. Aber es ereignen sich auch Wendepunkte. Der Verlust wird zum Neuanfang, wenn es gelingt, neue, eigene Wegmarken zu setzen. „Sie hat erst angefangen richtig zu leben, nachdem sie ihren Mann verloren hat“, sagen die Nachbarn in solchen Fällen.

Aktuelle Untersuchungen des Allensbach-Instituts und der Shell-Jugendstudie lassen hoffen, dass die nachrückenden Generationen in diesem Sinne klüger sind als ihre Vorgänger. Das „Hamburger Abendblatt“ kommentiert am 9. Oktober 2002: „Wer gesehen hat, mit welcher Hingabe und Begeisterung sich ganze Schulen freiwillig aufgemacht haben, um den Flutopfern im Sommer zu helfen, wer beobachtet, wie ernsthaft Jugendliche sich in ein Thema vertiefen, wenn ihr Einsatz konkrete Hilfen erwarten lässt, der muss seine althergebrachten Vorstellungen von Jugendlichen verwerfen. Null Bock war gestern. Heute treibt die Jugend ein starker Wille zur Gestaltung an – sowohl bei der Planung ihrer persönlichen Zukunft als auch der ihrer Umwelt.“

Persönliche Ziele

„Nennen Sie mir einen Grund, warum ich morgens aufstehen sollte. Niemand und nichts erwartet mich.“ Das fragte mich einmal eine ältere Klientin, und ich musste eine Antwort schuldig bleiben, damals fiel mir nichts ein.

Alle glücklichen Menschen haben Ziele, und wer keine Ziele hat, ist nicht glücklich. Ziele verleihen die nötige Energie, um sich am Morgen aus dem Bett zu erheben, Unlust zu überwinden, Durststrecken zu akzeptieren, Energien zu bündeln und gerichtet einzusetzen. Je sinnvoller und sozial nützlicher, desto größer ist die Sogwirkung der Ziele. Unethische Ziele (Ausbeutung, Übervorteilung) mobilisieren zwar ebenfalls, allerdings eher die negativen Anteile der Persönlichkeit.

Echte Herausforderungen

Der lebendige Mensch befindet sich auf fortwährender Suche nach Herausforderungen, mit dem (unbewussten) Ziel, an ihnen zu wachsen. Flow entsteht in der Balance zwischen der Herausforderung und unseren Fähigkeiten, diese zu bewältigen. Er ist das Ergebnis des Versuchs, eine Herausforderung zu meistern und die eigenen Beschränkungen in Möglichkeiten umzuwandeln. Die optimale Herausforderung liegt zwischen Unter- und Überforderung.

Anspannungen immer wieder lösen

Anspannung und Verspannungen produzieren inneren Druck, Nervosität und Müdigkeit. Sie erfüllen in der Regel keine sinnvollen Aufgaben, sondern sind die Reste nicht abgeschlossener innerer Prozesse. Verspannungsmuster können sich in kurzer Zeit unbemerkt festsetzen und machen dann den Körper steif und unbeweglich oder schlaff und müde. Gedanken und Emotionen verlieren Kraft und Farbe, Begeisterung erlahmt. Mit Hilfe körperlicher Erfahrungen sollte der Organismus immer wieder aufgelockert und vitalisiert werden.

Feedback: Wegweiser für die innere Orientierung

Feedback ist nötig, um einschätzen zu können, wie weit jemand mit seinem Handeln vorankommt oder nicht. Erst aufgrund dieser Informationen ist eine sinnvolle Planung neuer Schritte möglich. Im Grunde ist jede Verhaltensweise eine Reaktion auf Feedback. Fehlendes Feedback von außen wird durch internes Feedback ersetzt, das aber notgedrungen unklar bleiben muss und häufig durch negative Selbsteinschätzung beeinträchtigt ist. Feedback soll sachlich und präzise sein, es muss sich auf das Handeln beziehen und nicht auf die Persönlichkeit der Beteiligten.

Tägliches Erfolgserlebnis

Nichts stimuliert und motiviert stärker als Erfolgserlebnisse. Das Interessante aber ist, dass die Wirkung weitgehend unabhängig ist vom Anlass. Csikszentmihalyi konnte eindrucksvoll nachweisen, dass es für das Erfolgserleben keinen Unterschied macht, ob einem Chirurgen eine höchst komplizierte Operation gelingt oder ob ein gehemmter Mann sich überwindet und der Kassiererin im Supermarkt einige freundliche Worte sagt. Beide werden wahrscheinlich von einer Woge des Glücks (Lebensenergie) durchflutet werden und einige wunderbare Minuten oder sogar Stunden erleben.

Freiraum

„Freiraum“ ist eine der großen Sehnsüchte der Menschen, auch wenn sich beobachten lässt, dass viele Menschen das Bedürfnis nicht mehr klar spüren und sich immer wieder in eine Sphäre enger Privatheit zurückziehen, in der ein diffuses „Wir sind immer zusammen“- Gebot einen natürlichen Rückzug mit Schuldgefühlen belegen kann. Unsere Vorfahren kannten die Erfolgsfaktoren für ein volles Leben auch ohne psychologische Forschung. Folgende Zeilen eines unbekannten Verfassers wurden 1692 in der alten St.-Pauls-Kirche von Baltimore gefunden:

Gehe behutsam deinen Weg
inmitten des Lärms und der Hast dieser Welt
und vergiss nie, welcher Friede im Schweigen liegen kann.
Lebe, so weit als möglich und ohne dich selbst aufzugeben
in guten Beziehungen zu anderen Menschen.
Verkünde deine Wahrheit ruhig und klar.
Höre auch anderen zu, sogar Törichten und Unwissenden:
auch sie haben ihre Geschichte.
Meide laute und aggressive Menschen,
sie bringen nur geistigen Verdruss.
Es ist möglich, dass du entweder stolz
oder verbitterst wirst, wenn du dich mit anderen vergleichst,
denn immer wird es bedeutendere und unbedeutendere
Menschen geben als dich selbst.
Freue dich des Erreichten genauso wie deiner Pläne,
doch sei auf jeden Fall demütig.
Sei du selbst.
Heuchle vor allem keine Zuneigung und spotte nicht
über die Liebe. Trage freundlich die Bürde der Jahre
und gib mit Anmut alles auf, was der Jugend zusteht.
Nähre die Kraft deines Geistes, um plötzlichem Unglück
gegenüber gewachsen zu sein.
Viele Ängste entstehen aus Müdigkeit und Einsamkeit.
Neben einer heilsamen Disziplin sei freundlich
zu dir selbst. Du bist ein Kind des Universums,
nicht weniger als die Bäume und Sterne,
du hast ein Recht darauf, hier zu sein.
Und die Kraft des Universums wird sich so entfalten,
wie es sein muss, ob dir das klar ist oder nicht.
Deshalb lebe in Frieden mit Gott,
was immer du dir unter ihm vorstellst. Und was immer
deine eigenen Bemühungen und Absichten sein mögen:

halte Frieden mit deiner Seele in diesem lärmigen
Durcheinander des Lebens. Mit all ihrem Schein,
ihren Kümmernissen und zerbrochenen Träumen
ist diese Welt dennoch wunderbar.
Sei vorsichtig. Strebe danach, glücklich zu sein.

„Folge den Rufen von innen!" - was bedeutet das konkret?

„Wir haben nur dann etwas vom Leben, wenn wir nicht das Gefühl haben, soviel wie möglich aus dem Leben herausholen zu wollen". Diese Lebenslehre der Polynesier zitiert Paul Pearsall in seinem wunderbaren Buch. Es ist heute zugegebenermaßen schwer, unter dem Müll von Suggestionen, Verlockungen und untauglichen Vorbildern die wahren Wünsche und Sehnsüchte zu spüren. Dennoch: jeder sollte herausfinden, was er wirklich braucht für ein befriedigendes Leben.

Einige, nicht alle, Grundbedürfnisse haben wir auf den vorherigen Seiten aufgezählt - als Anhaltspunkte für Ihre eigene Suche. Nehmen Sie Ihre Bedürfnisse ernst, wer sollte es sonst tun. Stellen Sie Ansprüche an das Leben und meiden Sie andauernde Kompromisse, die letztlich nicht stimmig sind. Es ist kein Egoismus, sich für seine ureigenen Bedürfnisse einzusetzen! Im Gegenteil. Sie müssen dies dann nicht mehr von anderen erwarten. Kein anderer Mensch auf dieser Welt wird Ihre Wünsche erfüllen, ohne eine Gegenleistung zu erwarten.

„Für jeden ist das einzig Wichtige auf der Welt sein eigenes Innerstes." (Hermann Hesse)

Stellen Sie Ihre Konsum- und Lebensgewohnheiten auf den Prüfstand. Welche nützen Ihnen und steigern Ihre Lebensfreude? Welche sind möglicherweise zu sinnlosen Belastungen geworden? Investieren Sie zuviel Zeit in tote Materie? Erstreben Sie nicht das bequeme Leben, sondern das anregende und bewegte! Und wenn die unvermeidlichen Krisen kommen, dann fragen Sie sich: „Was muß und kann ich jetzt lernen, um diese Situation zu bewältigen?" So hat jede Situation, so scheußlich sie sein mag, auch eine positive Seite.

Verfolgen Sie ganz konkrete, realistische, überprüfbare Ziele. Kümmern Sie sich darum, dass Sie sich an jedem Tag auf etwas freuen können. Wenn Sie morgens aufwachen, dann muss es etwas geben, was Sie anlachen wird. Und es gibt die tiefe Sehnsucht nach einem sinnvollen Leben, deshalb brauchen Sie Herausforderungen und Aufgaben, die über den Tag hinausgehen. Dieser Gedanke ist zwar vielen fremd geworden, dennoch ist er ein Schlüssel für strömende Lebensenergie.

Gerda Boyesens Entdeckung der Psychoperistaltik:

„Nichts läuft gegen die Stimme des Bauches“

Gerda Boyesen ist verzweifelt und ratlos. Wir schreiben das Jahr 1948, und seit einigen Monaten hat sie sich dem Willen ihres Mannes unterworfen, arbeitet nicht mehr außerhalb, sondern hat sich im Hause ihrer Familie eine eigene Praxis eingerichtet. Und sie muss erleben, dass es einigen Patienten nach den Massagebehandlungen immer schlechter geht. Es gelingt ihr nicht, die Ursachen dafür zu finden. Sie verändert dann die Behandlungstechniken selbst, bereitet sich besonders intensiv auf diese Stunden vor - alles ohne Erfolg. Die Patienten beklagen Müdigkeit, Depressionen und sind tief enttäuscht.

Schließlich entdeckt Gerda eine Gemeinsamkeit: sämtliche dieser Patienten haben ihre Termine zu bestimmten Tageszeiten, am frühen Morgen und am späten Nachmittag nämlich. Sollte dies einen negativen Einfluss auf die therapeutischen Prozesse haben? Und wenn ja, wie ließen sich diese Einwirkungen erklären? Der Zufall will es, dass eine Patientin ihren Job wechselt und deshalb erst später zur Therapie kommen kann, um 20 Uhr. Sofort setzt auch bei ihr der typische Behandlungserfolg ein, die Müdigkeit schwindet, neue Kräfte beginnen sich zu regen, die Gedanken werden heiterer und sie scheint von Mal zu Mal um Jahre jünger zu werden. Am Ende der Stunde liegt sie noch eine Weile glücklich auf der Matte, dabei lächelt sie und ihr Bauch macht alle möglichen Geräusche.Gerda stutzt, diese Bauchgeräusche kennt sie von den anderen Patienten, nicht aber von dieser Frau. Was ist passiert? Die Lösung ist sehr einfach. Es lag am Verkehrslärm. Dieser war während des Berufsverkehrs so stark, dass er wohl die Bauchgeräusche übertönt hatte. Tatsächlich fanden sämtliche Behandlungen mit negativen Resultaten während dieser Stunden des Berufsverkehrs statt.

Eine hochinteressante Beobachtung! *„Offensichtlich habe ich mich ganz unbewusst während meiner Behandlungen an den Bauchgeräuschen orientiert“*, sagt Gerda Boyesen, *„und als ich sie wegen des Lärms nicht hören konnte, fehlten diese Orientierungen!“*

Diese Schlussfolgerungen waren die ersten Schritte zum Konzept der Psychoperistaltik, diese geniale Verbindung von Psychoanalyse und Körper. Das Verdauungssystem, hier verkürzt als „der Bauch“ bezeichnet, als Sitz der Seele, als Instanz auch der emotionalen Verdauung, als Ausgangspunkt aller ungesunden Anspannungen. Und die Bauchtöne als Signale positiver, entspannender, heilender Prozesse.

Viele Jahre erforscht sie diese Zusammenhänge und erkennt, dass alle emotionalen Prozesse mit der Bewegung energetischer Flüssigkeit korrespondieren, vor allem an den Synapsen der Nerven. Sie beschreibt, wie nicht ausgedrückte oder regulierte Gefühle zu emotionalen Stauungen und damit zu inneren Flüssigkeitsansammlungen führen. Und wie diese Stauungen negativ auf die Schwingung der Lebensenergie und damit auf dessen Lebensgefühl wirken.

Aber nicht nur innere Stauungen (Blockaden) entkräften die Lebensenergie, sondern auch ungünstige Umgebungen, negativ eingestellte Menschen, sinnlose Arbeit und vieles andere mehr. Das sind revolutionäre Gedanken zu einer Zeit, in der die Psychologie noch einseitig das Konzept des individuellen Defizits vertritt und Gedanken an systemische Zusammenhänge in weiter Ferne liegen.

Die Psychoperistaltik

Der Bauch als Wächter wartet auf die Gelegenheit, den Organismus von Spannungen zu befreien, sie auszuleiten. Dazu muss der Bauch die entsprechenden Befehle erhalten. Diese Befehle kommen nicht, wie man lange glaubte, direkt aus dem Gehirn, zumindest zum überwiegenden Teil nicht. Die genauen Abläufe sind auch heute noch unbekannt, Gerda Boyesen konnte jedoch Auslöser dieser Prozesse herausfinden.

Der Verdauungstrakt, unser Bauch, verfügt über ein eigenes Nervensystem, das enterische System. Dieses System wird über den Parasympathikus angesprochen, dessen Prozesse bekanntlich autonom verlaufen, d.h. sie sind dem Willen nicht zugänglich und können deshalb nicht durch ihn gesteuert werden.

Das bedeutet: es gibt keine Möglichkeiten, durch Anstrengung, konzentriertes Denken oder andere Bemühungen den Druck im Bauch zu lösen. Diese Erfahrung hat wahrscheinlich jeder schon machen müssen. Was aber tun, um dieses unangenehme Gefühl („Mir liegt etwas wie ein Stein im Bauch") loszuwerden?

Viele saugen an der Zigarette, essen, naschen, der Griff zum Bier, zum „Absacker". Es ist der Versuch, den Druck durch Füllung oder äußere chemische Beruhigung „in den Griff" zu kriegen. Eine Ablenkung mit nur vorübergehender Wirkung. Andere strapazieren sich im Fitnesscenter, joggen, arbeiten bis zur Empfindungslosigkeit - die Spannung bleibt. Die Tatsache, dass sie scheinbar abnimmt, hat nichts mit einer realen Lösung zu tun, sondern mit der Fähigkeit des Menschen, sich an Druck und Spannungen zu gewöhnen. Die eigentlichen Spannungen überstehen diese und ähnliche Manöver und lösen sich wahrscheinlich von allein, allerdings langsam und nie vollständig. Der Bauch (und damit der gesamte Organismus) wird erst wieder frei, wenn jene parasympathischen Tätigkeiten möglich werden, die eine Spannungsentladung aus dem Bauch heraus ermöglichen.

Das war die bedeutende Entdeckung von Gerda Boyesen, die rund 40 Jahre später von Gershon und anderen wissenschaftlich untermauert wurde. Gerda Boyesen nennt diesen Prozess Psychoperistaltik, es ist der Prozess emotionaler Verdauung. Mittlerweile bestehen unterschiedliche Auffassungen darüber, ob emotionale und stoffliche Verdauung identische oder separate Prozesse des Verdauungstraktes sind, für die tägliche Praxis dürfte dies unerheblich sein. Was zählt, sind Geräusche! Bestimmte Darmgeräusche nämlich sind die Indikatoren des Verdauungs- und Lösungsprozesses.

Es sind Geräusche, die auch mit bloßem Ohr hörbar sind und knarrenden Türen, brüllenden Löwen, polternden Steinen ähneln. Jedem sind diese Signale des Bauches aus entspannten, wohligen Situationen vertraut.
Wenn Sie Veranstaltungen mit Yoga, Autogenem Training oder Dynamischer Entspannung besuchen, dann kennen Sie das Konzert der Bäuche, das irgendwann einsetzt.

Psychoperistaltische Geräusche entstehen aber auch in Alltagssituationen, die nicht dem Paradies eines Entspannungsabends entsprechen. In heftigen Diskussionen, auch in Auseinandersetzungen, beim Arbeiten an einem schwierigen Text, eigentlich überall, wo es nicht wirklich um Leben und Tod geht. Wie lässt sich dieses Phänomen erklären? Es ist ein Erleichterungssignal! Es besagt: „Jetzt hat sich gerade etwas ereignet, was der inneren Wahrheit entspricht", oder: „Endlich!"

Was wissen wir sonst über die Geräusche der Psychoperistaltik? Nicht zu beantworten ist bis heute die Frage, was diese Geräusche bedeuten. Sehr wohl aber können wir fragen, was sie bewirken. Töne sind Wellen und Wellen werden zu Vibrationen, zu Schwingungen. Wir hören diese Geräusche nicht nur, sondern können sie auch als Erregungswellen fühlen, die sich im Körper ausbreiten und Entspannungsreaktionen auslösen.

Ein Text der „Gerda Boyesen International Academy" beschreibt den Prozess der Geräusche. Sie werden bekanntlich durch stimmige Bewegungen, passende Berührungen, verbale Resonanz oder andere Erfahrungen ausgelöst. Diese wohltuenden Reize breiten sich im ganzen Körper aus, bis in die Tiefe des Bauchhirns hinein. Dort werden die Impulse über das submucose Nervengeflecht (liegt zwischen Schleimhäuten und Muskeln in den Darmwänden und ist zuständig für Sekretion und Absorption) und das myenterische Nervengeflecht (zwischen Zirkulär- und Längsmuskulatur in den Darmwänden) weitergeleitet. Dort erzeugen die Erregungswellen Töne, die als Schwingungen den peristaltischen Reflex auslösen.

Vom Kern im Verdauungstrakt bewegt sich die Pulsierung zur Peripherie und versetzt den ganzen Organismus in jedem Zellkern mit Lichtgeschwindigkeit in eine heilende, tonsierende Schwingung, die wir als Wohlsein empfinden. Ähnlich wie das Schnurren einer Katze, das angeblich Knochen heilen soll.

Rolling Stones im Bauch

Im Ruheraum der Sauna liegt eine Frau neben mir. Ihr geht es offensichtlich sehr gut. Sie liest in einem Buch, lächelt, gluckst vor sich hin und bewegt sich ganz leicht und in sich versunken (so wie es später in der dritten Phase der Dynamischen Meditation sein soll).

Plötzlich passiert es: ihr Bauch gibt ein Geräusch von sich, es ähnelt einem Wasserfall mit Steinen - oder so ähnlich. Auf jeden Fall beendet dieser Ton schlagartig das Geschehen. Meine Nachbarin erschrickt, sie greift sich mit einer etwas hilflosen Geste in Richtung Bauch und zieht diesen im gleichen Augenblick mit angehaltenem Atem ein. Es ist ihr peinlich!

Ganz offensichtlich schämt sie sich, weil ihr Bauch dieses wunderbare Rumoren von sich gibt, jedenfalls gibt sie einen eigenartigen Ton von sich, der wohl signalisieren soll: „Entschuldigung!“ Die natürliche Psychoperistaltik macht Menschen verlegen und manche entschuldigen sich wegen dieser „Unannehmlichkeit“ sogar. Aber wofür eigentlich?

Ich habe versucht, eine Antwort zu finden, konnte sie mir aber selbst nicht geben. Mir waren meine Bauchgeräusche immer angenehm, wie Hunger, Durst, Lust und Müdigkeit – als Kind schon. Wahrscheinlich war es eine unbewusste Wahrnehmung, dass diese Töne mit Wohlbefinden zu tun haben.

Also habe ich andere befragt und erfahren, dass in der Tat sehr viele Menschen Negatives mit ihren Bauchgeräuschen verbinden. Sylvia aus München mailt: *„...Apropos - du übersiehst, dass viele Menschen bei Darmgeräuschen an Toilette erinnert werden könnten - und ihnen das mehr oder weniger unangenehm bis peinlich ist - zumindest in Deutschland ist das so. Gibt es dafür nicht eine elegante Heranführung? Sonst entsteht so ein wenig Verklemmtheit bei dem Vorgang, die man sich dann aber wieder nicht eingestehen kann!“*

Andere sagen: „Das gehört sich nicht!“, „Damit fällt man auf“, „Was sollen die Leute denken!“ Und Begriffe wie Sex, Schlamm, Schleim, Schlund, Unterleib, Orgasmus, Exkremente, Lust, Triebe und Sünde fallen. Psychologisch wäre es sicherlich aufschlussreich, dieser absurden Hemmung auf den Grund zu gehen. Sie ist in jedem Fall Zeugnis einer erschreckenden Entfremdung vom eigenen Körper, ja nahezu einer Abspaltung. Interessehalber gebe ich den Begriff „Bauchgeräusche“ in eine deutschsprachige Internet-Suchmaschine ein und erhalte zahlreiche Treffer, allerdings in verräterischer Nachbarschaft: Durchfall, Blähungen, Übelkeit nach dem Essen, Schwindelgefühl, Bauchschmerzen, Blähbauch und Völlegefühl – das sind die typischen Begriffe, die mit Bauchgeräuschen in Zusammenhang gebracht werden. Langsam beginne ich zu verstehen, warum bei vielen Menschen keine rechte Freude aufkommt, wenn die Melodien ihres Bauches zu tönen beginnen.

Eine Entdeckung mit gewaltigen Konsequenzen

Als Gerda Boyesen die Psychoperistaltik entdeckte, öffnete dies völlig neue Wege für Psychotherapie, Selbsthilfe oder für ein besseres Energiemanagement des Alltags, jetzt wurde es möglich, auch unbewusste Prozesse zu aktivieren und positiv zu nutzen.

Die Töne des Bauches sind einzigartige Feedbacks, die Ihnen die richtigen Wege weisen können. Es gibt keine anderen Signale des Körpers, die vergleichbare Informationen liefern. Sie kosten nichts, sind überall anwendbar und Sie können die Wirkung zeitnah überprüfen. Ich weiß nicht, wie Sie es anfangen werden, aber Sie sollten jetzt einige Erfahrungen sammeln mit diesem wunderbaren Instrumentarium! Suchen Sie sich zunächst ein positives Bild für die Töne, es sind keine peinlichen, sondern natürliche Reaktionen auf erfreuliche Vorgänge in unserem Inneren. Mir persönlich gefällt besonders die Vorstellung von schmelzenden Steinen.

Ein Teilnehmer berichtete, dass nach dem Sex mit seiner Liebhaberin der Bauch jedesmal heftig gluckerte, während dies bei seiner Gattin nicht der Fall war, einer Frau in der gleichen Gruppe ging es genau umgekehrt. Ein Autoverkäufer erzählte uns einmal, dass er unbewusst schon immer mit den Bauchtönen seiner Kunden gearbeitet hat. „Wenn die anfangen, weiß ich, dass die Leute an meiner Angel hängen!"

Ein Sparkassenleiter, der monatelang wegen Angstzuständen beim Bahn- und Autofahren krank geschrieben war, hat sich für 80 Euro ein elektrisches Stethoskop angeschafft, er schließt einen Kopfhörer an und arbeitet während der Fahrt an seiner inneren Schwingung. Er macht kleine Bewegungen mit den Knien und seinen Kiefern, und die Töne kommen! Es hat sofort geholfen. Die starken Spannungen können sich nicht einnisten, es bauen sich folglich keine Ängste auf, er kann ohne größere Schwierigkeiten zur Arbeit fahren (ein leichtes Unwohlsein blieb am Anfang), und in seiner Umgebung hat niemand etwas von seinem Training gemerkt. Jeder nimmt an, dass er Musik hört.

Und weil wir uns gerade in der Region aufhalten, wie verhält es sich eigentlich mit Verstopfung? Millionen sollen daran leiden. Sie werden in den verstopften Zeiten kaum psychoperistaltische Reaktionen vernehmen können, der Verdauungstrakt ist stumm, nahezu erstarrt. Und wahrscheinlich entspricht dies auch ihrem aktuellen Lebensgefühl.

Wir empfehlen Ihnen einen Weg, der immer hilft: Unternehmen Sie etwas wirklich Aufregendes! Ihr Herz muß schneller schlagen dabei, und auch der Bauch muss es spüren können. Aufregung ist die beste Medizin gegen Nichtregung!

Eine kleine Einschränkung an dieser Stelle: Sollten Sie mit stärkeren realen psychischen Beeinträchtigungen zu tun haben, dann kann dieses Buch Sie auf die richtige Spur bringen. Sie sollten aber zusätzliche Unterstützung in Anspruch nehmen. Dem erwähnten Banker genügte ein Wochenendtraining, dann hatte er seine Bewegungen gefunden, andere brauchen etwas mehr Zeit. Im Anhang finden Sie entsprechende Kontaktadressen.

Der Emotionale Kanal

Guter Sex ist nicht möglich, wenn unablässig Gedanken durch den Körper peitschen, das weiß jeder. Und wer nicht abschalten kann, der wird sich nicht auf den Feierabend freuen können. Sie sind wütend, kriegen aber die entsprechenden Worte „nicht raus". Sie haben eine gute Idee, aber sie bleibt „im Halse stecken". Sie nehmen auch die kleinste Kritik sofort persönlich und reagieren mit Rückzug oder lauter Empörung.

Angstgefühle, die sich nie richtig auflösen. Unduldsamkeit bei der kleinsten Verzögerung. Alle diese und andere nervösen Symptome können sehr auffällig und unangenehm auftreten und das gesamte Persönlichkeitsbild bestimmen, dennoch gibt es Möglichkeiten, sie „abzuschalten", es gilt nur den richtigen Schalter zu finden.

Hier kommt der Emotionale Kanal ins Spiel, der neben Muskeltonus und Psychoperistaltik als ein weiterer körperlicher Parameter für strömende Lebensenergie sorgt. Um dies besser zu verstehen, ist ein kurzer Exkurs vonnöten: Gerda Boyesen hatte entdeckt, dass der menschliche Verdauungstrakt nicht nur Nahrung verarbeitet, sondern auch die Reste emotionaler und unbewusster Prozesse, die als nervöse Spannungen im Verdauungssystem verblieben sind.

Die mit Flüssigkeit gefüllten Darmwände entfernen über ihre Eigenbewegungen die biochemischen Abfallprodukte aus dem Muskel- und Körpergewebe, die bei vorausgegangenen emotionalen Prozessen ausgeschüttet wurden. Die Abreaktion der nervösen Energie wird durch den Parasympathikus, also dem für Entspannung sorgenden Teil unseres Nervensystems, eingeleitet. Dieser Prozess ist in der Initialphase von Geräuschen begleitet, mit denen Gerda Boyesen später systematisch arbeiten sollte. So wird der Verdauungstrakt zur Quelle der Lebensenergie, von hier aus steigt sie hoch, um sich im Körper auszubreiten. Für diesen Weg wurde der Begriff „Emotionaler Kanal" geschaffen, übrigens die primitivste Funktion der inneren Regulation, sie entstand in der Entwicklungsgeschichte des Menschen lange vor dem Hirn.

Der Emotionale Kanal kann, wie jeder andere Kanal auch, ein wunderbar durchlässiger Transportweg sein, er kann aber auch „verschlammen" und sich verengen. Hierzu kommt es, wenn Spannungen durch die emotionale Verdauung nicht vollständig abgebaut werden und sich im Emotionalen Kanal ablagern.

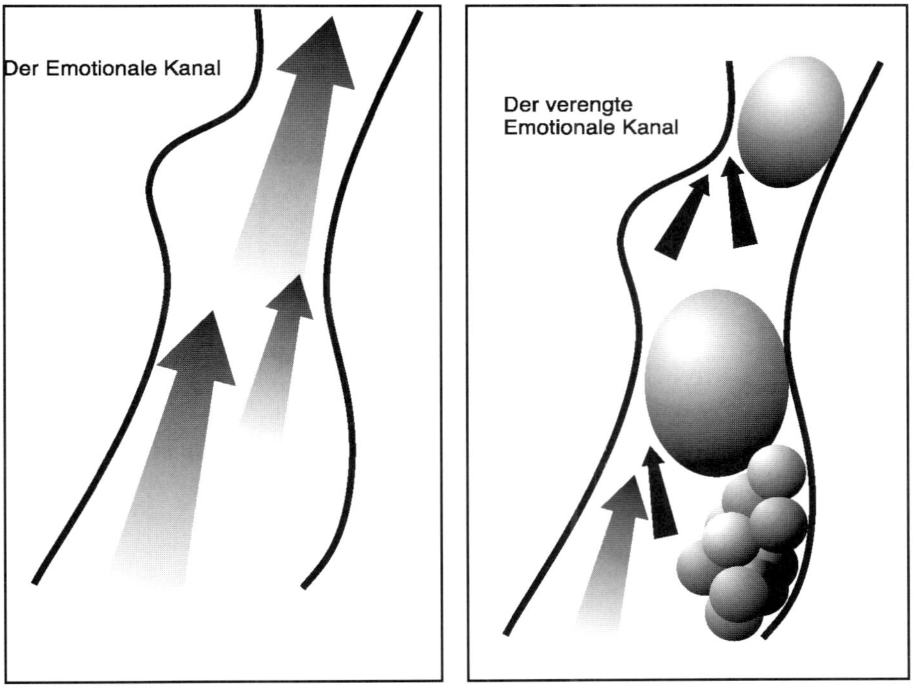

Spannungen ziehen weitere Spannungen an, dieses Naturgesetz begegnet uns immer wieder. In kurzer Zeit breitet sich ein kleiner Druck zwischen den Schulterblättern zu massiven Rückenschmerzen aus. Ein Tag, der mit Spannungen beginnt, wird im Verlauf immer anstrengender. Andauernde Spannungen wirken also wie sich selbst ladende Akkus, die kontinuierlich in ihre Umgebung hineinwirken.

Damit reduziert sich auch die psychische Regulationsfähigkeit immer stärker, der Emotionale Kanal verstopft und verengt sich. Besonders bei sehr nervösen und schnell aufbrausenden Menschen ist dieses Phänomen zu beobachten. Nachdem sie sich von irgendeinem Ärger gerade erholt haben und entspannt wirken, können sie sich in der nächsten Situation bereits wieder „maßlos aufregen". Die Auslöser sind in der Regel banal, die hysterischen Reaktionen haben ihre Ursache in dem nicht mehr entspannungsfähigen Emotionalen Kanal.

Im Kapitel über Ängste werden wir beschreiben, dass keine Therapie nachhaltigen Erfolg haben kann, wenn nicht auch der Emotionale Kanal entspannt, flexibilisiert oder vom Ballast befreit wird. Dieses Ziel wird in jeder Boyesen-Arbeit angestrebt, sowohl in der Biodynamischen Körpertherapie als auch in der Dynamischen Entspannung. Die Arbeit mit der Psychoperistaltik und dem Emotionalen Kanal ist ein Erfolgsfaktor dieser Psychologie.

Das Beispiel zweier Politiker

Der ehemalige Bundeskanzler Helmut Kohl ist als Gesprächs- und Interviewpartner im Felde unbesiegt. Keinem Journalisten ist es jemals gelungen, mit ihm in einen Diskurs auf Augenhöhe zu treten oder ihn gar nachdenklich zu stimmen. Er hat sie alle abgeschmettert. Diese fahrigen, unterbrechenden, durchgängig selbstgerechten Verhaltensweisen sind die Produkte des verengten Emotionalen Kanals. Wer die Vita des Altkanzlers kennt, der weiß von dessen jahrzehntelangen innerparteilichen Kämpfen um die Macht, und es gehört nicht viel Phantasie dazu, sich die emotionalen Rückstände im organismischen Gewebe eines solchen Menschen vorzustellen: Misstrauen, Angst, Alarmbereitschaft...

Andere Menschen mit vergleichbaren Karrieren können sich einen größeren inneren Spielraum bewahren. Erinnern wir uns an Willy Brandt, von ihm ist bekannt, dass er sich „Erholungszeiten" in Form schwer depressiver Zustände nahm, jedes Jahr im Herbst. Die angesammelten Spannungen lösen sich in dieser Zeit, der Emotionale Kanal flexibilisiert sich. Der auf Brandt lastende Druck war sicherlich nicht geringer, aber er war in der Lage, lockerer zu bleiben, seine verlangsamte und tendenziell integrierende Redeweise steht noch für eine andere Zeit, für eine Kultur des Diskurses und der Konsenssuche, und einer gewissen Begeisterung für Lust und Liebe. Sie war den Anstrengungen und Verhärtungen der Nachkriegszeit gefolgt. Danach kamen die achtziger Jahre mit erneuter Beschleunigung, Druck, Abgrenzung; Produkte des verengten Emotionalen Kanals.

Der eingeengte Emotionale Kanal ist ein Merkmal unserer Gegenwart und für alle Beteiligten unangenehm. Denn er reproduziert sein eigenes Grundmuster und schwängert die Atmosphäre mit Druck und potentieller Spannung.

Eigentlich dient Kommunikation, wie der Name sagt, dem Zusammenkommen. In guten Gesprächen werden Standpunkte und Feedbacks ausgetauscht, Übereinstimmungen gewürdigt und Unterschiedlichkeiten festgestellt. Die Schwingungen aktivieren Geist und Gefühle und können somit neue Erkenntnisse hervorbringen und Sichtweisen erweitern. Gespräche dagegen, die mit einem verengtem Emotionalen Kanal korrespondieren, sollen vor allem zu schnellen Ergebnissen führen. Besonders in der Berufswelt geht es um ein mehr hinterfragtes Tempogebot. Gute Ergebnisse allerdings entstehen anders.

Zurück zum Emotionalen Kanal. Erinnern Sie sich bitte an Krisenzeiten Ihres Lebens – Verluste, Überforderungen, Ausweglosigkeiten und andere schwere Situationen. Vielleicht ist es Ihnen gelungen, dieses Tal relativ zügig zu durchwandern, vielleicht geriet diese Krise aber auch zu einer Qual ohne Ende. Die Entscheidung liegt in ihrem Emotionalen Kanal.

Jeder unserer Leser hat wahrscheinlich Erfahrungen mit Trennungen machen müssen, auf die eine oder andere Weise. Es ist immer ein tiefer Prozess, er rüttelt an den Grundfesten der eigenen Existenz und ist mit abgrundtiefen Gefühlen und Sehnsüchten verbunden.

Nun gibt es ein energetisches Geheimnis: Emotionen sind Schwingungen. Können sie sich voll entfalten, so verlieren sie nach dem Erreichen eines Höhepunktes sehr bald an Intensität.

Wem es also gelingt, sich nach einer Trennung den folgenden Trauer- und Verlustgefühlen voll hinzugeben, der macht die erstaunliche Erfahrung kummerloser Trauer. Es ist wie eine Reinigung, herzzerreißend zwar, aber vorübergehend. Kummer dagegen ist festgehaltene Trauer.

Ein Freund erzählte vom Tod seines geliebten Vaters. Jahrelang vor dessen Tod quälte er sich mit Schreckensvorstellungen und war voller Angst, diesem Schmerz nicht gewachsen zu sein. Insgeheim spürte er manchmal sogar den Wunsch, beim Tod des Vaters gerade unerreichbar im Ausland zu sein und danach vor vollendeten Tatsachen zu stehen. Diese sind bekanntlich leichter zu verarbeiten als offene Situationen. Dann kam alles ganz anders, er begleitete den Vater in dessen letzten Stunden und nimmt Abschied. Stundenlang und fast ohne Unterbrechung steigen die Wogen der Trauer und des Schmerzes in ihm hoch, und er ließ alles geschehen. Was er sich vorher nie hatte vorstellen können, das geschah. Bereits nach wenigen Tagen hatte er das Gefühl, das Geschehen verarbeitet zu haben. Was zurückblieb, waren Dankbarkeit, Erinnerungen und eine fast neutrale Würdigung der gemeinsamen Zeit.

Der schlaffe und der verengte Emotionale Kanal

Das Gegenbild ist der erschlaffte oder der angespannte, verengte Emotionale Kanal. Er kann nicht auflösen, regulieren, neutralisieren, er kann irgendwann nur noch weiterleiten. Im erschlafften System schieben sich die schweren Gefühlszustände nach oben. Und weil sie unbearbeitet bleiben, erhalten sie sich in ihrer Konsistenz. „Ich fühle, als sei er gestern gegangen", so beschreibt es eine Frau, die vor 22 Jahren von ihrem Mann verlassen wurde.

Ganz anders im angespannt-verengten Kanal, hier generiert sich ohne Unterlass Druck: Zeitdruck, Angstdruck, zwanghafte Darstellung von Macht, Kompetenz, Überlegenheit. Emotionen finden keinen Ausbreitungsraum. Sie schießen vom Bauch direkt in den Kopf, wie durch eine extrem enge Röhre.

In solchen Situationen wird die Welt ohne Zwischentöne wahrgenommen, schwarz oder weiß, „Wer nicht für mich ist, der ist gegen mich!" Rasend schnell kommt Ärger hoch, „Wenn ich nachmittags nach Hause komme, dann genügt ein Blick und ich sehe, dass die Kinder wieder ihre Jacken auf den Boden geworfen haben. Dann könnte ich sofort wieder ausrasten!" sagt die Frau, die wir kennen.

Die Wahrnehmungsorgane sind jetzt hoch energetisiert, ihnen entgeht nichts. Der Kopf wird überflutet und das Herz bleibt außen vor, es kann sich nicht mildernd einmischen, deswegen entsteht in diesen Situationen kein Mitgefühl und es herrscht das gnadenlose „DU". Dann werden Gedanken zu Ängsten, denn aus der wachsenden Verengung heraus können sich keine Räume zum Abfließen, zur Ablenkung und Relativierung öffnen, der innere Stau kann sich nicht lösen und der Emotionale Kanal wird zum Pulverfass!

Und dem fühlt man sich ausgeliefert, was sich wiederum verengend auswirkt. Das Teuflische an diesem Prozess liegt in der Selbstverstärkung. Ein aufgeregter Mensch kann die Welt ausschließlich durch seine Brille sehen - und findet in dieser Verfassung ohne Unterlass immer wieder neue Begründungen für seine Aufregung. Diese wächst und wächst und verengt die Optik mehr und mehr. Das Verhängnis dieser hysterischen Spirale nimmt seinen Lauf.

Dieser Prozess muss bewusst und definiert gestoppt werden! Die Steine müssen raus aus dem Bauch. Aber wie? Allein mit Gedanken ist das in der Regel nicht zu schaffen, das weiß jeder, der versucht, stärkere Erregung allein mit dem „Kopf" einzudämmen. Hier sind andere Wege gefragt, um den Emotionalen Kanal zu erreichen und ihn zu weiten. Diese Wege hat Gerda Boyesen gefunden! Ihre Biodynamischen Übungen können den Bauch auch von alten Spannungen befreien, dann hört die Welt auf, grau und undankbar zu sein und lässt uns willkommen fühlen.

„Wenn sich Spannung im Emotionalen Kanal hält, dann wird der ganze Körper unter Spannung gesetzt. Wir dürfen nicht vergessen, dass jedes emotionale Trauma und jeder Konflikt, die im Emotionalen Kanal abgelagert sind, ein bestimmtes Muster des Atmens, der Körperhaltung, der Bewegung, des Nervensystems etablieren. Und dass die Energie den Muskeln (Motorik) folgt und nach emotionalen Ausdrucksmöglichkeiten im ganzen Körper sucht. Man kann ohne Psychoperistaltik leben, aber die Nervosität wird psychosomatische und neurotische Symptome produzieren."

Was uns auf den Magen schlägt und den Emotionalen Kanal eng macht

Der Bauch ist unser zweites Gehirn und wird auch als emotionales Gehirn bezeichnet. Er ist ein unbestechlicher Wächter. Wenn die innere Balance gestört ist, zieht er sich zusammen und wir verspüren Druck, der sich sehr schnell in andere Teile des Körpers ausbreiten kann, in allen Abstufungen - von leichter Anspannung bis zur festsitzenden Kontraktion. Daneben kennen wir kurze Reaktionen wie Zuckungen, Schmerzen, Übelkeit, Verdauungsstörungen. In der Regel sind dann keine peristaltischen Geräusche zu hören.

Wenn er sprechen könnte, würde der Bauch jetzt sagen: „Ich schaffe die (emotionale) Verdauung nicht mehr, ich bin momentan zu kraftlos." Dann wären wir beim Thema energetischer Unterversorgung. Oder er sagt: „Es geht nicht, bin zu unbeweglich, mir liegt zuviel auf dem Magen!" Das wären dann die Auswirkungen von Ablagerungen, für die wir das Bild von „Steinen" gebrauchen.

1. Unterversorgung

Unsere Bedürfnisse sind die Antriebskräfte der Lebensenergie. Werden diese verdrängt, ist der Organismus nicht in der Lage, die erforderliche Lebensenergie zu generieren. Die Folge ist eine Schwächung des gesamten Systems einschließlich der emotionalen Verdauung. Eine große Rolle spielt auch die Umgebung, wenn Reize und Anregungen fehlen, dauernde Ängstlichkeit in der Luft liegt oder soziale Kontrolle das freie Leben erstickt - das schwächt das System ebenso.

2. Belastendes: Wenn die Steine drücken

Was uns da im Magen liegt und drückt, sind immer Reste, emotionale und energetische. Also unerledigte Handlungen, nicht gelebte Gefühle, hinunter geschluckte Meinungen, missachtete eigene Bedürfnisse, Vermeidungsverhalten - alles Überbleibsel nicht vollständig abgeschlossener innerer Prozesse.

Diese Steine sind keine Zufallsprodukte, sie sind selbst fabriziert, durch vorzeitigen Abbruch oder Unterlassung. Ein Beispiel: Wer sich über eine andere Person ärgert, sollte dies rechtzeitig und sehr deutlich zum Ausdruck bringen, so kann sich die Situation klären und danach neutralisieren. Das löst jeden inneren Druck sofort.

Vorzeitiger Abbruch würde bedeuten, dass der Ärger zwar angesprochen, aber in freundliche Worte verpackt wird. Das ärgerliche Gefühl verbleibt, zumindest teilweise, im Organismus.

Unterlassung heißt: der Ärger wird bewusst unterdrückt. Vorzeitige Abbrüche und Unterlassungen machen auf Dauer schwach und krank, eine kritische Auseinandersetzung mit dem eigenen Muster kann deshalb in jeder Phase des Lebens neue Räume öffnen. Diese Erfahrungen machen schwerkranke Menschen, die sich als einzige Rettung einen radikalen Lebenswandel verschreiben und mit der Einstellung „Ich habe sowieso nichts mehr zu verlieren" nur noch klar und wahr kommunizieren. Hier können erstaunliche Heilungsprozesse berichtet werden.

Das defensive, angepasste Verhalten entspricht in unseren mitteleuropäischen Ländern zwar der gegenwärtig geltenden Norm und scheint im beruflichen Kontext auch unvermeidlich, dennoch wünschen wir uns, Sie für die Auswirkungen sensibilisieren zu können.

Versetzen Sie sich bitte einmal in die Lage eines männlichen Singles Mitte Dreißig, der in seiner kurzen Mittagspause in einem überfüllten Restaurant auf sein Essen wartet. Plötzlich setzt sich eine Frau an seinen Tisch, er ist augenblicklich wie elektrisiert. Eine Traumfrau, seine Traumfrau! Das jahrelange Warten hat sich also doch gelohnt! Sie grüßt freundlich, wirkt offen und durchaus auch gesprächsbereit. Augenblicklich schießt in ihm der brennende Wunsch (Impuls) hoch, sie anzusprechen, sich mit ihr zu verabreden, die Telefonnummer zu bekommen – jedenfalls einen persönlichen Kontakt aufzubauen.

Wo entstehen solche Impulse, wo spürt man sie zuerst? Im Kopf, im Herzen, im Becken? Nein, immer im Bauch. Ein jederzeit nachvollziehbarer Beleg für die Dominanz des Urhirns Bauch. Nun spielen wir drei mögliche Lösungswege aus der entstandenen Situation durch: Erste Alternative: Sie schaffen es nicht, die Frau anzusprechen. Nicht ein einziges Wort kommt über Ihre Lippen. Wie wird es Ihnen ergehen? Da Sie keinen Lösungsversuch unternehmen, bleibt die aufgebaute Spannung voll erhalten. Wahrscheinlich fühlen Sie sich später niedergeschlagen und bedrückt. Und wenn Sie dem Ursprung dieses Gefühls nachgehen, landen Sie in Ihrem Bauch.

Zweite Alternative: Sie bringen ein Gespräch zustande, bleiben dabei aber ganz formal. „Das Essen ist hier immer ganz vorzüglich" oder Ähnliches. Keine Verabredung, keine Telefonnummer. Wie wird es Ihnen jetzt ergehen? Sie haben sich überwunden, sind aber vorzeitig umgekehrt. Der Impuls wurde nicht vollständig ausgelebt, seine Restspannung bleibt im Organismus zurück und wird dafür sorgen, dass auch in diesem Falle der Nachmittag ein eher unangenehmer werden wird.

Dritte Alternative: Sie beginnen ein Gespräch, es wird auch persönlicher. Sie sprechen die Möglichkeit eines Wiedersehens an und empfangen ein freundliches und bestimmtes Nein. Sie bleiben noch, setzen das Gespräch freundlich fort und verabschieden sich mit netten Worten. Und wie geht es Ihnen nach diesem Verlauf? Auch wenn Sie nicht zum Ziel kamen, Sie werden nach dieser Begebenheit keinen Druck im Körper verspüren. Vielleicht werden Sie für Augenblicke enttäuscht sein, sich dann aber wieder innerlich frei dem Rest des Tages hingeben können.

Wie ist das möglich? Kein Erfolg und dennoch glücklich? Der Bauch liefert die Erklärung. Ihm ist das Ergebnis des Flirtversuchs nämlich völlig egal. Das Bestreben des Bauchhirns besteht ausschließlich darin, Spannungen zu verarbeiten. Und Sie haben durch Ihr mutiges Verhalten dafür gesorgt, dass sich die emotionale Ladung spontan lösen konnte, es blieben keine Spannungsreste, der Bauch ist sofort wieder frei. Außerdem wird allein der Prozess von Anspannung und folgender Entspannung als positives Ereignis wahrgenommen.

Der kluge Bauch:

Der Bauch - unser heimlicher Herrscher

Kennen Sie das? Ärger scheint Ihnen direkt auf den Magen zu schlagen, Sie haben eine Prüfung und bekommen Durchfall. Oder Sie sind verliebt und spüren die Schmetterlinge im Bauch flattern. Dann werden Sie sich vorstellen können, dass der menschliche Bauch über ein selbstständiges Nervensystem verfügt. 100 Millionen Nervenzellen, mehr als im Hirn, sind in den Darmwänden zu Netzwerken verflochten und stellen damit das energetische Zentrum des Körpers dar. Diese riesige Schaltzentrale arbeitet autonom, also unabhängig vom Gehirn. Warum? Die Antwort liegt in der Evolution begründet. In grauer Vorzeit hatten Tiere zuerst nur ein Nervensystem. Mit der Weiterentwicklung zu höheren Tieren wurde ein komplexeres Hirn nötig, und so entwickelte sich ein zweites Nervensystem, das Gehirn. Da die Nachkommen allerdings direkt nach der Geburt fähig sein mussten, selbstständig zu essen und zu verdauen, beließ die Natur das erste Hirn im Bauch. So blieb das Darm-Nervensystem als eigenständiges Nervensystem erhalten.

Eine Titelgeschichte der Zeitschrift „Geo" erregte in psychologischen Kreisen vor drei Jahren großes Aufsehen: „Wie der Bauch den Kopf bestimmt". Es war ein Bericht über die Arbeit des amerikanischen Neurobiologen und Professors Michael Gershon.

Gerda Boyesen konnte einen stillen Triumph feiern, denn die Richtigkeit ihrer Thesen zur Psychoperistaltik fanden hier wissenschaftliche Fundamente. Das Bauchhirn als „Herrscher über ein Binnen-Universum des Menschen: die Schaltzentrale der Verdauungsmaschinerie, die nicht nur derbe Größen wie Nährstoffzusammensetzung, Salzgehalt und Wasseranteil analysiert und Absorptions- und Ausscheidungsmechanismen koordiniert. Sie kontrolliert auch die raffinierten Gleichgewichte von hemmenden und erregenden Nervenbotenstoffen, stimulierenden Hormonen und schützenden Sekreten."

Gershon konnte nachweisen, dass das Bauchhirn für den Gemütszustand und psychosomatische Prozesse wichtiger ist als das zerebrale Gehirn. Das Gehirn kann die Impulse, die aus dem Bauchgehirn beziehungsweise dem vegetativen Zentrum aufsteigen, zwar hemmen oder verändern, aber nicht umgekehrt, und genau dies ist die Kernthese der Boyesenschen Psychoperistaltik!

In diesem Zusammenhang konnten Forscher erst vor kurzem feststellen, dass weitaus mehr Nerven vom Bauch in das Hirn führen als umgekehrt. 90 Prozent der Verbindungen verlaufen von unten nach oben. Warum? Gershon: „Weil sie wichtiger sind als die von oben nach unten." „Geo" schrieb: „Den ganzen Tag erzählt der Bauch dem Kopf Geschichten. Er kreiert das emotionale Profil. Die Forscher wissen heute, dass das Bauchgehirn viele unserer emotionalen Register zieht. So hat das oft als intuitiv abgetane 'gute Gefühl im Bauch' sehr reale Erfahrungsgrundlagen, betont etwa Physiologieprofessor Emeran Mayer von der University of California im Licht der neuen Erkenntnisse: „Solche Intuitionen beruhen auf unbewussten Erfahrungsmustern, in denen frühere körperliche Reaktionen des Bauchhirns mit kognitiven Bewertungen des Gehirns gespeichert werden." („Psychologie Heute", 8/2000)

Offensichtlich werden die Zusammenhänge zwischen Bauch und Psyche bei der Analyse von Erkrankungen. So leiden 40 Prozent der Reizdarm-Patienten an Angststörungen und Depressionen. Hier kommen die Erklärungsmodelle von Gerda Boyesen ins Spiel, die schon früh ein spezielles Zusammenspiel von Gefühlen, Körper und Nervensystem vermutete, das sich vereinfacht so beschreiben lässt:

Ist jemand nicht in der Lage, Gefühle authentisch auszudrücken oder zu regulieren, dann bilden die Muskeln ein Verspannungskorsett, das eine Kontrolle der Gefühle ermöglicht, diese Kontraktionen bewirken eine Stauung der inneren Flüssigkeitsprozesse, die an allen vitalen Prozessen beteiligt sind. Gerda Boyesen meint hier vor allem die Flüssigkeiten zwischen Nervenenden und Muskeln und betont die Beobachtung, dass es sich dabei um eine energetisch geladene Flüssigkeit handelt, die durch die Stauung an Energie verliert und die Nervenübertragung ausbremst.

So gelangen falsche Gefühle, muskuläre Anspannungen und reduzierte innere Schwingungen in einen spiralförmigen Prozess gegenseitiger Verstärkung. Das enterale Nervensystem ist dabei nicht der Sklave, sondern das Gegenüber des Gehirns, eine unabhängige Kraft im Nervensystem des Körpers. Es ist ein Rebell, der einzige Bestandteil des peripheren Nervensystems, der sich entscheiden kann, den Bitten von Gehirn und Rückenmark nicht zu entsprechen. Die enteralen Nervenzellen haben in ihrer Mehrheit keine unmittelbare Verbindung zum Gehirn, sie bilden ein System, das in seinen Funktionen unabhängig von Gehirn und Rückenmark ist.

„Heute wissen wir, dass es im Darm ein Gehirn gibt, so unpassend dieser Begriff auch erscheinen mag. Der hässliche Darm ist klüger als das Herz und dürfte stärker zu Gefühlen fähig sein. Als einziges Organ hat er ein eigenes Nervensystem, das Reflexe völlig ohne Eingabe des Gehirns oder Rückenmarks weitervermitteln kann," behauptet beispielsweise Gershon.

Serotonin macht Gefühle

Gefühle entstehen vor allem im Bauch! Das ist Anfang der achtziger Jahre die bahnbrechende Entdeckung des Michael Gershon („Der kluge Bauch"). Wer einmal verfolgen möchte, wie schwer sich die Wissenschaft mit neuen Erkenntnissen tut, der sollte sein Buch lesen: Es beschreibt Gershons Lebenswerk, die Entdeckung des Verdauungstrakts als ein weitgehend eigenständiges Nervensystem. Dieses „enterische Nervensystem" ist wesentlich an der Steuerung der emotionalen Prozesse des Menschen beteiligt. Das hatte Gerda Boyesen, wie erwähnt, bereits Jahrzehnte zuvor herausgefunden, jetzt erfolgte die schulmedizinische Bestätigung.

Dieses Nervensystem, von Gershon auch als zweites Gehirn tituliert, ist für das Wohlbefinden des Menschen von ganz erheblicher Bedeutung. Wobei der Neurotransmitter Serotonin eine wichtige Rolle spielt.

Seitdem weiß man, dass der Darm fast das gesamte Serotonin im Organismus produziert. Nur etwa ein Prozent der Gesamtmenge entsteht im Gehirn. „Das Serotonin spielt für die Entstehung angenehmer Gefühle eine wichtige Rolle, denn die Nervenübertragung wird blockiert, wenn die stimulierten Nerven ihre Neurotransmitter nicht ausschütten können."

Die Darmnerven geben nicht einfach gehorsam Signale sensorischer Rezeptoren an Muskeln, Drüsen oder Blutgefäße weiter. Mit seinen Interneuronen kann das enterale Nervensystem die empfangenen Informationen abwandeln und weiter verarbeiten. Das Serotonin, so die Spekulation von Gershon, könnte als Neurotransmitter eine jener Substanzen sein, mit deren Hilfe der Darm als selbstständiges Zentrum der Informationsverarbeitung fungiert.

Der Stoff, der uns glücklich macht

Serotonin scheint tatsächlich der Stoff zu sein, aus dem Glück und Heiterkeit gemacht ist. Serotonin kommt bereits im Gehirn-Nervenknäuel einfachster Lebewesen vor und ist einer der ältesten Signalstoffe der Evolution. Angemessene Konzentrationen machen Menschen ausgeglichen, unternehmungslustig und selbstbewusst. Ein sinkender Pegel beginnt mit Verstimmung und weitet sich schnell aus.

Das Gehirn benutzt Hunderte von chemischen Botenstoffen, doch das Serotonin – Kurzformel 5-HT(5- Hydroxytryptamin) – spielt nach den Ergebnissen der letzten Jahre eine absolute Sonderrolle. Die anderen Übermittler sind alle auf einen kleinen Aktionsradius beschränkt, „Serotonin jedoch ist einfach überall", wie das US-Magazin „Time“ unlängst zusammenfasste. „Dieser Stoff ist der Hauptschalter für die Stimmung und die seelische Gesundheit. Die Emotionen des Menschen sind wie eine Symphonie, und Serotonin ist der 'Taktstock des Dirigenten'“, malt es der amerikanische Psychiater James Stockard aus.

Egal, welche Seelenstörung oder welche Marotte die Wissenschaftler in den letzten Jahren unter die Lupe nahmen – fast immer war der Serotonin-Haushalt aus dem Gleichgewicht. Bei Depressiven und bei Menschen, die gerade einen Selbstmordversuch unternommen hatten, wies der Serotonin-Pegel einen Tiefstand auf. Selbstmörder, die ihr Ziel erreichen, hatten allerdings abnorm viel 5-HT im Hirn. Es wird vermutet, dass sie die Tat als rauschhafte Befreiung empfanden.

Die Liste psychischer Auffälligkeiten, die mit Serotoninmangel einhergehen, reicht von Nervosität, Ärger, Schlaflosigkeit, Verzweiflung, Migräne bis zu Panikattacken, Alkoholismus, Spielsucht, Fresssucht und andere Abhängigkeiten. Was all diesen Menschen zu fehlen scheint, ist Impulskontrolle. Offenbar verleiht 5-HT die Souveränität, die man braucht, um seinen „inneren Schweinehund“ zu bezwingen.

Dies ist ein interessanter Zusammenhang mit Gerda Boyesens Konzept des Emotionalen Kanals, dessen Flexibilität ebenfalls der Impulsverarbeitung dient.

Kein Zufall, dass auch bei Verliebten besonders viel Serotonin durch die Adern fließt: Ähnlich wie Zwangsneurotiker sind sie mit ihren Gedanken oft stundenlang auf eine Sache oder einen Menschen fixiert. An trüben Herbst- und Wintertagen, wenn die Kraft der Sonne erlahmt, nimmt das Bedürfnis nach einer Ankurbelung des Serotoninhaushaltes zu. Bei verminderter Lichteinstrahlung geht nämlich die 5-HT-Produktion in unserem Körper zurück.

Dr. Gershon, und vor ihm andere Wissenschaftler, versuchten natürlich auch herauszufinden, durch welche Prozesse im enteralen Nervensystem die Serotoninausschüttung ausgelöst und verstärkt wird. Was gibt uns den Kick?

Wenn Sie nicht gerade Mediziner sind, haben Sie wahrscheinlich am Verständnis des folgenden Satzes zu knacken; ich führe ihn trotzdem an, ohne die Begriffe im einzelnen zu erläutern: Offensichtlich wird Serotonin nach mechanischer Reizung der Mukosa ausgeschüttet, es setzt dann den peristaltischen Reflex in Gang und stimuliert dabei in der Mukosa die Fortsätze der sensorischen Nervenzellen aus der Submukosa. Gershon schreibt dazu in seinem jüngstem Aufsatz „The Enteric Nervous System: A Second Brain“:

1. Serotonin stimuliert den peristaltischen Reflex, wenn es auf die Oberfläche der Mukosa des Darms aufgetragen wird.

2. Serotonin wird ausgeschüttet, wenn der peristaltische Reflex ausgelöst wird.
3. Der Reflex verringert sich, wenn die Serotoninquelle in der Mukosa entfernt wird.

Gershon unterstreicht die Theorie, die bereits 1958 von Edith Bülbring aufgestellt wurde, nach der Serotonin aufgrund von Druckreizen ausgeschüttet wird und dann wiederum den peristaltischen Reflex stimuliert. Es ist anzunehmen, dass Gerda Boyesens Bauchtöne die Begleitsignale dieses spiraligen Ereignisses sind.

„Der Bauch ist unser heimlicher Herrscher" - Was bedeutet das konkret?

„Die Lösung vieler Probleme sitzt in unserem Körper, im intestinalen Trakt. Deshalb sollen wir die Darmgeräusche oder Bauchtöne mit Dankbarkeit annehmen!", sagt Gerda Boyesen. Registrieren und kultivieren Sie ab sofort Ihre Bauchtöne, seien Sie froh über jedes Klackern und Rauschen, es sind die wertvollsten Geräusche Ihres Organismus. Sie bedeuten Glück und Gesundheit.

Suchen Sie zwischendurch bewusst und gezielt angenehme Situationen auf, schöne Umgebungen, freundliche Menschen, anregende Vorträge, berührende Filme und Theaterstücke, auch Langeweile gehört dazu, eben alles, was entspannt und gut tut und die Psychoperistaltik anregen kann.

Und verlängern Sie positive Erlebnisse, bleiben Sie nach dem Sex so lange beieinander liegen wie möglich, setzen Sie sich nach dem Joggen bequem irgendwohin und genießen sie weiter, tun Sie das Gleiche nach einem Spaziergang, nach der Sauna, nach einer emotionalen Begegnung. Geben Sie sich die Möglichkeit, dass sich der Bauch richtig entspannen kann und vielleicht sogar Töne durchkommen.

Besonders wohltuend ist ein halbwegs entspannter Start in den Tag. Beginnt dieser nämlich mit Druck, so wird er mit großer Wahrscheinlichkeit ein anstrengender Tag bleiben. Anspannungsmuster lösen sich nicht von allein sondern verstärken sich gegenseitig!

Es müssen aber nicht notwendigerweise besonders schöne Situationen sein, auch ganz banale Anlässe können die Psychoperistaltik aktivieren, denn es geht hier nicht um Wohlfühlen sondern um das Loslassen von Anspannung und das ist im Grunde überall möglich. Auch wunderbar zu zweit oder in der ganzen Familie, vielleicht auch mit einem elektrischen Stethoskop, dem die anderen lauschen können!

Besorgen Sie sich für 20 Euro ein konventionelles Arzt-Stethoskop (wie im Video zu sehen) oder gleich ein elektronisches und gehen Sie auf Entdeckungsreise in die Innenwelt. Sie erleben sich auf eine völlig neue Weise und gewinnen, sofern Sie daran interessiert sind, tieferes Verständnis für die Art und Weise, wie Sie funktionieren.

Auch Gedanken entspannen. Nicht nur die üblichen positiven Visualisierungen sondern auch solche Gedanken, die mit eigenen Grenzen zu tun haben.

Es gilt, höhere Ordnungen zu verstehen, sie zu akzeptieren und eigene Vorstellungen loszulassen. Im Abschnitt II geht es um einige dieser Zusammenhänge, jedes JA zu ihnen bedeutet eine Entlastung für Sie. Verfolgen Sie das Ziel, die Dinge so nehmen zu können wie sie sind, wie sie kommen und wie sie gehen! Auch dies löst Steine im Bauch und stimmt heiter.

Probieren Sie die „Goldenen Fünf“ aus, die fünf Übungen der Dynamischen Entspannung. Sie werden in Teil III ausführlich beschrieben und zielen alle auf die Aktivierung der Psychoperistaltik ab. Das typische Hervorlocken der Bauchtöne wird besonders deutlich bei den Instruktionen zum „ultimativen Schlaflied“, aber Sie finden auch auf dem Video Anleitungen zu eigenen Übungen.

Heilung, ganz natürlich:

Die wunderbare Kraft der Lebensenergie

Nach den neurobiologischen Ausführungen nun eine kurze Schilderung aus dem Leben der Gerda Boyesen, die uns wieder zum Thema Lebensenergie zurückführt.

„Zum ersten Mal habe ich mich wirklich mit Krebs beschäftigt, als ein Freund meiner Tochter einen ganz ernsten Krebs - einen Darmkrebs - bekam. Man dachte, dass man ihn nicht mehr heilen könne und er nicht überleben würde. Es war einfach schon zu spät. Da hat er sich gedacht, wenn alles, was ich bisher getan habe, dazu geführt hat, dass ich jetzt Krebs bekommen habe, dann muss ich fortan alles ganz anders machen. Er dachte: „Was willst du jetzt eigentlich, was kannst du überhaupt noch tun?" Er war Schwede und lebte in Dänemark. „Was ich eigentlich will, ist: einen Lastwagen zu besorgen, mein Piano aufzuladen, in die Sahara zu fahren und dort darauf zu spielen - und zwar so lange, bis ich sterbe."

Auf dem Weg dorthin hat er im Haus meiner Schwester übernachtet und versucht, Sex mit einer ihrer Töchter zu haben. Meine Schwester war, gelinde ausgedrückt, nicht sehr erfreut. Wahrscheinlich hat er gedacht, dass er doch ab sofort sein Leben verändern wollte, und so etwas hatte er bisher auch noch nie gemacht. Vermutlich hat ihn der Gedanke, dass er nichts mehr zu verlieren hat, so mutig gemacht. Er ist dann nicht in der Sahara an Darmkrebs gestorben. Die dänischen Ärzte haben ihm nach seiner Rückkehr aus Afrika bestätigt, dass er gar keinen Krebs mehr hatte. Er war geheilt!

Eine fast ebenso schöne Geschichte habe ich von einem deutschen Mann aus einer meiner Gruppen gehört. Er erzählte mir, dass sein Vater Bischof und seine Mutter Hippie sei. Ich fragte ihn natürlich, wie die beiden denn jemals zusammen kommen konnten. Seine Mutter hätte Krebs gehabt, erzählte er. Sie hatte seinem Vater gesagt, dass sie Hippie werden müsse, um nicht an dieser Krankheit zu sterben. Sie hat es getan, sie ist durch die Welt gezogen und eines Tages zurückgekehrt. Die Ärzte stellten fest, dass sie geheilt war. Sie war wieder gesund! Seine Eltern leben wieder zusammen, und die Ehe scheint gut zu funktionieren. Sie als Hippie, er als Bischof.

In beiden Geschichten hat also eine ganz natürliche Heilung stattgefunden. Ich denke, dass unsere eigene spirituelle Kraft und kosmische Energie eine so enorm hohe elektromagnetische Schwingung in uns erzeugt, dass sie selbst-

heilend auf unseren Körper wirkt. Heiler nutzen die gleiche Wirkung! Aber dennoch sehe ich genau hier auch eine große Gefahr! Es war in den siebziger Jahren, als ich sehr erschrocken und sehr wütend wurde, als mir ein Mann erzählte, dass seine Freundin Krebs hatte und man ihr dringend ans Herz legte, nicht zu einem Arzt zu gehen, sondern sich dafür in eine Orgon-Box zu legen. Diese Erfindung von Wilhelm Reich war damals in entsprechenden Kreisen sehr populär, man versprach sich eine energetische Aufladung. Sie ging also nicht zum Arzt, sondern machte energetische Übungen und legte sich in die Box. Aus meiner Sicht ist dieses Verhalten verantwortungslos. In jedem Fall muss man ernste Symptome auch medizinisch abklären lassen. Freud beispielsweise hat eine Frau behandelt, weil er glaubte, dass sie ein paranoides Syndrom hatte. Dabei hatte sie Krebs.

Jetzt habe ich selber Krebs bekommen. Es kam ganz plötzlich, dass auf der rechten Seite meines Halses eine aggressive Wucherung durchbrach. Sehr, sehr groß und aggressiv. Dann habe ich zuerst Medikamente bekommen und es wuchs weiter und wuchs nach innen, so dass ich Schwierigkeiten hatte zu atmen. Es wurde sehr bedrohlich und es war klar, dass eine Chemotherapie nötig sein würde. Ich wollte nicht, aber es ging nicht anders. Meine Ärztin überzeugte mich, dass es keinen anderen Weg in dieser Situation gab. Nach der ersten Chemotherapie ging das Geschwür sofort zurück. Interessant war, dass die chemische Substanz von Pflanzen kam, und zwar eine aus Madagaskar und eine aus der Sahara. Insgesamt waren mehrere Behandlungen notwendig. Ich wurde in dieser Zeit sehr krank und schwach, doch sie haben mein Leben gerettet. Wenn ich zurückdenke, bin ich voller Dankbarkeit gegenüber den Ärzten und dem Pflegepersonal dieses phantastischen Krankenhauses in London, The Royal Hospital.

Ich spreche nicht häufig über diesesThema, aber ich möchte es in diesem Zusammenhang tun: Als ich krank war und nicht genau wusste, was ich hatte, habe ich die Bibel geöffnet. Ich tue es nicht häufig, aber in der Situation habe ich es getan. Ich schlug also die Bibel auf und las. An dieser Stelle stand, dass ich Schutz bekommen würde. Schutz von Engeln. Dabei ist zufällig ein Bild heruntergefallen. Es war ein Bild von einem Engel, eines, das ich vor langer Zeit von meiner Mutter geschenkt bekommen habe, und so wusste ich, ich werde beschützt, selbst wenn ich Krebs haben sollte.

Eines Morgens ging ich die Treppe hinunter, gestützt auf meinen Stock, und ich wusste plötzlich, ich habe Krebs. Es passierte, dass ich in der Dunkelheit abrutschte, meinen Stock verlor, der sich verhakte und ich fiel die Treppe hinunter - fünf Stufen. Während ich fiel, hatte ich das Gefühl, ich werde getragen und hingelegt, und ich liege da, ich fühlte, ja ich werde beschützt! Ich wusste, ich werde überleben!

Es war einige Monate später, als es mir sehr schlecht ging, dass ich noch einmal in die Bibel schaute und mir wieder eine Stelle herausgesucht habe. Ich weiß nicht mehr genau, wo sie stand, ich kann sie nicht wiederfinden, ich glaube, es war Hesekiel und Gott sagte zu ihm: „Du musst jetzt sterben." Er antwortete Gott: „Aber ich habe doch mein ganzes Leben für dich gearbeitet und ich spüre, ich habe noch viel zu tun, meine Arbeit ist noch nicht zu Ende." Ich hatte das Gefühl, dass ich selbst es gesagt hätte und dass Gott plötzlich zu mir sagte: „Ja, ich gebe dir noch 15 Jahre."

Da wusste ich, dass ich alles überleben werde und auch wieder arbeiten kann.

In der Chemotherapie habe ich viele spirituelle Erlebnisse gehabt, das hatte aber auch sicherlich damit zu tun, dass ich Steroide bekam, ich weiß nicht genau, wie es passiert. Immer wieder konnte ich wunderschönes inneres Fließen spüren, verbunden mit unglaublichen inneren Bildern und Erkenntnissen. Danach habe ich auch ohne diese Steroide so wundervolle spirituelle Erlebnisse bekommen. Ich spürte, dass ich keine Angst mehr habe zu sterben. Mit einem Mal empfand ich die Krankheit fast wie ein Geschenk, ich habe so viele phantastische Dinge erleben können und sie hat mich verändert. Vorher war ich in meinen Trainings und in meinen Seminaren viel zu wenig bestimmt, viel zu wenig klar. Diese Klarheit habe ich jetzt durch die Krankheit gewonnen. Ich bin jetzt ganz anders. Den Leuten gefällt es. Sie sagen: „Gerda, du hast dich so verändert!" Das habe ich der Krankheit zu verdanken.

Mit meinem Mann war es so, dass er immer einen starken Beschützerinstinkt hatte, aber die ganze Zeit hat er gedacht, Gerda ist so stark, sie wird von den Leuten so geliebt und so gebraucht, es ist überhaupt nicht notwendig, dass sie meinen Schutz braucht. Dann hat er mich schwach erlebt. Es war so wichtig für ihn, zu spüren, dass ich ihn plötzlich brauche. Er hat gespürt, dass er mich auch verlieren kann, dass nichts sicher ist, dass alles offen ist. Die Nähe des Todes hat mich auch in Kontakt gebracht mit den Schönheiten, mit der Schönheit der Natur, den Blumen, den Steinen, den Kindern. Es hat mich geöffnet und ich verspüre so viel Liebe und Dankbarkeit von mir zu anderen. Aber ich habe auch so viel von außen empfangen. Eigentlich ist das alles wie ein großes schönes Wunder gewesen, meine Krankheit.

Ich weiß nicht, ob ich darüber sprechen soll, aber ich tue es einfach: Am Anfang meiner Krankheit habe ich in Monaco eine Frau getroffen. Sie gehörte zu den Pfingstfreunden. Sie sagte, sie ist eine Fischerin für Jesus. Sie fischt die Leute, die in ihren Laden kommen (sie war Friseurin) und sie spricht über ihren Glauben und Jesus. Aber sie spricht in einer so wunderbaren Art und Weise, dass sie die Menschen damit nicht bedrängt. Ich wusste damals noch nichts von meinem Krebs, hatte aber Schwierigkeiten mit meinem Bein.

Jedenfalls bin ich nach dem Treffen mit ihr in eine kleine Kirche gegangen. Eine Kirche der Pfingstfreunde in Monaco. Sie haben dort erzählt, dass sie viele Menschen heilen können und sie haben dort auch für viele Krebskranke gebetet, die in dem Grace-von-Monaco-Hospital in der Nähe lagen. Viele sind geheilt worden und ich glaube, was sie mir erzählt haben. Sie sagten zum Beispiel, in Lourdes heilt man eine Person im Jahr, aber dort in der Kirche der Pfingstfreunde heilt man unglaublich viele Menschen. Es ist nicht bekannt, es sprechen nur wenige darüber. Die Pfingstfreunde bilden eine religiöse Sekte, aber es sind sehr angenehme Menschen. Sie haben mir gesagt, dass ich auch in London in ihren Tempel gehen sollte, und ich habe es getan.

Es war unglaublich, als ich zum ersten Mal hinein kam: Dort wurden bioenergetische Übungen gemacht, ähnlich denen, die ich praktiziere. Wir haben geschrien, getrampelt und geheult und uns ausgeschüttelt und ich hatte das Gefühl, in einer meiner „wilden" Gruppen zu sein. Dann trat ein Prediger aus Kanada auf. Er erzählte, dass er sehr viele Menschen geheilt hat, das hat mir Hoffnung gegeben. Neben mir saß eine Frau, die mir sagte, sie wäre Muslimin und sie dürfte es überhaupt nicht ihrer Familie erzählen, dass sie hier wäre. Aber sie hätte eine schreckliche Geschichte hinter sich. In ihrem Heimatland wurde ihr Haus abgebrannt und sie hat viele Menschen verloren, sie ist so schrecklich krank geworden. Seitdem sie hierher kommt, geht es ihr gut, sie ist wieder gesund. Viele andere, mit denen ich in dieser Kirche auch gesprochen habe, sagten das Gleiche. Es waren ungefähr 400 bis 500 Leute, eine riesige Versammlung, und alle waren freundlich zu mir.

Dann haben sie mich in ihre Mitte genommen, sich wild dabei bewegt und geschrien: „Diese Frau hat Krebs", „Sie will geheilt werden, sie will geheilt werden, sie will geheilt werden!" Am Ende sagte der Prediger: „Und sie wird geheilt!" Ich glaube an Gottes Kraft, und ich finde es auch sehr schön, dass in dieser Kirche nicht über Sünden gesprochen wird, sondern dann, wenn du schreckliche Gedanken hast, sagen sie: Das ist vom Teufel - weg damit! So einfach kann es gehen! Es ist wohl auch ein Wunder, dass ich überlebt habe und dass es mir wieder so gut geht, wie es mir jetzt geht. Wie ich schon beschrieben habe, ich bin voller Dankbarkeit und Demut.

Ich möchte etwas über die Gefahr sagen, der ich immer wieder begegnet bin in meinen zahlreichen Kontakten in dieser Zeit. Ich habe von vielen Menschen gehört, die auch Krebs hatten und denen man empfohlen hatte, Bestrahlung und Chemotherapie zu nehmen und die das verweigert haben. Die stattdessen zu Heilern gingen oder bestimmte Kräuter genommen haben und dann gestorben sind. Irgendwann war es zu spät. Das Schreckliche ist, dass sie wie Missionare versuchen, andere von diesem Weg zu überzeugen. Ganz besonders gefährlich ist es natürlich, wenn das Therapeuten tun. Bei manchen Menschen verbessert sich der Zustand auch tatsächlich für kurze Zeit, wir kennen die Wirkung von Placebos, meist kommt es dann aber zu einer dramatischen Verschlechterung. Wenn du Krebs in der Familie hast, dann hast du eine Inklination, Krebs zu bekommen. Meine Mutter beispielsweise ist an Krebs gestorben. Von der Vererbbarkeit wusste man sogar schon zu Napoleons Zeiten.

Wir kommen jetzt dazu, sagen zu müssen, dass Krankheiten auf der Aura-Ebene anfangen können. Man muss immer wieder sehen, dass Wind, gute Luft, Sonne usw. gesund sind. Auch positive Gedanken und Ideen, alles das kann helfen. Natürlich kann man nicht sagen, dass das jetzt die entscheidenden Faktoren sind. Es wird gerade erforscht, aber man soll sich so früh wie möglich um Vorsorge kümmern und den Ärzten trauen. Und sich einer Krankheit hingeben, denn nur so können sich die Energien entwickeln, die wir dann zum Kampf für das Leben benötigen. Und mache dir während einer Krankheit das Leben schön (wenn man überhaupt davon sprechen mag). Aber ich habe es erlebt. Mein Mann war freundlich zu mir, meine Töchter, viele Menschen haben dazu beigetragen, dass ich trotz der Behandlung und der Symptome einige schöne Tage hatte.

Ich weiß aber auch, warum ich Krebs bekommen habe, einmal unabhängig von Vererbungsfaktoren. Es waren zu viele Konflikte um mich herum. Ich meine jetzt weniger die Konflikte mit Patienten, sondern vor allem die in meiner Familie. Diese hatten sich aufgestaut, und erst über die Krankheit ist mir klar geworden, in welchen Feldern ich mich aufgehalten habe, was um mich herum ausgetragen oder nicht ausgetragen wurde. Besonders deutlich ist mir das geworden, dass es eben falsche Situationen gibt und bei mir war es falsch, mit vier Generationen einer Familie unter einem Dach zu leben. Das musste verändert werden.

Wir haben alle zu eng zusammengelebt und es gab Konflikte, die schwer zu bewältigen waren. Es war unglaublich, was sich alles in diesem einen Haus abgespielt hat. Vier Generationen plus mein Mann, der von außen dazu gekommen war, plus Patienten und Klienten, die pausenlos ein- und ausgingen, ständige Telefonate, ein ewiges Kommen und Gehen. Es war äußerst anstrengend und unruhig für mich. Das habe ich verstanden, allerdings erst später.

Ein ganz spezieller Konflikt bestand zwischen mir und meinem zweiten Mann. Er ist ein stolzer, auf Unabhängigkeit bedachter Mann, der große Schwierigkeiten damit hatte, neben mir, Gerda Boyesen, der bekannten und starken Therapeutin, eigentlich nur die zweite Rolle zu spielen. Aber durch meine Krankheit bin ich auch zu einer ganz wichtigen Erkenntnis gelangt, die sicherlich auch meine Arbeit noch etwas erweitern wird. Es gibt Situationen, da reicht es nicht aus, sich selbst innerlich zu verändern, da ist es wichtig, das Leben zu verändern. Hellinger sagt, die Frau soll dem Mann folgen. Und in England, wo wir geheiratet haben, gelobt die Frau, dem Mann gehorsam zu sein. Meine Situation ist aber, dass ich meine

Arbeit habe, diese auch machen will und von daher selbstständig und selbstbestimmt bin. Ich kann es natürlich auch nicht zulassen, dass mich jemand davon abbringen will. Ich konnte meinem Mann häufig nicht folgen, es war nicht möglich. Gleichzeitig spüre ich aber tief in mir dieses Bedürfnis, ihm zu folgen, nur war es eben nicht möglich.

Auf der anderen Seite hat mir mein spiritueller Führer, Karl Gustav Jung, gesagt: „Gerda, du musst deine Arbeit tun, du musst deine Arbeit unter die Menschen bringen." Das ist ein Widerspruch, das ist ein sehr großer Widerspruch. Ich muß stark sein, um nicht weiter zerrissen zu werden. Ich gerate immer wieder in diese Situation des Zerrissenseins zwischen meinem Sohn und meinen Töchtern, zwischen meinem Mann und meinen Töchtern, zwischen meinem Institut und dem Institut meiner Töchter. Ich muss ganz stark sein und ich muss auch den Weg finden zu der lieben, gewährenden Frau. Die Arbeit an der eigenen Einstellung reicht in manchen Situationen jedoch nicht aus, hier müssen auch reale Änderungen erfolgen. Hierfür habe ich gesorgt. Das war ein gewaltiger, ein großer, ein starker Schritt für mich. Mein Mann wollte, dass wir nach Frankreich ziehen, um dort gesunde Luft zu haben, keine Umweltverschmutzung, gesundes Essen. Er hatte sich dort ein Haus gekauft im Zentralmassiv.

Und das ist das Neue: Ich folge ihm nur für ein paar Monate im Jahr, den Rest verbringe ich in meinem Haus in London. Es gehört mir, hier kann ich tun und lassen, was ich will. Ich kann hier meine Tochter Ebba aufnehmen, ich kann mich hier mit Menschen treffen und arbeiten. Hier fühle ich mich frei und wunderbar! Mein Mann ist in London immer herzlich willkommen. Doch wenn er hier ist, will ich über seine Konflikte mit meiner Familie nichts mehr hören, ich will dieses „Kraftfeld" in dieser Weise hier nicht mehr haben.

Hier in London bin ich Gerda Boyesen, er kann es annehmen oder nicht, er kann meine Arbeit bewundern und schätzen oder nicht! Wenn ich in Frankreich bin, im Hause meines Mannes, dann bin ich Gerda Smith. Ich liebe meinen Mann und es ist wunderschön, ein paar Wochen mit ihm zusammen die Natur zu genießen. Wenn Hellinger sagt, „die Frau soll dem Mann folgen", dann sage ich, ich folge meinem Mann nach Frankreich - als Madame Schmidt. „Ich folge dir auch nach Neuseeland, wo deine Söhne sind, ich bin immer Mrs. Smith, ich folge dir nach Los Angeles und nach Honolulu, und immer bin ich Mrs. Smith. Aber in London bin ich Gerda Boyesen!"

Es funktioniert phantastisch, eine wunderbare Weise, mich zu regulieren. Ein anderer Grund für meine Krebserkrankung war vermutlich auch, dass in dieser Zeit, wo wir alle zusammen wohnten, ich mich oft so alt fühlte. Innerlich war ich jung und hatte viele Ideen und fühlte mich ganz lebendig, aber dann kam ich eben mit diesen jüngeren Menschen in meiner Familie zusammen, mit meinen

Kindern, mit meinen Enkelkindern und mit den Kindern der Enkelkinder, und automatisch wurde ich in eine Rolle gedrängt oder habe mich selber in diese Rolle gebracht, jedenfalls fühlte ich mich richtig alt - als „alte Großmutter". Ich habe dann meine Erdung verloren, meine Identität, meine Lebensaufgabe, ich war nur noch Großmutter.

Diese ganzen Konfliktherde haben mich krank gemacht. Meine Töchter werden häufig gefragt: „Warum hat Gerda Krebs bekommen?" Die Menschen gehen davon aus, dass ich, Gerda Boyesen, natürlich nicht so ernsthaft krank werde, aber es passiert, wenn man nicht aufpasst. Die Versuchung ist groß, mit dieser Krankheit so etwas Ähnliches wie eine moralische Erpressung zu versuchen, sich hinter der Krankheit zu verstecken, zu sagen, ich bin so krank, bitte behandle mich nicht so und so, sonst bekomme ich wieder Krebs. Das kann man so machen, aber ich sage: „Nein, das werde ich nicht tun." Ich wähle einen anderen Weg, ich verstecke mich nicht, sondern ich nutze meine Krankheit, jetzt ganz klar zu sagen: „Stopp ich will es nicht so haben, ich lasse es nicht zu!", oder auch „Ja" zu sagen, „bitte" und „ich lasse es zu". Ich sage es nicht unbedingt so hart, aber ich bin bestimmt. Das sagen auch die Heiler: es ist so wichtig, auf dem Weg der Gesundung dahinzukommen, bestimmt zu werden, klar zu werden.

Ich war es vorher nicht. In meiner Rolle als Helfende und in den verschiedenen Widersprüchen, die ich beschrieben habe, war ich nicht in der Lage, mich selber ganz klar zu bestimmen. Das muss ich jetzt tun, und in erster Linie geht es jetzt darum, mir selbst zu helfen!

Zweiter Teil: Hilf dir selbst - wer sonst kann es tun?

Szenen aus dem Alltag:

Mit Kindern Freude haben

Lebendig älter werden

Sex voller Spannung und Leben ohne Sex

Schritte aus der Angst

Partnerschaft ohne Ermüdung

Lebenslust ohne Depressionen

Szenen aus dem Alltag (1):

Mit Kindern Freude haben

Ruth, Mutter und Hausfrau: „Ich könnte meine Kinder manchmal an die Wand klatschen!" Ruth, 34, hat zwei Kinder, Jorge, 3 Jahre alt, und Svenja, 5 Jahre alt. Sie ist mit ihren Kräften am Ende. Besonders die Auseinandersetzungen mit dem Sohn zermürben sie. Er provoziert sie, wo immer es möglich ist, in der Öffentlichkeit und morgens, wenn sie selbst in Eile ist, weil der Rest der Familie auf das Frühstück wartet. Sie fühlt sich hilflos und wird laut, später versucht sie es im Guten und appelliert an seine Einsicht. „Es ändert sich aber nichts, er kennt meine schwachen Stellen genau, und das nutzt er aus!"

Ihr Mann kann die ganze Aufregung nicht verstehen und ist genervt über den allmorgendlichen Unfrieden. Sie fühlt sich von ihm im Stich gelassen, nicht unterstützt und merkt mit großer Bestürzung, dass ihre Liebesgefühle immer schwächer werden. Am Wochenende unternimmt der Vater viel mit Svenja, die beiden sind ein Herz und eine Seele. Ruth ist froh über diese Entlastung, gleichzeitig aber auch unzufrieden, denn jetzt ist sie mit Jorge wieder allein. Der Tag kommt ihr endlos vor, kein Kinderhaus, keine Abwechselung, mittags schon ist sie sehr müde und gereizt. In einer solchen Verfassung nimmt sie „freche" Äußerungen von Jorge sehr persönlich, droht mit allerlei Konsequenzen und spürt gleichzeitig ihre Wirkungslosigkeit. Was kann sie gegen die „Dickköpfigkeit" ihres Sohnes nur unternehmen? Ist sein Verhalten überhaupt noch normal? Man hört viel über die neuen Krankheiten, vielleicht sollte sie ihn beim Kinderpsychologen vorstellen. Auch ihre beste Freundin kann ihr nicht weiterhelfen, sie rät aber zur Teilnahme an unserer Gruppe. Ihr Mann begrüßt dies, seine partnerschaftlichen Interesse erlahmen ebenfalls, er will sich damit aber nicht abfinden.

Keiner hat Schuld, aber alle sind beteiligt!

„Die Tatsache, dass Babys die Menschen aktiv auffordern, sie zu erregen, zeigt, dass sie Aktion zum Zwecke ihrer Entwicklung erwarten und benötigen," schlussfolgert Jean Liedloff in ihrem Buch „ Auf der Suche nach dem verlorenen Glück". „Handhabt die Mutter das Kind jedoch auf eine unbekümmerte und lokkere Weise, wird es sich stark und anpassungsfähig und in einer unendlichen Vielfalt von Umständen beheimatet fühlen." Viele hunderttausend Mal wurde dieses Buch allein in Deutschland verkauft. Es gibt kein besseres Material der Kind–Mutter-Vater-Beziehungsnatur als diese Beschreibung eines ursprünglichen Indianerstammes, mit dem die Autorin über zwei Jahre lang lebte.

Szenenwechsel: Eine norddeutsche Kleinstadt - vor einiger Zeit sprach ich dort auf Einladung einer sehr rührigen Elterninitiative zum Thema: „Die neue Bewegung - Methoden körperorientierter Psychologie bei ADS/ADHS". Es war die dritte Veranstaltung einer ganzen Serie über aufmerksamkeitsgestörte und hyperaktive Kinder.

Der Abend war sehr gut besucht, zu der vorangegangenen Veranstaltung waren jedoch noch deutlich mehr Besucher gekommen, dort lautete das Thema „Diagnostik von ADS/ADHS." Der Saal war brechend voll und es mussten zusätzliche Lautsprecher aufgestellt werden.

Nun ist der Wunsch nach eindeutigen Diagnosen jedem Mediziner vertraut, vor allem bei Patienten mit psychischen Problemen. Eine Diagnose schafft „Klarheit" und ermöglicht scheinbar eindeutige Erklärungen. Außerdem verschafft ein solcher Abend die beliebten Aha-Erlebnisse, die kommen, wenn man das Verhalten seines Kindes in Schemata einordnen kann. Und gerade im Zusammenhang mit auffälligen Kindern liefert sie auch eine gewisse Entlastung elterlicher Schuldgefühle.

Das alles ist verständlich und dennoch, aus meiner Sicht, der falsche Weg, und zwar aus zwei Gründen. Eine Diagnose macht eigentlich nur Sinn, wenn sie Informationen für die Auswahl vorhandener Behandlungsalternativen liefert. Man muss wissen, wozu man etwas herausfinden will. Für das ADS/ADHS-Konstrukt existieren aber keine klaren Therapiekonzepte.

Mich erinnert es an meine erste Zeit als Psychologe in einer Erziehungs- und Lebensberatungsstelle. Dort war in den siebziger Jahren die Diagnostik noch hoch im Kurs. Mit irgendwelchen Testverfahren und Verhaltensbeobachtungen (hinter einer Spiegelscheibe) wurden eine Menge Daten erhoben. Und was passierte mit ihnen? Anhand dieser „Befunde" wurden kleine Gutachten geschrieben, die üblicherweise mit dem „Therapievorschlag" endeten, die Eltern müssten dem Kind mehr Aufmerksamkeit geben.

Dann verschwanden diese Berichte in den Akten und diese in der Besenkammer, wo sie vermutlich noch heute aufbewahrt sind. Die Eltern verschwanden ebenfalls sehr schnell. Denn einmal davon ausgehend, dass Eltern grundsätzlich das Beste für ihre Kinder wollen und dies im Rahmen ihrer Möglichkeiten auch tun, sind solche „Diagnosen" nur Fingerzeige auf die Inkompetenz von Mutter und Vater.

Damit hat auch der zweite Grund zu tun. Die Definition kindlicher Auffälligkeiten als Krankheitssymptome fokussiert den Blick auf das Kind als „Betroffenen", mögliche Zusammenhänge mit dem Klima in der Familie und andere Faktoren bleiben unberücksichtigt. Das bedeutet häufig auch, dass Eltern es als nicht mehr lohnend erachten, sich selbst auf den Prüfstand zu stellen und neue Beziehungsformen zu entwickeln. Das heißt: es ändert sich nichts in den Familien und somit auch wenig an dem Verhalten des Kindes. Dies nagt, bewusst oder unbewusst, ständig am Selbstwertgefühl der Eltern, und da sie viele Jahre die Verantwortung tragen, wird es zu einem Prozess kommen, an dessen Ende zwangsläufig Versagensgefühle und Selbstabwertung oder Verdrängung stehen.

Eltern brauchen ein starkes Ego

Gerade das schwierige Kind schreit nach einem starken Gegenüber, nach beherzter Resonanz und Unbeirrbarkeit. Und so weit Mutter und Vater diese persönlichen Stärken noch nicht ausreichend entwickeln konnten, so erhalten sie jetzt die Aufforderung zum Nachholen.

„Kinder fordern uns heraus" lautet der Titel eines bekannten Erziehungsratgebers. Und in der Tat, Eltern tun gut daran, ihre Kinder als Herausforderung zu akzeptieren, denn mit einem Kind in der Familie kann nichts so bleiben, wie es vorher war.

Menschen unterschätzen diese Aufgabe. Es ist schon schwierig genug, nur mit sich selbst, also mit der eigenen Person, zurecht zu kommen. Und bereits ein kleines Kunststück stellt es dar, mit einem Partner bzw. einer Partnerin so zusammenzuleben, dass sich beide wohl fühlen können. Immerhin gilt es, zwei nicht identische Lebensschwingungen miteinander zu verbinden, und das unter einem Dach. Dann kommen Kinder dazu und jetzt wird es noch komplizierter. Denn nun müssen mehrere, völlig unterschiedliche Lebensmelodien miteinander in Einklang gebracht werden – ein schwieriges Unterfangen. In der traditionellen Familie gab es den Dirigenten, er bestimmte den Ton und das Orchester folgte. Nach den Jahren der Palastrevolutionen versuchen es moderne Familien aber heute ohne Taktstock, und das wird zur wahren Herausforderung!

Soll man den alten Zeiten nachtrauern, als alles noch seine Ordnung hatte und jeder „wusste, wo er hingehörte?" Nein, diese Zeiten sind vorbei und werden nicht wiederkommen. Mütter, Väter und Kinder haben sich weiterentwickelt, alle wollen mitspielen und ihre eigenen Rhythmen ausprobieren. Und das ist gut so, denn auch die äußere Welt ist eine andere geworden, die alten Sicherheiten brechen weg, in einem Fluss ständiger Neuorientierung.

Erinnern Sie die Zeiten, als Grundig noch ein badisches Familienunternehmen war und nicht das Anhängsel wechselnder asiatischer Konzerne, als die Russen böse und die anderen gut waren, als die gelben Telefonzellen noch im Postamt standen und die Väter sicher waren, 50 Jahre im gleichen Büro ihren Dienst verrichten zu können? Heute sucht man Sicherheiten vergeblich, niemand kann irgendeine Entwicklung halbwegs zuverlässig prognostizieren, alles ist offen. Was müssen wir unseren Kindern mitgeben, damit sie in dieser Welt bestehen können? Mir fällt nur eine einzige Antwort ein, sie lautet: Selbstvertrauen. Sie sollen das Gefühl entwickeln: „Was immer geschieht, ich werde es meistern!“ Das sollten wir den Kindern vorleben, so weit es jedem möglich ist.

Also nicht über den Lauf der Dinge jammern, sondern positiv Anteil nehmen und vielleicht sogar mitgestalten. Ich war wohl sechs Jahre alt und unbändig stolz auf meinen Vater, als damals ein Leserbrief von ihm in der Zeitung abgedruckt wurde. Kinder lieben engagierte Eltern!

Es gelingt nicht von allein

Zurück zur Familie. Selbstvertrauen entsteht, wenn Kinder und Eltern sich lieben und ihre Eigenarten schätzen. Wenn die Freude miteinander überwiegt und auch Negatives sein darf. Um beim Thema des Buches zu bleiben: Wir müssen alles tun, um das Familienleben zu einem lebendigen Miteinander zu machen. Zu einem Ort, wo Lebensenergien strömen und die Bäuche immer wieder frei werden können. Ein Ort von Rede und Gegenrede, von Schutz und Freiräumen und einigen anderen Aspekten, die im Kapitel über die Grundbedürfnisse und Sehnsüchte bereits beschrieben wurden. Dies gelingt allerdings nicht von allein, es bedarf kontinuierlicher Arbeit an sich selbst, eines kritischen Dialogs mit den eigenen Überzeugungen. Dazu jetzt einige Anregungen:

Verändern Sie sich mit Ihren Kindern

Mit Kindern entsteht ein neues Leben, das bietet den Eltern die große Chance der Selbstbesinnung. Wo stehe ich, wohin will ich, welche Gewohnheiten haben sich in mein Leben eingeschlichen, wie gehe ich Unangenehmem aus dem Wege, singe und lache ich noch, worüber freue ich mich, was begeistert mich, wo bin ich unsicher, wofür setze ich mich ein und wo muss ich noch lernen? Bin ich auf dem richtigen Weg und welches Vorbild gebe ich? Wenn Eltern diesen Fragen nachgehen und sich innerlich neu einstellen können, dann werden sie wunderbare gemeinsame Zeiten mit ihren Kindern haben können.

Zeigen Sie den Kindern Ihre echten Gefühle!

Schauen Sie sich bitte Kinder einmal ganz genau an. Zweijährige, dreijährige Kinder. Vielleicht können Sie spüren, dass diese Kinder alles wissen, sehen und fühlen. Sie können es nur noch nicht vollständig formulieren. Vorbehaltlos begeben sie sich in unsere Obhut, aber ihre wachen Augen durchdringen die Fassaden der Erwachsenen. Spielen Sie ihnen also kein Theater vor, Sie entwerten nur sich selbst und bewirken gefährliche Irritationen in der kindlichen Gefühlswelt.

Unterstützen Sie das wilde Kind

Kinder sind von Natur aus voller Lebenslust, begeistert über alles Mögliche, blikken zuversichtlich und voller Neugierde nach vorn, in die Zukunft. Sie singen und lachen, springen und schaukeln, beobachten und fragen, widersprechen oder ziehen sich zurück, sie schmusen, fallen oft hin und sie weinen. Die Tage der Kinder dieser Welt sind noch voller Aufregungen. Dramen und Glück, ein sich ständig wiederholendes Auf und Ab! Das verleiht ihnen diese unbeschreibliche körperliche und geistige Lebendigkeit, pulsierend und mit unbändiger Lebenslust. Freuen Sie sich daran, wir versteiften Erwachsenen bekommen etwas zurück von der eigenen, vergessenen Kinderwelt.

Kinder sind nicht zu zähmen

Vergessen Sie die Idee, dieses Geschöpf Gottes „zähmen" zu müssen! Wie wollten Sie es auch anstellen: mit gutem Zureden, mit Tricks, mit sanftem Druck, notfalls mit Gewalt, Programmieren und Konditionieren? Geben Sie Raum zum Ausleben der kindlichen Natur, aber setzen Sie feste Grenzen – das bietet die nötige Orientierung und ist das schönste Elterngeschenk.

Kinder sind das Spiegelbild der Eltern

Eltern wollen ihre Kinder auf richtige Wege bringen, sie vor Bösem bewahren, sie zu ehrlichen Menschen machen - als ob sie es nicht schon von Anfang an wären! Oder auch nicht, denn vieles liegt schon vor. Den elterlichen Genen kann kein Kind entfliehen, und den Rest besorgt das Lernen am Modell, das Vorbild der Eltern also. Wenn Sie also den Plan haben, aus Ihren Kindern ganz andere Menschen zu machen, als Sie selbst es sind, vergessen Sie es!

Hoffentlich sind Sie mit sich selbst zufrieden

Hoffentlich aber sind Sie als Eltern mit sich selbst zufrieden, im Großen und Ganzen jedenfalls. Wenn nicht, dann laufen Sie Gefahr, Ihr Spiegelbild in Ihren Kindern zu bekämpfen, ein logischerweise aussichtsloses Unterfangen.

Während meiner Tätigkeit als Leiter einer Lebens- und Erziehungsberatungsstelle habe ich natürlich überwiegend Eltern getroffen, die es alle „gut meinten", aber dennoch letztlich überhaupt unter der Tatsache litten, dass ihre Kinder so waren wie sie selbst. Sie hatten ursprünglich andere Vorstellungen und es nicht geschafft, diese der Realität anzupassen. Und weil sie sich nicht neu orientierten, konnten sie sich nicht auf das Wesen ihrer Kinder einstellen und verblieben in der Ablehnung.

Weniger ist mehr

Lassen Sie Ihr Kind sich in Ruhe entwickeln. Alles passiert von allein, Sie müssen fast nichts tun! Es ist eine ähnliche Geschichte wie die des Getreidekorns, das auch ohne Kunstdünger zum stolzen Halm wird, biegsam Wind und Wetter trotzend.

Auch Ihr Kind trägt die weitere Entfaltung als inneres Programm in sich. Wenn es nicht gestört wird, so wird es zum passenden Zeitpunkt ganz von alleine anfangen zu krabbeln, zu schmusen, zu brabbeln, mit Freude zu essen, sich auf beide Beine zu stellen, zu singen, erste Schritte zu tun, zu sprechen, „Warum" zu fragen, Geschichten zu erzählen, „Nein" zu sagen, Obst zu essen...

Seit 15 Jahren werde ich mit meinem Thema: „Die Freude an unseren Kindern, die Freude der Kinder an uns" zu Vorträgen und Seminaren eingeladen, noch länger arbeite ich therapeutisch mit Familien. Mittlerweile kenne ich viele Eltern und ihre Kinder. Das bisherige Ergebnis dieser Erfahrungen lässt sich in einem Satz zusammenfassen: Probleme entstehen in der Regel durch ein Zuviel an Eingriffen und Bemühungen seitens der Eltern und nur selten durch Unterlassungen.

Um dieses Dilemma zu überwinden, müssen Eltern den Weg zu sich selbst finden, Kinder loslassen und ein eigenes Leben pflegen und verteidigen. Man hat herausgefunden, dass Mutterfrust mit gemeinsam verbrachter Zeit korreliert, offensichtlich gibt es ein Zuviel an Bemutterung. Weniger kann auch hier mehr sein.

Aussichtslose Machtkämpfe

Machtkämpfe entbrennen, wenn Eltern nicht mehr weiter wissen, sie sind Ausdruck von Hilflosigkeit. Nicht ein einziges Mal habe ich erlebt, dass Eltern Machtkämpfe gegen Kinder wirklich gewinnen konnten. Jedes Wesen reagiert auf Druck (auch auf sanften) mit Gegendruck, das ist ein nicht aus der Welt zu schaffendes Naturgesetz. Und wenn man genau beobachtet, erkennt man solche Reflexe bereits beim sich in völliger Abhängigkeit befindlichen Säugling. Der elterliche Versuch also, Kinder nach eigenen Vorstellungen zu formen und sie damit zu denaturieren, mündet unvermeidlich in den bekannten, Seele fressenden Machtkämpfen, sie beginnen in der Früh und enden niemals.

Eine Botschaft an diese Eltern könnte lauten: Eure Kinder sind nicht mit dem Ziel zu euch gekommen, euch als Eltern zu ärgern. Allerdings werden sie alles unternehmen, um ihr eigenes „Ich" zu finden. Und das ist auch ihre Aufgabe! Natürlich kann man Kinder zerbrechen, sie mit Liebesentzug schwächen oder mit Schuldgefühlen an sich binden. Irgendwann aber kommt die Rache, und diese wird fürchterlich sein. Kindern, denen die Liebe ihrer Eltern entzogen wurde, zerrinnt auch die Liebe zu sich selbst, danach haben sie nichts mehr zu verlieren. Das macht sie auch in den schrecklichsten Formen von Machtkämpfen unbezwingbar, manche Eltern vergessen dies.

Machen Sie Ihre Worte wirkungsvoll

Im Zug. Gegenüber sitzt eine Frau, offensichtlich ist sie die Mutter des ungefähr vier Jahre alten Kindes neben ihr. Sie redet ohne Unterlass auf den Jungen ein. Irgendwann fange ich an zu zählen: Es sind durchschnittlich zwei Ermahnungen und Verbote pro Minute, während der Fahrt zwischen Rostock und Lübeck insgesamt rund hundert Aufforderungen. Sichtbares Ergebnis: Keines. Es gab keine ersichtliche Reaktion des Jungen auf irgendeine Äußerung der Mutter. Unsichtbares Ergebnis: mit Sicherheit eine fortlaufende, sich summierende Selbst-Entwertung und Verzweiflung der Mutter. Hüten Sie sich vor dem inflationären Gebrauch von Du-Botschaften. Es gibt Situationen, da muss ein Wort auch ein Wort sein, und das muss sitzen. Ohne „Wenn“ und „Aber“. Höchstens eine Wiederholung, danach wird es belanglos. Sie müssen dann mit Ihrer ganzen Person hinter Ihren Worten stehen und absolut entschlossen sein, Ihre Vorstellungen durchzusetzen. Kraftvoll, freundlich, zugewandt und eindeutig. Es gibt jetzt keinen Kompromiss! Wenn es Ihnen schwer fällt, dann müssen Sie üben. Suchen Sie sich ein Vorbild und lernen Sie am Modell! Hier einige wesentliche Gebote zur Aufrechterhaltung der elterlichen Autorität:

- Wiederhole dich nicht
- Nörgle nicht
- Bitte und flehe nicht
- Schimpfe nicht
- Lass dich nicht in endlose Auseinandersetzungen verwickeln
- Vermeide Entschuldigungen
- Gib keine übermäßigen Erklärungen
- Bleibe standhaft
- Keine Bestechungsversuche
- Sei nicht überfürsorglich
- Achte auf verborgene Erwartungen
- Gib Anweisungen in einem neutralen Ton
- Folge nicht ihnen, sondern lass sie dir folgen
- Sprich mit sachlicher Stimme
- Sprich nicht zuviel
- Behandle sie mit dem Respekt, mit dem du einen Erwachsenen behandeln würdest!

nach Jean Liedloff

Der einfache Weg des Glücks

Es gibt zwei Wege, mit Kindern zu leben - den anstrengenden, enttäuschenden und den weniger anstrengenden, freudvollen Weg. Ich nenne den einen den Frust-Weg, den anderen den Glücks-Weg. Natürlich gibt es im Frust auch schöne Stunden und im Glück auch absolut scheußliche Momente, aber die tragenden Melodien unterscheiden sich schon durchgängig. Der mühevollere Weg ist gepflastert mit unendlich vielen Anstrengungen und Sorgen. „Hoffentlich schafft es mein Kind. Ich muss aufpassen!"

Der Weg des Glücks ist viel einfacher. Vertiefen Sie sich bitte noch einmal in das obige Bild oder betrachten Sie Ihre oder andere Kinder. Jedes hat eine ganz individuelle Ausstrahlung, eine Aura, in ihr spiegelt sich das Temperament und die ganze Vielfalt der inneren Impulse.

Machen Sie es sich leicht und stören Sie diese schöne Energie so selten wie möglich, bieten Sie ihr stattdessen einen geschützten Rahmen und trauen Sie der gestaltenden Kraft der Natur. Denken Sie immer an das Getreidekorn und vermitteln Sie Ihrem Kind: „Sei stolz auf dich selbst, aber habe Demut vor Gott und seiner Natur!"

Ich erzähle gern die Geschichte von John, dem zehnjährigen Sohn einer Familie aus Bangladesh. Seine Eltern arbeiten als Küchenhelfer in einem Urlaubshotel in Malaysia, dort habe ich sie auch kennen gelernt. Und zwar über John, der mich eines Tages ansprach und anbot, mir die Insel zu zeigen. Es waren zwei spannende Tage, voller Begeisterung führte er mich zu Plätzen und Menschen, und es schien mir, als hätte er instinktiv meine Interessen erfasst. Dabei plauderte er entspannt mit einer Mischung aus Englisch und seiner Muttersprache und zeigte sich jeder Situation gewachsen. Natürlich verdiente er auf diese Weise Geld, wie ich später erfuhr, sogar wesentlich mehr als seine Eltern zusammen. Über die sprach er ständig, voller Enthusiasmus und Stolz. Das Leuchten in seinen Augen dabei werde ich nie vergessen.

Die Eltern erzählten mir dann von ihrem Land, den Naturkatastrophen, der bitteren Armut, ihrem Überlebenskampf, ihren fünf Kindern. Diese waren immer irgendwie dabei, liefen aber mehr am Rande mit. Sobald sie fünf Jahre alt wurden, nahmen die Eltern sie mit zur Arbeit, Fußbälle nähen und Ähnliches. Offensichtlich keine Kindheit wie aus dem mitteleuropäischen Bilderbuch - aber mit erstaunlichen Ergebnissen! Wenn wir wollten, dann könnten wir von anderen Kulturen lernen, wie wunderbare, lebenstüchtige, temperamentvolle, emotionale Menschen unter der Obhut von Eltern gedeihen, die mit größter Selbstverständlichkeit der Pädagogik ihres Bauches und ihren Instinkten folgen. Auch hier scheint das Geheimnis in einer Mischung aus innigem Kontakt und Freiheit zu liegen.

Wann werden Ihre Kinder Ihnen einmal dankbar sein können?

Grundsätzlich unterscheiden sich die kindlichen Bedürfnisse nicht von denen der Erwachsenen, lesen Sie deshalb auch die Artikel über die Grund- und über die Flowbedürfnisse im 1. Teil dieses Buches.

Zuerst jedoch brauchen Kinder das Gefühl, willkommen zu sein in unserer Welt! Dann unseren Schutz, die Sicherheit zuverlässiger Beziehungen. Ich bin hier, und ich werde hier bleiben, was auch immer geschieht! Und du wirst von mir alles bekommen was du brauchst, und zwar reichlich!

Diese Botschaft gilt es zu vermitteln, dann kann sich die junge, wilde, unstrukturierte Lebensenergie voll entfalten.

In der nächsten Phase müssen diese Strömungen der kindlichen Lebensfreude Formen finden, das Kind muss also die Erfahrung machen, dass es Grenzen gibt in seiner Welt. In gelassener Selbstverständlichkeit vertreten von entschlossenen Eltern. Der Elan des freien Kindes setzt sich natürlich gegen Grenzen zur Wehr, sonst wären es ja keine Grenzen. Ermahnungen, Appelle, Lob und Tadel, alle Versuche der Formgebung verpuffen, wenn sie sich nicht auf klaren Strukturen der Eltern gründen. Soll sich Ihr Kind doch über Sie ärgern, aufregen, wütend werden! Sie bewahren innere Ruhe im Wissen, dass auch diese Situationen tiefe Momente der Liebe sind. Dem Kind und sich selbst gegenüber. Wie an anderer Stelle erwähnt, hat jeder Mensch im Grunde die Pflicht, sich um sein eigenes Wohlbefinden zu kümmern, das gilt besonders für das Leben mit Kindern: Doppelbelastungen, Krankheiten, Stress von außen, es wird immer mal wieder sehr anstrengend in dieser Zeit. Umso wichtiger, dass Sie Grenzen ziehen und sich Räume zur Regeneration schaffen.

Anregungen: Sprechen Sie viel mit Kindern, hören Sie zu und erzählen Sie. Kinder lieben es, wenn Vater und Mutter ihre eigenen Welten haben, das macht sie interessant. Sie werden ganz genau beobachtet, ob Sie selbst neugierig sind, lesen, diskutieren, Anteil nehmen am Weltgeschehen, oder eben nicht. Mich verwundern immer noch die Eltern, die selbst kein Buch in die Hand nehmen, sich aber über die Fernsehsucht ihrer Kinder erregen. Da hat sich Einiges immer noch nicht rumgesprochen.

Begleiten Sie die Neugierde bis zur Beseitigung der letzten Unklarheit, Kinder lernen am Einzelobjekt, weniger durch Überblick. Rasen Sie also nicht durch den Tierpark, sondern bleiben Sie ruhig mal eine Stunde beim Elefanten stehen. Und machen Sie ihn dann zum Hauptdarsteller einer Geschichte, die Sie zu Hause monatelang weitererzählen können.

Meinem Stiefsohn Benni habe ich damals jahrelang die Geschichte der kleinen Hausmaus Bunny Grau erzählt, jetzt erzählt er sie seinen Kindern. Nun lebt die Maus nicht mehr in unserem Dorf, sondern in Berlin, aber immer noch sind es die gleichen Bilder vom Leben und Überleben, von Gemeinschaft und Einsamkeit, von lustigen Streichen und großen Problemen. Das Tollste für die beiden Jungs aber ist, dass ihr Papa ganz früher diese Maus auch schon kannte. Kinder lieben diese Verbindungen zu den Wurzeln ihrer Familien über alles!

Es ist unmöglich, Fehler zu vermeiden

Gerda Boyesen meint dazu: „Das Leben mit Kindern ist eines meiner Lieblingsthemen. Erstens lässt sich an Kindern noch sehr klar erkennen, wie das menschliche Leben vom Auf und Ab, von der Pulsation der Lebensenergie bestimmt wird. Zweitens sind Eltern sehr dankbare Zuhörer.

Ich treffe viele, die mit ihren Nerven am Ende zu sein scheinen und nicht mehr weiter wissen. Ich frage dann: „Was sind eure Probleme mit eurem Kind?" Die Geschichten, die sie erzählen, haben meistens mit drei Themen zu tun: Es ist die Sorge, in der Erziehung Fehler zu machen. Dann sind es Ängste vor möglichen Entwicklungsverzögerungen. Drittens haben viele Eltern damit zu kämpfen, dass ihre Kinder die Welt anders sehen als sie selbst. Dies ist eine scheinbar unerschöpfliche Quelle für Machtkämpfe, Hilflosigkeit und Schuldgefühle. Ich sage den Eltern zuerst: Seid froh, dass ihr diese Konflikte habt. Wo es laut zugeht, da ist Leben, und wo Leben ist, da können sich alle Dinge noch zum Besten entwickeln.

Dann zitiere ich sinngemäß Virgina Satir, die Pionierin der Familientherapie. Sie hat allen unsicheren Eltern eine einfache, aber beruhigende Wahrheit mit auf den Weg gegeben: „Es ist schlicht unmöglich, im Zusammensein mit Kindern Fehler zu vermeiden! Deswegen machen alle Eltern dieser Welt vieles falsch, besonders beim ersten Kind. Dann nehmen sie sich fest vor, beim zweiten Kind diese Fehler nicht zu wiederholen. Und scheitern wieder, vielleicht vermeiden sie tatsächlich die alten, dafür machen sie aber neue Fehler!" Und ich sage den Eltern, dass man mechanische Arbeit fehlerfrei bewältigen kann, niemals aber die Aufgabe, lebendige Kinder großzuziehen.

Das Problem sind nicht Fehlentscheidungen oder unkluges Elternverhalten, sondern vielmehr die ständige Sorge davor, etwas nicht richtig zu machen. Diese Eltern befinden sich in Ambivalenzen, im Zweifel. Und das ist ihnen anzusehen, ihr Gesichtsausdruck ist ein besorgter, der ängstliche Blick verfolgt durchgängig jede Regung des Kleinen. Die Atmung ist angespannt flach, die Schultern leicht angehoben und der Rücken nach vorn gebeugt, die Stimme hektisch kontrollierend oder vorsichtig abwartend.

Um Eltern die Möglichkeit zu geben, sich einmal in die kindliche Erlebniswelt hineinzuversetzen, imitiere ich manchmal in meinen Therapiestunden die besorgte Mutter. Kein Mensch kann das lange aushalten, es ist ein furchtbarer Druck, der entsteht. Und dann zitiere ich den ehemaligen deutschen Bundeskanzler Helmut Schmidt: „Wenn du etwas machst, dann solltest du es mit ganzem Einsatz tun, auch wenn es sich nachher als falsch herausstellen sollte!“

Ich möchte hier nicht missverstanden werden, ich will hier nicht den selbstgerechten Erziehungsstil propagieren, dieses „So wie ich es sage, wird es gemacht!“ Das ist die Kehrseite der Medaille und auch furchtbar für jedes Kind. Die chronisch besorgten Eltern sollen aber einmal spüren können, welche Last sie unbewusst und in bester Absicht ihren Kindern aufbürden.

Was brauchen Kinder?

Liebe, Ruhe, Zeit, Antworten auf Fragen, ein Ausleben der unbequemen Entwicklungsphasen und den ungestörten Raum für das unabhängige Wohlbefinden.

Kinder sollen nicht gestört werden, wenn sie spielen. Sie sind dann ganz in ihre eigene Welt vertieft. Und sie genießen es, zu phantasieren, sich aus der Realität herauszubewegen, zu träumen, dann kommen sie in Verbindung mit der blauen, harmonischen, kosmischen Energie. Das brauchen sie, physisch und auch psychologisch. Es ist wie eine Meditation, das Kind kann sich entfalten. Kinder werden mit diesem unabhängigen Wohlbefinden, dieser sogenannten „Ozeanischen Welle“ in unsere Welt hineingeboren und werden dann oft in ihrer eigenen Glückseligkeit von Erwachsenen gestört.

Entweder hat die Mutter zuviel Angst um ihr Baby, oder die Mutter bindet das Kind zu sehr an sich. Das Ergebnis kann sein, dass das Baby diese „Ozeanische Welle“ nur noch spüren kann, wenn es auch die Mutter spürt.

Diese Abhängigkeit schwächt das Kind natürlich, weil eine Mutter jetzt alle Möglichkeiten hat, das Kind entweder zu lieben, zu bestrafen oder auch zu belohnen. Die Mutter hat damit alle Macht über das Wohlbefinden des Kindes und das Kind hat natürlich große Angst davor, die Mutter verlieren zu können. Die Glückseligkeit des Kindes wird sehr oft dadurch gestört, dass die Eltern zu sehr in das Leben des Kindes eindringen. Eltern können meistens nicht akzeptieren, dass das Kind auch seine eigene Welt hat und nicht fortwährend dort herausgeholt werden möchte. Ich habe von einem Indianerstamm gehört, in dem es den Kindern erlaubt wird, in eine andere Familie im Dorf gehen zu dürfen, wenn es dem Kind zu Hause nicht mehr gefällt. In diesem Stamm haben die Eltern also keine Möglichkeit, ihre Kinder mit Strafen zu erpressen.

Kinder finden dieses unabhängige Wohlbefinden noch allein, Erwachsene müssen später danach suchen.

Mütter und Väter können allerdings unter Druck kommen, sie denken oft, dass man das Kind „unterhalten soll". Nein, dann werden Kinder herausgerissen und das kann für sie wie ein kleiner Schock sein. Wenn dies häufig passiert, dann baut sich ein unbewusster Schutz auf und die Kinder lassen sich nicht mehr so tief in ihr Spiel hineinfallen.

Ich habe schon früher sehr gerne gelesen. Und da gab es eine Zeit, in der ich leicht krank wurde, deswegen hat der Arzt empfohlen, mich so häufig wie möglich an der frischen Luft spielen zu lassen. Immer wenn ich dann angefangen hatte zu lesen, störte mich jemand und wollte mich rausschicken. Das hat mich verfolgt, bis ich erwachsen war. Ich konnte mich lange Zeit überhaupt nicht richtig konzentrieren. Das einzige, was das Kind braucht, ist, dass Mutter oder Vater da sind. Sie können auch in anderen Räumen sein, und das Kind kann sie hören - das reicht. Das ist dieser wunderbare Zustand, miteinander in Kontakt zu sein und dennoch seine Freiheit zu haben. Sie brauchen das Vertrauen und die Sicherheit, dass es möglich ist.

Für deutsche Eltern scheint mir dieses Thema besonders wichtig zu sein: zu verstehen, dass Kinder unbedingt störungsfreie Räume brauchen. Und wenn ein Kind malt oder knetet oder bastelt, dann können auch kurze, lieb gemeinte Bemerkungen eine Störung sein. Bleiben Sie bei sich, machen Sie selbst etwas und loben die „Kunstwerke" Ihrer Sprösslinge erst später.

Meine Tochter Mona Lisa beschäftigt sich mit diesem Thema schon sehr lange, und zwar mit der speziellen Situation von Babys, wenn sie von der Mutter gestillt werden. Sie nennt es Alpha Nursing. Zwei Bedürfnisse werden dabei befriedigt, das physiologische (Hunger) und das psychologische (Berührung).

Wenn das Kind satt ist, dann fällt es in einen zeitlosen Halbschlaf, es schwebt und kommt wieder zurück, wird sich wieder bewegen, schmatzen, vielleicht noch ein bisschen saugen. Alles ist so sicher. Es ist wie ein schöner, fließender Nachorgasmus, es ist die spirituelle Welt, der Austausch süßer Gefühle. Tiefe Verbindungen entstehen zwischen den beiden Seelen, ein nahezu unzertrennbares Band. Diese Momente sollten Mütter genießen können, den nötigen Raum und die erforderliche Zeit sollten sie sich von niemandem nehmen lassen. Das gleiche Prinzip gilt aber auch für die Ernährung mit der Flasche, wichtig ist die Achtsamkeit der Mutter, diesen heiligen Raum des Kindes nach dem Genuss nicht zu stören und vorschnell zu beenden. So wird ermöglicht, dass die harmonisierende blaue Energie alle Zellen durchfluten kann und das Kind nicht nur physisch gesättigt, sondern auch psychologisch zufrieden gestellt wird.

Im Trotz wollen Kinder ihre Unabhängigkeit vorschmecken: „Ich bin ich!!!" Sie üben dies bis zur Absurdität. Eine meiner Nichten bestand an einem besonders heißen Sommertag darauf, ihren Pelzmantel zu tragen. Sie setzte alles ein, was ihr damals schon zur Verfügung stand, meine Schwester gab schließlich nach. Ich habe verstanden: Auch wenn es idiotisch ist, dieses dreijährige Mädchen brauchte in diesem Augenblick die Erfahrung des Erfolgs, komme was wolle. Achten Sie in solchen Situationen einmal auf den Ausdruck: das Kind trägt Freiheit im Gesicht, es erlernt gerade den freien Willen!

Nehmen Sie dies nicht persönlich, sondern feiern Sie es! Immerhin haben Sie es geschafft, dass Ihr Kind stark sein will und Sie sind natürlicherweise das erste „Opfer". Freuen Sie sich darüber! Und wenn Ihnen dies noch nicht möglich ist, dann arbeiten Sie an Ihrer Persönlichkeit, suchen Sie Entspannung, Freude, Sinnlichkeit, Abenteuer oder irgendetwas anderes, was Ihnen fehlt!

Erwachsene bewerten und fordern vernünftiges Handeln. Lernen ist aber häufig in bewegten, chaotischen, emotionalen Situationen am stärksten. Dies hat mit der Tatsache zu tun, dass ein Gehirn umso leistungsfähiger ist, je stärker es unter Strom steht (allerdings gibt es auch eine kritische Obergrenze). Das macht auch den Wert von spannungsgeladenen Situationen, Dramen und Niederlagen aus, wir lernen dann am stärksten.

„In drei Richtungen müssen wir uns ausbilden: Nähe zu suchen, Distanz zu schaffen und uns zu konfrontieren (towards, away, against)", so etwa die berühmte Psychoanalytikerin Karen Horney. „Sonst besteht die Gefahr der Fixierung auf eine Richtung. Die harmoniesuchende Ja-Person erlebt schon unterschiedliche Auffassungen als Feindlichkeit, für die Nein-Person ist jede Nähe und Nachgiebigkeit bedrohlich, der Kämpfer hat Angst vor Bedeutungslosigkeit.

Die Ausbildung aller drei Verhaltensbereitschaften muss in der Familie unterstützt werden. Das kostet am Anfang Kraft, zahlt sich aber für alle aus. Ich wurde geschlagen, wenn ich Nein sagte, und konnte nicht die Energie entwikkeln, die ich brauchte, um mich zu behaupten. Das hatte später durchaus verhängnisvolle Folgen, da habe ich manchen Situationen gegen meine innere Stimme nicht widersprochen und viel Geld verloren.

Wegen meiner eigenen Unsicherheit hatten wir mit unseren Kindern auch Probleme, sie ins Bett zu kriegen. Bei uns war es immer chaotisch, es gab keinen geordneten Ablauf wie in anderen Familien. Dort wurden die Kinder zuerst gewaschen, mussten sich dann das Nachthemd anziehen, sich ins Bett legen, und schließlich wurde ihnen eine Geschichte vorgelesen. Wenn man ein derartiges Ritual jeden Abend wiederholt, haben die Kinder eine Regelmäßigkeit, eine Ordnung. Das ist einfach Disziplin, aber keine strenge Disziplin.

Ich denke, dass diese falsch verstandene Freizügigkeit, diese Unordnung in der Erziehung dazu führt, dass die Kinder und die Jugendlichen heute keinen Respekt vor den Erwachsenen haben.

Und dann die Erwartungen: Meistens wird von Kindern viel zu früh gefordert, dass sie sich für ein bestimmtes Interessengebiet entscheiden sollen. Es macht doch gerade die Kindheit und die Jugend aus, dass die Interessen oft wechseln, weil immer wieder etwas Neues hinzukommt. Wie soll man so früh wissen, in welche Richtung man gehen will. Natürlich gibt es Ausnahmen, wie zum Beispiel den Schwager meines Mannes, der schon mit fünf Jahren wusste, dass er zur See fahren wollte, und später tatsächlich Admiral wurde.

Noch ein Wort zu den Beziehungen der Eltern miteinander: Kinder sind glücklich, wenn ihre Eltern miteinander glücklich sind und werden besorgt, wenn das Gegenteil eintritt. Spannungen bezieht das Kind auf sich, fühlt sich als Verursacher - vor allem, wenn es sich um versteckte Störungen handelt. Klärende, auch lautstarke Auseinandersetzungen werden dagegen wie reinigende Gewitter erlebt, die Kinder können wieder durchatmen, gestockte Energien beginnen abzufließen. Eltern sollten auch bedenken, dass Kinder Spannungen früher erleben als die Beteiligten selbst, es hat also überhaupt keinen Zweck, vor ihnen ein Schauspiel aufzuführen.

Die Eltern sollten sich gegenseitig glücklich machen (können), gerade auch in dieser Zeit. In den ersten kuscheligen Lebensjahren des Kindes nämlich ist es verführerisch, sich Glück durch das Kind geben zu lassen – es ist so einfach, es kommt von allein und ist fast immer zu haben. Aber es ist eine große Belastung für das Baby.

Das Kind liebt die Harmonie zwischen allen, spürt ganz genau, wenn jemand (meist der Vater) ausgelassen wird. Es liebt den Singsang der Stimmen, und es hasst angespanntes Schweigen. Es liebt die wechselnden Blickkontakte zwischen allen und hasst die Augenblicke, in denen es keinen Kontakt mehr zwischen den Eltern gibt und es zum alleinigen Ziel sämtlicher Blicke wird. Es wird dann kompensatorisch ganz aktiv, lenkt die Aufmerksamkeit auf sich, ein rührender Versuch, wieder Leben in das System zu bringen. Das aber ist nicht Aufgabe des Kindes, es wird überfordert!"

Biodynamische Übungen für die ganze Familie

Die Familie braucht gemeinsame positive Erlebnisse, die alle wieder miteinander verbinden können. Unsere Rituale für die ganze Familie zeigen Ihnen, wie Sie die Folgen von Machtkämpfen mit Kindern - Erschöpfung und Ratlosigkeit - auffangen können. Diese und ähnliche Übungen können unglaubliche Auswirkungen auf die Atmosphäre bei Ihnen zu Hause haben. Sie verschaffen positive Gemeinschaftserlebnisse, und sie heilen viele Wunden und Irritationen.

Wahrscheinlich sind Sie sich auf diese Weise noch nie begegnet! Fangen wir gleich an:

Unten: Hier kann es ruhig etwas heftiger zugehen. Gerade in den Beinen speichern sich emotionale Impulse, die Spannungszustände verursachen und in diesem Ritual (in Maßen) rausgelassen werden können. Verabreden Sie als Regel ein STOP-Signal, so hat jeder die Möglichkeit, sich vor zu wilden und eventuell schmerzhaften Begegnungen der Füße zu schützen. Beenden Sie die Übungen mit sanften, angenehmen Berührungen.

Abbildung rechts: Hier sind es nur zwei Personen, aber natürlich können sich alle Familienmitglieder „Rücken an Rücken“ zusammensetzen. Jeder bewegt sich dabei wie ihm zu Mute ist! So kann man zum Beispiel mit den anderen drängeln oder sich aneinander reiben und auf diese Weise Spannungen lösen. Später wird es ruhiger und harmonischer und ein Gefühl von Zusammengehörigkeit kann sich ausbreiten.

Unten: Es ist wunderbar entspannend, die Köpfe aneinander zu reiben, vor allem wenn sie gedanklich „überladen“ sind, aber auch bei Müdigkeit und Schmerzen. Auch hier soll sich jeder frei fühlen, seinen Bewegungsgelüsten zu folgen, allerdings ist etwas Vorsicht geboten, Köpfe sind empfindlich. Bleiben Sie mindestens zehn Minuten zusammen, es lohnt sich, denn es ergeben sich angenehme Empfindungen, die vom Kopf in den ganzen Körper hinunter strömen..

Szenen aus dem Alltag (2):

Lebendig älter werden

Alter verklärt oder versteinert
Marie Freifrau von Ebner-Eschenbach

Alter schützt vor Liebe nicht, aber Liebe vor dem Altern
Coco Chanel

Alter ist Freiheit, Vernunft, Klarheit, Liebe
Leo N. Tolstoi, Tagebücher

Gisela: „Wenn ich morgens in den Spiegel schaue, hab ich für den ganzen Tag genug."

Mit diesen Worten stellt sich Gisela in der Gruppe vor. Sie fühlt sich bedroht und verfolgt von den Anzeichen des Älterwerdens. „Ich war mal eine schöne Frau, aber das ist lange her. Zwischen 40 und 50 ist so viel passiert mit meinem Körper, ich komme nicht darüber weg. Ich mag mich keinem mehr zumuten." Jetzt ist sie 65 Jahre alt und verzweifelt, sie kann sich nicht vorstellen, dass es für sie noch einmal schöne Zeiten geben wird, jeder Tag ist im Grunde ein weiterer Schritt in die Hoffnungslosigkeit.

Eigentlich könnte sie unbesorgt ihrer Zukunft entgegensehen, sie ist materiell abgesichert, hat einen guten Kontakt zu ihren Kindern, diese besuchen sie regelmäßig, es gibt einen Freundeskreis. Sie schätzt dies alles, aber es begeistert sie nicht wirklich. Was sie vermisst, ist Aufregung und Kribbeln im Bauch, also das, was sie früher erlebt hat, wenn sie Männer kennenlernte. Auch Gisela kommt über Umwege in die Gruppe, es war ein Geschenk ihrer Tochter. Immerhin aber hat sie ihre Hemmungen und Vorbehalte überwunden („Ich habe die Leute immer für verrückt gehalten, die so etwas nötig haben") und ist sie gekommen. Konkrete Vorstellungen aber hat sie nicht.

„Was Gisela tatsächlich vermisst, ist das Strömen der Lebensenergie in ihrem Körper. Die hat sie in der Vergangenheit mit Männern gefunden. Leider hat sie es versäumt, daneben andere Quellen der Lebensfreude zu öffnen. Das kann sie jetzt nachholen, wenn sie will! Jeder weiß, dass Sexualität nie richtig stirbt. Heute haben viele Menschen im hohen Alter, also über 80 Jahre alt, Sex miteinander. Natürlich sieht man dabei nicht mehr so aus wie mit 30 oder 40, aber die Lust ist die gleiche!

Und jetzt zu Gisela gesprochen: auch ein 70-jähriger Mann ist kein schöner Jüngling mehr. Aber du kannst wählen, es gibt auch Aufregung und Schmetterlinge im Bauch ohne Männer und ohne Sex.

Letztlich geht es immer um Strömung: Anatomisch, psychologisch, energetisch, mental. Energiezirkulation macht gesund, zufrieden, glücklich. Ich kenne aus meiner Arbeit viele Nonnen. Die meisten sind phantastische Persönlichkeiten, zufrieden und mit leuchtenden Augen. Und sie haben keinen Sex. Eine Freundin von mir hat mit 70 Jahren angefangen zu schwimmen, sie geht jeden Tag ins Wasser, auch bei größter Kälte. „Gerda", sagt sie „es ist schöner als Sex. Ich spüre dieses wunderbare Kribbeln im Körper den ganzen Tag!" Es geht eben immer um Strömung!

Ich glaube, ich bin kompetent genug, über das lebendige Älterwerden zu sprechen, denn immerhin bin ich jetzt 80 Jahre alt.

Gegenüber jüngeren Menschen sage ich gern: „Ich bin nicht älter, ich bin nur ein bisschen vor euch geboren worden!" Und als ich Krebs hatte und Chemotherapie bekam, wusste ich immer, dass ich diese Krise überleben werde, ich hatte ja auch noch so viele Pläne!

In unserer westlichen Zivilisation gibt es eine zu große Verherrlichung der Jugend. Davon lassen sich viele Menschen beeinflussen, vergleichen sich und fühlen sich minderwertig. Allerdings ändern sich gerade die Zeiten, man hat die „Thirdagers" als konsumfreudige und ständig wachsende Bevölkerungsgruppe ausgemacht und entsprechend wandelt sich das Schönheitsideal. Heute werben 70-jährige für Tourismusunternehmen, das war vor wenigen Jahren undenkbar. In Amerika haben sich ganz neue Dienstleistungen etabliert, speziell für Senioren. Hier werden die Menschen schon seit längerem etwas fröhlicher alt als bei uns. Ihnen werden Möglichkeiten geboten, etwas Neues zu lernen. Sie besuchen viel häufiger Seminare oder Kurse. Aber diese Bewegung wächst auch in Deutschland. Man darf einfach seine Neugier nicht verlieren! Auch im Alter gibt es noch so viel Neues zu erfahren, man muss sich nur immer selbst die Frage stellen:

Was will ich? Wofür kann ich mich begeistern?

Älter werden kann etwas so Wunderbares sein, es gibt überhaupt keinen Grund, schlapp und uninteressant zu werden, es ist beileibe kein Naturgesetz. „Man ist so alt, wie man sich fühlt" - Alt werden beginnt also im Kopf und setzt sich im Körper fort. Wer irgendwann zu der Überzeugung gelangt, dass es nichts mehr zu erwarten gibt, der gibt seinem physischen, psychischen und organischen Abbau freien Lauf! In dieser Phase verschließen sich die Menschen, resignie-

ren, verlieren jene Spannung, die uns theoretisch bis zum letzten Atemzug zu Verfügung steht.

Wenn ich mit meiner Familie, meinen Kindern, Enkeln und Urenkeln zusammen bin, passiert es aber auch, dass ich beispielsweise sage: „Dies ist Großmutters Stuhl". Hinterher frage ich mich, warum ich so etwas sagen muss, denn erst durch diese Formulierung übernehme ich die Rolle der Großmutter, gebe dem Alter ein ganz großes Gewicht und fühle mich natürlich dementsprechend. Ich könnte ja einfach sagen: „Dies ist mein Stuhl!"

Die meisten meiner älteren Klienten erzählen mir, dass sie sich immer lebloser und gelangweilt fühlen. Sie wünschen sich wieder mehr Lebendigkeit und wollen meine Hilfe. Frauen beklagen sich bei mir auch über ihre immer fader werdenden Männer. Sie empfinden ihre Männer als versteinert und statisch und wünschen sich, dass auch sie sich meiner Körpertherapie anvertrauen. Wenn sie sich dazu bereit erklären, behandle ich den Muskelpanzer, um die Energien wieder ins Fließen zu bringen. Nach einiger Zeit fühlen diese Menschen glücklicherweise wieder die Strömungen ihrer Lebensenergie und sind wieder fähig, zu fühlen.

Andere greifen zur Selbsthilfe. Gerade etwas langweilige ältere Männer suchen sich besonders lebendige und aktive Frauen, in der unbewussten Hoffnung, künftig von deren Lebendigkeit zu profitieren. Nach meiner Auffassung kann dies keine tragfähige Lösung sein, es sei denn, der Mann lässt sich von seiner neuen Partnerin inspirieren und dauerhaft anstecken - nur dann kann es klappen. Die meisten schaffen es aber nicht.

Für meine Gesundheit ist es enorm wichtig, meinen eigenen Tagesrhythmus gefunden zu haben. Ich ruhe mich während der Anforderungen des Alltags häufiger aus, ziehe mich für einige Minuten zurück und regeneriere, außerdem gönne ich mir täglich eine Siesta. Hierauf bestehe ich, auch und vor allem mir selbst gegenüber. So war ich auch mit 79 Jahren noch in der Lage, an 300 Tagen im Jahr durch Europa zu reisen und überall meine Seminare abzuhalten. Wenn ich meinen Tagesrhythmus einmal nicht beachte, spüre ich sofort Stress, fühle mich alt, und dieses Gefühl spiegelt sich dann auch in meinem Aussehen wider.Auf die organische Selbstregulierung für Gesundheit und Ruhe sollten wir im Alter besonders viel Wert legen. Der Körper ist sehr weise und sendet uns Signale. Wir sollten einfach liebevoll in ihn hinein horchen und nicht mit unseren Köpfen gegen ihn arbeiten. Disziplin ist hierbei absolut wichtig!

Älter werden hat gar nichts Schreckliches. Wir haben aufgrund der vielen Erfahrungen so viel zu geben. Traurig und deprimierend kann es allerdings sein, wenn wir dafür keine Gesprächspartner finden. Dann sollten wir welche suchen, sie sind wirklich überall zu finden. Eine Klientin hat zum Beispiel eine Anzeige aufgegeben: „Ich kann gut zuhören!", dazu Name und Telefonnummer. Mehr nicht! Sie hat über hundert Anrufe erhalten, von einem Tag auf den anderen war ihr Leben ein anderes. Lebendiges Altern fühlt sich manchmal an wie ein Kind zu sein, nur umgekehrt, denn ich habe nicht mehr so viele Jahre zu leben. Wie in jungen Jahren kann ich wieder über die Schönheit um mich herum staunen, Blicke bleiben an Details haften, Gedanken haben Zeit, um sich zu formen. Jetzt fühle ich auch immer häufiger, dass meine Jahre hier auf Erden begrenzt sind. Dann empfinde ich die Freude zu leben noch stärker und bin tief dankbar für dieses Geschenk.

Heute bin ich sogar viel häufiger in der Lage, über mich selbst zu lachen, und meine bisherigen Interessen verstärken sich eher noch, oder es kommen sogar noch neue hinzu. Denn da ich auch im Alter kein langweiliges Leben führen möchte, suche ich mir selbst immer wieder neue Aufgaben, zu denen ich wirklich Lust habe. Jetzt im Alter muss ich mich noch weniger zu etwas zwingen, jetzt kann ich mir den Luxus leisten, meiner Lust zu folgen. C. G. Jung spricht über Introspektion und Extrovertiertheit. Für mich haben sich beide Aspekte vertieft, ich habe Zeit und auch eine Ruhe, tiefer in mich hineinzuspüren. Und ich kontrolliere mich jetzt auch nicht mehr besonders, wenn ich Dinge sage oder handele. Das ist eine wunderbare Freiheit. Es ist wichtig, mit allen Altersgruppen zu kommunizieren, denn man darf sich selbst nicht ausgrenzen. Ich brauche den Kontakt mit Gleichaltrigen, um mich dazugehörig fühlen zu können, und ich genieße Jüngere, um immer wieder in spontane Energie zu kommen.

Mein Großvater hat immer gesagt, er befände sich im „Warteraum des Todes". Bei einer derartigen Einstellung scheint es oft nicht viele Perspektiven im Alter zu geben. Natürlich ist man im Alter körperlich empfindlicher. Und Krankheiten sind wesentlich schwieriger zu heilen. Mein Herz kann plötzlich heftiger und unangenehm arhythmisch schlagen. Sofort schießen Gedanken und Ängste hoch: „Was passiert jetzt?" Dann lege ich mich hin, nehme mir einen guten englischen Kriminalroman zur Hand, nehme mein Stethoskop, massiere automatisch mein Herz, und plötzlich lösen sich alle Schmerzen und Bedenken auf.

Gedanken über den Tod

Immer wieder versucht die Angst vor dem Tod einem den Spaß und die noch vorhandene Lebenslust zu rauben, dies kann dann zu einem Zustand der depressiven Leere führen. Durch meinen Glauben an ein Leben nach dem Tod habe ich überhaupt keine Angst vor dem Sterben. Ich glaube daran, dass wir nach dem körperlichen Tod in eine andere Welt gerufen und dort mit sehr viel Liebe empfangen werden. Vor vielen Jahren hatte ich in meinem Haus in Oslo ein sehr tiefes spirituelles Erlebnis. Ich fiel fast unverletzt die Treppe hinunter und mich überkam das Wissen, dass Gott voller Güte ist und ich mich vertrauensvoll und rückhaltlos fallen lassen kann. Dadurch habe ich alle Angst vor dem Tode verloren. Wenn ich sterbe, so gehe ich in eine andere Welt. Ich habe so viel über diese andere Welt gehört, dass ich von der Schönheit, die dort zu finden ist, überzeugt bin.

Trotzdem denke ich, dass man auch den Spiegel für sein Tun auf Erden vorgehalten bekommt. Jetzt sollte man aber nicht gedanklich in das Konzept von Schuld und Sühne verfallen, sondern die Chance des Alterns wahrnehmen, um bewusst über sein Leben zu reflektieren, Unabgeschlossenes zu vervollständigen und sich mit allem auszusöhnen. Wir kommen in der anderen Welt genau mit dem Bewusstsein an, das wir uns bis zu unserem körperlichen Tod auf Erden erworben haben. Dort können wir bis zu dem Zeitpunkt, an dem wir wieder inkarnieren, nicht mehr an unserem Bewusstsein arbeiten. Daher halte ich unsere spirituelle Entwicklung für so sehr wichtig. Ebenso wichtig empfinde ich es daher, dass wir spätestens im Alter lernen, zu verzeihen und zu vergeben, damit wir fähig sind, diese Welt in einem friedlichen Zustand zu verlassen und unsere Seele unbelastet fliegen kann.

Ich war in Brasilien und traf dort spirituelle Heiler, die in Krankenhäusern und Gefängnissen - in Kooperation mit Ärzten - tätig sind. Ich wollte in Kontakt mit meinem „höheren Selbst“ kommen, aber der Priester arbeitete nur mit dem „niederen Selbst“. Durch ein Medium bat eine verzweifelte Frau den Priester, mit der Seele ihres verstorbenen Mannes zu kommunizieren. Der Priester fragte den Verstorbenen, warum er seine lebende Frau denn immer noch verfolge. Daraufhin erklärte der Mann, wie sehr er seine Frau hasse, sie hätte ihm das Leben zu Hölle gemacht. Der Priester erklärte ihm, er müsse sich mit seiner Frau versöhnen, sonst wäre er immer erdgebunden und könne nicht in den Himmel. Der Verstorbene aber wollte davon nichts wissen, woraufhin ihn der Priester wegschickte, er solle es sich überlegen und in 20 Minuten noch einmal wieder kommen.

Als er zurückkam, war er immer noch voller Hass und wild entschlossen, seiner Frau nicht zu verzeihen, sondern weiterhin Rache zu üben. Also schickte ihn der Priester erneut weg, diesmal an einen anderen Ort.

Nach ein paar Tagen trat der Priester noch einmal mit der Seele des Ehemannes in Kontakt. Der sprudelte sofort drauflos und beklagte sich über den schrecklichen Ort, an den ihn der Priester geschickt hätte. Dieser erwiderte, dass er ja immer noch die Wahl hätte. Seiner Frau zu vergeben oder wieder an besagten Ort zurückzukehren. Der Mann bekam einen Anfall und schrie, dass er weder an den grausamen Ort zurück noch aufhören wolle, seine Frau zu verfolgen. In diesem Moment konnte der Priester nichts mehr für ihn tun. Als Nächste ging eine Frau in Trance und empfing die Seele einer anderen Frau. „Ich habe so grausame Schmerzen, meine Hände sind blutig, es ist nicht fair, dass der Betrunkene, der mich überfahren hat, noch lebt und ich nicht." Der Priester erklärte ihr, dass sie nicht erwarten könne, aus diesem Zustand herauszukommen, so lange sie dem Fahrer nicht vergeben kann. Dies kam für die Frau aber nicht in Frage, so dass auch sie gebeten wurde, in einer halben Stunde und nach gründlicher Überlegung noch einmal zu erscheinen.

Die Frau aber kam völlig verändert wieder. Sie hatte dem Fahrer vergeben und war augenblicklich schmerzfrei und glücklich. Ob man nun an diese Geschichten glaubt oder nicht, entscheidend ist trotzdem der Punkt des Verzeihens und Vergebens. Und die Begegnung mit dem eigenen „niederen Selbst", also den Abgründen in uns, den negativen Gefühlen wie Wut, Rache, Neid und anderen.

Gerade auf dem spirituellen Weg ist es wichtig, auch mit dem „niederen Selbst" zu arbeiten. Tut man es nicht, kann es zu einem extremen Absturz kommen, wenn die eigenen Schattenseiten unbekannt sind. Spiritualität ist nicht die Suche nach dem Paradies. Sie kann es aber werden, wenn die volle Akzeptanz für die „Schlange" und die daraus resultierenden Folgen vorhanden ist. Ich habe die spirituelle Weisheit löffelweise erfahren, es war ein milder Prozess. Der Organismus hatte genügend Zeit, um die Erfahrungen zu integrieren. Um eine positive Akzeptanz des körperlichen Alterns zu finden, sehe ich Religion, oder überhaupt einen Glauben zu haben, als sehr wichtig an.

Dies kann durchaus ein humorvoller Vorgang sein. Neulich stand ich abends um 20 Uhr an einer Straße, die sehr selten von Taxis frequentiert wird. Ich bat Gott, dass dennoch eines vorbeikommen möge. Und siehe da, es kam. Aber der Fahrer sah mich nicht und fuhr an mir vorbei! Also bat ich noch einmal um ein Taxi, kurze Zeit darauf kam es, sehr ungewöhnlich in dieser Ecke von London. Es hielt an, nahm mich mit und ich hatte in den 20 Minuten ein phantastisches Gespräch mit dem Fahrer über dessen erfolgreiche Bewältigung seines Lebensschicksals, wovon ich wunderbar in meinem nächsten Buch berichten kann. So geschieht es, und so ist das Leben auch in meinem Alter immer noch ein wundervolles Spiel.

Die Bedeutung des Glaubens

Die normale Auffassung von Religiosität sehe ich äußerst kritisch, weil die meisten Religionen Strafe und Angst einsetzen. Für mich ist es schrecklich, wie die Botschaften von Jesus in der Bibel verfälscht wurden, um die Menschen unter Kontrolle zu halten. Liebe und Verständnis für uns selbst und andere Menschen kommen in der Bibel viel zu kurz. In meiner Therapie spreche ich nicht über Gott oder Religion, dies muss vom Klienten initiiert werden. Einmal bekam ich eine neue Klientin, die offenbar falsch und unachtsam von einem Therapeuten-Kollegen behandelt wurde. Ich habe ihr Unglücklichsein gespürt, doch wir hatten nur eine gemeinsame Stunde und ich war etwas ratlos, was ich denn in so kurzer Zeit für sie tun könnte. Mir kamen die Worte aus der Bibel in den Sinn: „Verzeihe, denn sie wissen nicht, was sie tun." Diese Worte trafen sie direkt ins Herz, sie war befreit von dem Gefühl, ein Opfer zu sein.

Glauben oder nicht glauben, Jesus vermittelt mit seinen Botschaften tiefe Liebe und Toleranz. Der psychosomatische Schmerz kann genau durch diese Liebe verschwinden. Vergebung bedeutet liebevolles Umgehen mit sich und anderen. Oft erscheinen den Menschen Bilder und Visionen, wenn sie mit dieser Ebene in Kontakt kommen.

Je älter ich werde, desto mehr Wunder und Überraschungen ereignen sich in meinem Leben. Es existiert viel Spaß und Humor in der spirituellen Welt. Ganz anders als in der kirchlichen Welt, da konnte ich Glauben und Gott immer nur mit ungeheurem Ernst in Verbindung bringen. Wenn man eine spirituelle Ader hat, können noch so viele Probleme auftreten, man besitzt ein tiefes Vertrauen in das Leben an sich und es fällt leichter, das Leben und auch dessen letzte Phase als Lernprozess und nicht als Strafe zu sehen.

Das Alter kann eine ungeheure Bereicherung sein. Je mehr du dich öffnest, desto mehr öffnet sich alles für dich. Man kann sich im Alter immer jung fühlen, weil die Seele gar nicht alt werden kann!"

Szenen aus dem Alltag (3):

Sex voller Spannung und Leben ohne Sex

Karla: „Ich bin erst 28 Jahre alt, und Sex ist mir schon langweilig."

Spannung holte sich Karla bisher vor allem aus schnell wechselnden Beziehungen. Sie ist eine attraktive Frau, üppig, verführerisch, sexy. „Ich habe schon eine ganze Menge erlebt, was soll da jetzt noch kommen? Im Grunde ist es doch immer das Gleiche!"

Nie musste sie sich besonders anstrengen, den Mann zu bekommen, auf den sie gerade ein Auge geworfen hatte. Vor einem Jahr aber erlebte sie einen tiefen Einschnitt in ihrem Leben, das sie bis dahin in größter Sorglosigkeit und frei von irgendwelchen Selbstzweifeln geführt hatte. Sie verlor ihre Arbeitsstelle als Arzthelferin, der erste richtige Schock ihres Lebens. Der weitete sich zu einer massiven Krise aus, als es ihr nicht gelang, eine neue Anstellung zu finden. In dieser Zeit der Arbeitslosigkeit hat sie dann über sich nachgedacht und beschlossen, ihrem Leben eine Wende zu geben.

Sie begann, finanziert vom Vater, eine Ausbildung als Heilpraktikerin und lernte dabei einen Mann kennen, in den sie sich sofort heftig verliebte. Seit zwei Monaten wohnt sie bei ihm und spürt jetzt von Tag zu Tag ihr nachlassendes Interesse an der Sexualität mit ihm. Panik kommt hoch, wie soll es weitergehen? Es passiert im Bett einfach nichts, was sie richtig entflammt. Ihr Partner gibt sich alle Mühe, sie erleben auch ihre Höhepunkte, aber alles bleibt flach. Sie kann sich und ihrem Partner beim Sex zuschauen, es ist fast so etwas wie ein unbeteiligtes Dabeisein. Dabei strengt sie sich richtig an, weil es ihrem Freund mit ihr im Bett gut gehen soll. „Ich will keine schlafenden Hunde wecken", sagt sie. Deswegen spreche sie das Thema nicht an, hätte auch keine Idee, was sie ihm sagen sollte. In ihrer Heilpraktikerschule hat ihr jemand erzählt, dass es in der psychologischen Körperarbeit Methoden gibt, die sexuelle Lust aufzuwecken. Das will sie hier versuchen.

Sex kann ein Leben lang spannend sein

„Ich bin zwar seit einigen Monaten 81 Jahre alt, das Thema Sex aber interessiert mich immer noch brennend. Langsam scheint es sich auch herumzusprechen, dass Sexualität im Grunde alterslos ist. Und wenn man statistischen Zahlen glauben will, dann sind vitale Senioren und Seniorinnen heute sexuell aktiver als

manche ermüdeten Krieger der jüngeren Generation. Seit Jahren schon lässt sich in den modernen Industriestaaten eine Entwicklung beobachten: immer mehr Paare gehen immer seltener miteinander ins Bett. Dazu passt, weil beide Themen zusammengehören, dass die Paare heute weniger miteinander kommunizieren als noch vor einigen Jahren, es ist eine große Verstummung eingetreten. Oder wann haben Sie das letzte Mal Komplimente gemacht oder etwas Interessantes erzählt, Gefühle gezeigt oder so lange intensiv nachgefragt, bis der Partner oder die Partnerin anfing zu erzählen?

Wenn es auf diesen Ebenen zwischen den Partnern nicht fließt, dann kann es auch im Bett nicht fließen, das ist aus meiner Sicht ein Naturgesetz.

Die pragmatischen Amerikaner haben übrigens auf ihre spezielle Weise reagiert und Bewegungen wie „Kein Sex in der Ehe mehr" ins Leben gerufen, so wird ein pathologischer Zustand „normalisiert". Es scheint etwas nicht mehr zu stimmen, die Diskrepanz zwischen dem Reden über Sex und dem Leben mit Sex wird immer größer, auch was die Qualität anbelangt. Ich treffe viele Menschen, die zwar sexuell aktiv sind, aber zunehmend Lustlosigkeit verspüren. Es wird langweilig. Es ist nichts Besonderes mehr. Was aber läuft falsch? Mit dieser Frage sind wir bei den größten Feinden lustvoller Sexualität angelangt: Angst und Erwartungen. In keinem anderen zwischenmenschlichen Bereich bauen sich so starke Versagensängste auf wie in der Sexualität. Und in der Regel bleiben sie unkommuniziert, belasten als stille Hypothek das gesamte Partnerleben.

Es scheint dabei um Leben oder Tod zu gehen. Und tatsächlich, Männer sagen mir in der Therapie: „Wenn ich beim nächsten Mal wieder keine Erektion kriege, dann bringe ich mich um", und Frauen kämpfen wie Berserker vor sich hin, um ihn schließlich doch noch dem angestrengt verhärteten Becken entringen zu können: den Orgasmus.

„Ich will meinen Mann nicht enttäuschen, er freut sich immer, wenn ich einen Orgasmus habe", sagen viele dieser Kämpferinnen, ihr eigener Genuss gerät aufgrund von Anspannung und Erschöpfung lediglich zu einem leichten Ziehen und Zucken - das war's! Ich will mich nicht lustig machen über diese sinnlosen Spiele. Erstens kenne ich sie selbst und zweitens bin ich der Meinung, dass die Dinge endlich beim Namen genannt werden müssen!

Der Weg zu spontaner Lust

Die Entwicklung von Lust ist ein vielfältiges inneres Geschehen, weitgehend dem Willen entzogen. Das bedeutet, es gibt keine Möglichkeit, die eigene Lust bewusst zu steuern, zu vergrößern. Jeder Versuch bewirkt Anspannung und damit das Gegenteil. Deshalb versetzen Appelle an den Partner, Vorwürfe oder

Erwartungen: „Wir müssten mal wieder..." diesen immer in einen Zustand von Blockierung und Hilflosigkeit. Selbst wenn er oder sie es wollte, es gibt keinen direkten Weg zu spontaner Lust.

Lust ist nichts anderes als inneres Fließen, also ein vegetativer Prozess, der durch eine Vielzahl innerer und äußerer Einflüsse stimuliert und gehemmt wird. Wir müssen es uns bei einem Paar so vorstellen: Die Lustenergie (Libido) baut sich zuerst in den beiden Einzelorganismen auf. Ist ein gewisses Potential erreicht, so verschmelzen sie zu einem gemeinsamen Lustfeld, dann geht alles wie von allein. Schwierig kann es werden, wenn die jeweiligen Potentiale der Liebenden unterschiedliche Stärken haben (es hat also nur einer Lust) oder gemeinsam sehr schwach sind (beide haben wenig Lust).

Eigentlich kein Problem: sexuelle Lust gestaltet sich täglich neu - oder eben auch nicht. Und jeder Mensch kennt Phasen schwacher oder nicht vorhandener Lust. Aber keine Angst, die Lust verschwindet nicht, sie sammelt sich nur neu. Und das kann durchaus Wochen und Monate dauern. Man muss es nur akzeptieren.

Es gibt einfach keine Norm, Sexualität ist ein äußerst individuelles Geschehen. Jeder entwickelt sein eigenes Muster, leider auch aufgrund falscher Vorstellungen. Ein Klient hat mir erzählt, dass er beim Sex jedes Mal mindestens fünf verschiedene Positionen nacheinander einnimmt. „Warum tust du das?", habe ich ihn gefragt. „Weil ich gelesen habe, dass Frauen die Abwechslung wollen", war seine Antwort. So kann Sex zur Gymnastik werden, zur mechanischen Turnübung.

Menschen erleben den Prozess der Triebbefriedigung ganz unterschiedlich. Für manche ist der Höhepunkt ein kurzes, banales Geschehen, kaum der Rede wert. „Ich verstehe gar nicht, dass man soviel Aufhebens darum macht", sagen sie, oder: „Ich brauche das nicht". Kann man verstehen, alles was wir mechanisch, das heißt ohne Emotionen abspulen, wird in kürzester Zeit langweilig. Und wenn ein Orgasmus nicht mehr ist als ein flaches Zucken im Becken, oder nicht mal das, wozu dann die Mühe vorher auf sich nehmen? Das Lümmeln auf dem Sofa ist bequemer.

Andere können über einen Orgasmus ein ganzes Buch schreiben, sie erleben es wie eine warme, wunderbare Welle, die in alle Zellen des Organismus hineinfließt – hier kann es zu einem Übergang von animalischer Energie zur spirituellen Energie kommen. Und spirituelle Energie zu spüren bereitet uns höchste Lust, Zufriedenheit und inneren Frieden. Freuen Sie sich deshalb auf die Liebesübung der Dynamischen Entspannung!

Sexuelle Kraft aus Entspannung

Der beste Ratgeber für lebendige Sexualität ist tatsächlich der eigene Bauch. Jeder muss herausfinden, wie er seine Energie zum Fließen bringen kann. Wenn Energie frei im Körper zirkuliert, dann fließt sie auch in die Geschlechtsorgane, dann gibt es keine Probleme. So gesehen ist Sexualität auch ein nüchtern physikalischer Prozess. Entweder es kann fließen oder es fließt nicht! Ein freies Fließen erfordert freien inneren Raum, also einen Zustand von Entspannung und innerer Freiheit. Ängste, Anforderungen, Wut, Hilflosigkeit und andere Zustände aber bewirken augenblicklich schnell muskuläre Kontraktionen, so bleibt jede Libido stecken. Entweder kann sich dann überhaupt keine Erregung aufbauen oder der Sex wird zum trockenen, anstrengenden Gewürge mit nur flacher Befriedigung. Das ist der Fall, wenn ein verspannter Körper die Lustenergie im Becken einsperrt, dort ein starker Entladungsdruck entsteht, der sich nach einem Orgasmus sehr schnell wieder aufbaut. Der Restkörper kann überhaupt nicht am Geschehen teilnehmen und die süßen Gefühle aufbauen, die jedes sexuelle Erleben krönen.

Ich kenne Menschen, die versuchen selbst in der sexuellen Begegnung Teile ihres Körpers zu verstecken. Ich erfahre dabei die verrücktesten Dinge. Eine Frau behält in jeder Situation ihr Unterhemd an, aus Furcht, ihr Partner könnte ihren Bauch zu dick finden. Andere verharren die ganze Zeit in bestimmten Positionen, in denen sie glauben, einen guten Eindruck machen zu können. „Ich liege immer unten, dann kriegt mein Mann nicht mit, dass meine Brüste anfangen zu erschlaffen". Deswegen hat befriedigende Sexualität so viel mit Selbstliebe und innerer Freiheit zu tun, mit Leichtigkeit und einer entspannten Atmosphäre. Nach einem langen Tag in unterschiedlichen Welten müssen die Partner überhaupt erst einmal wieder innerlich zusammen kommen, das geht am unverfänglichsten über Gespräche. Jeder erzählt dem anderen von seinem Tag, fragt nach, interessiert sich. Und keine festen Vorstellungen! Sex kann heilig sein, trivial oder animalisch, laut oder leise.

Eine Bekannte las in einem Magazin, dass gegenseitiger Blickkontakt beim Orgasmus das höchste der Gefühle bedeuten soll und drängte ihren Mann nun, die Augen offen zu lassen. Der liebte es aber, beim Sex die Augen zu schließen, hielt sie jetzt krampfhaft offen und verlor die Lust. Wie sollte es auch anders sein? Und jeder Tag ist anders: Mal hat der Mann eine starke Erektion, mal eine schwache, mal keine. Entsprechendes gilt für die Frau. Es ist natürlich, wenn es wechselt, und vieles entwickelt sich aus täglichen Zufällen.

Lust, Erotik, Sexualität steigen auf, wenn Energien sich in unserem Körper fließend in Bewegung setzen. Aufgehalten werden sie nur durch muskuläre Über- und Unterspannung oder falsche Erwartungen. Wer seine Sexualität verbessern will, der sollte sich hier weiterentwickeln. Er kann lernen, sich hinzugeben, Kontrolle loszulassen, Kraft aus Entspannung zu holen, Anstrengungen aufzugeben. Und alles so zu nehmen, wie es kommt, dabei aber immer sensitiv und neugierig sein. Dann wird Sexualität nie langweilig, im Gegenteil, sie bleibt spannend, voller Überraschungen über sich selbst. So kann die sexuelle Energie uns ein Leben lang befeuern, uns in tiefste Glücksmomente und totale Verbindung mit dem Partner bringen - absolut unabhängig von allem Äußeren.

Die Lebensenergie sensibilisieren!

Sexualität ist nichts anderes als die Verbindung von Energien. Jeder hat hoffentlich schon erlebt, wie wir irgendwo im Alltag, im Kaufhaus, im Bahnabteil, im Schlachterladen oder anderswo ganz plötzlich auf die physische Präsenz einer uns fremden Person reagieren. Ohne offensichtlichen Grund erregt sie unser Interesse, zieht unsere Aufmerksamkeit an und kann uns sogar augenblicklich in einen Zustand leichter Erregung versetzen. Es ist die Energie, die in dieser Person gerade stark pulsierend zirkuliert. Diese Energie wirkt über den eigenen Organismus hinaus und berührt andere, streichelt und stimuliert sie, ohne Absicht und ohne Ziel.

„Der Erfolg kommt zum Erfolgreichen", sagt man, und das ist kein Zufall. Es ist die Ausstrahlung, die andere anzieht und diese ist in guten Phasen eben stärker als in schlechten. Ich sage meinen einsamen Klienten immer: „Es hat gar keinen Zweck, mit hängenden Mundwinkeln auf Partnersuche zu gehen, du hast dann keine Anziehungskraft. Arbeite lieber zwei bis drei Wochen mit unseren Übungen, dann kommen die Menschen von allein auf dich zu."

Meine sexuelle Energie ist ein Teil meiner Lebensenergie, deshalb bin ich für sie verantwortlich und muss Wege finden, damit ich Sexualität leben kann. Manche dieser Wege sind eigenartig und befremdlich, aber keiner sollte sie bewerten. Solange kein anderer Schaden nimmt, ist jede Alternative in Ordnung. Wenn es zum Beispiel keinen Partner gibt, dann kann ich Sexualität auch wunderbar mit mir allein leben. Und wenn in einer Beziehung jegliches Feuer in dieser Hinsicht erloschen ist, dann gibt es andere Menschen, mit denen es wieder aufflammen kann. Hier kommen Schuldgefühle hoch und moralische Bedenken, das sind Erziehungsrelikte. Wenn wir aufhören wollen, andere für unser Schicksal verantwortlich zu machen, dann müssen wir auch immer mal wieder durch dieses Gestrüpp hindurch. Noch ein anderer Aspekt. Sexualität ist auch verbunden mit unseren Ur-Instinkten. Ein ganz wichtiger Faktor ist z.B. die Bereitschaft einer Frau, sich in der Sexualität dem Manne zu unterwerfen. Ich will hier nur über meine eigenen Empfindungen sprechen, und da erlebe ich es als außerordentlich erotisch, wenn der Mann beim Sex über mich herrschen kann. Für mich gibt es einen ganz natürlichen Masochismus der Frau und einen ganz natürlichen

Sadismus des Mannes. Dieses Thema ist so sensibel und ich fürchte mich auch etwas davor, missverstanden zu werden. Ich meine nicht den perversen Sadismus, der mit Schmerzen verbunden ist. Ich meine dieses Mysterium zwischen Mann und Frau, das nach meiner Meinung auch ein Mysterium bleiben soll – es ist mit sehr viel Romantik verbunden!

Für mich hat die Frau eine unkonditionierte Hingabefähigkeit, durch die sie den Sex so stark, so ekstatisch, so süß empfinden kann, wenn der Mann sie wirklich dorthin zu führen vermag. Dieses Vertrauen in seine Fähigkeit ist die Voraussetzung für die Bereitschaft, sich von ihm führen zu lassen. Nur durch dieses Vertrauen in ihn kann die Frau es zulassen, während des sexuellen Aktes total beherrscht zu werden und einen wirklich schönen Orgasmus zu erleben. Diese Hingabe ist für mich eine so beglückende und tiefe Erfahrung.

Es gibt ja auch Männer, die sich von Frauen beim Sex gern führen lassen. So kann es natürlich spielerisch auch immer wieder wechseln. Liebenden Paaren sind ja an Variationen absolut keine Grenzen gesetzt. Ich aber glaube an die Grundstruktur, dass sich die Frau beim Sex gern am Mann orientiert.

Ich liebe romantische, charmante und gepflegte Männer. Das zeugt von Respekt sich selbst und auch den Frauen gegenüber, mit denen sie intim sein wollen. Und ich finde es sexuell nicht sehr anregend, wenn ein Mann über das Thema Sexualität pubertär und flegelhaft spricht, als wenn er mit seinen männlichen Freunden beim Bier zusammensitzt. Als ich nach London kam, hörte ich zum ersten Mal die Worte: „It turns me on", oder „it turns me off". Mann wollte damit ganz genau beschreiben, wie Mann es zu haben wünschte. Damals habe ich den Zusammenhang mit der Sexualität noch gar nicht verstanden, und als ich ihn begriff, haben mich solche trockenen Anweisungen ganz schrecklich off-geturnt.

Es kann natürlich sein, dass ein Mann so platte Worte für diese schönen Momente benutzt, weil er zu schüchtern ist, gefühlvolle Worte zu gebrauchen. Oder er will dadurch besonders maskulin wirken - für viele Frauen sind solche Banalisierungen jedoch absolute Lustkiller. Möglicherweise haben diese Männer auch eine tief verwurzelte Angst vor Frauen, die inzwischen gerne unabhängig sind und auch schon mal die Führung beim Sex übernehmen.

Dennoch, keiner sollte das Thema Sexualität irgendwann abhaken; das Spektrum des sexuellen Lebens und Erlebens lässt sich ebenso erweitern wie alle anderen Bereiche unserer Persönlichkeit. Ein Bekannter von mir arbeitete vor einigen Jahren in Indien, zufällig kam er dort mit Leuten in Kontakt, die ihn zu einer Reise in das Himalaja-Gebiet einluden. Es muss ein wahrlich abenteuerlicher Trip gewesen sein. Er lernte Völker kennen, die dort seit Ewigkeiten von der Umwelt abgekapselt leben und deshalb ihre Lebenssitten erhalten konnten, dazu gehörte auch das Prinzip freier Sexualität.

Mein Bekannter, ein ziemlich schüchterner Mensch, wurde dort zu einem mehrtägigem Tantra-Ritual eingeladen, an dem er nach langem Zaudern auch tatsächlich teilnahm. Ich weiß nicht mehr genau, was dort stattfand, ich glaube, es waren ganz einfache Energie-Prozeduren, unseren biodynamischen Übungen sehr ähnlich. Ich kann mich nur noch an seine fassungslose Begeisterung erinnern: „Gerda, ich hatte das Gefühl, ich könnte durch den ganzen Raum fliegen!"

Leben ohne Sex

Sex ist nicht der einzige Weg zur Befriedigung, in der würdevollen Sexualität geht es um mehr als den Orgasmus, es geht ums Strömen. Eigentlich dreht sich das ganze Leben um das innere und wechselseitige Strömen. Deshalb kann auch ein Leben ohne Sexualität durchaus befriedigend sein, wenn diese Zustände auf andere Weise zustande kommen können. Wenn wir mit unserem eigenen Körper liebevoll umgehen und/oder unsere Psychoperistaltik anregen, wenn wir uns eine Massage gönnen oder ganz in einer Tätigkeit aufgehen, auch die Pflege platonischer Beziehungen – es gibt unendlich viele Möglichkeiten. In der Hingabe, der Verschmelzung mit diesen Strömen transformiert sich die emotionale in die spirituelle Energie. Ganz von allein. In dieser Energie fühlen wir uns sehr unabhängig und frei. Dann können wir Sex haben oder auch nicht. Der Druck und der Zwang sind weg. In dieser spirituellen Energie sind wir nicht mehr dem Druck ausgesetzt, irgendetwas unbedingt haben oder machen zu wollen. Man muss nicht alles besitzen, was einem gefällt. Man kann es ebenso wertschätzen und nur betrachten.

Sexueller Lust-Verlust

Lust entsteht, wenn Lebensenergie (Libido) fließen kann. Schwach fließende Energie hat entweder mit mangelnder Aktivierung des gesamten Organismus zu tun oder ist die Folge mangelnder innerer Durchlässigkeit (muskuläre Anspannung, innere Staus, energetische Abspaltung ganzer Körperbereiche). Die Übung „Glücksspirale" bringt den Menschen wieder in Schwung, das hat Auswirkungen auf die Libidozirkulation.

Eine Übung der Dynamischen Entspannung, der „Lust & Liebe-Turbo", löst innere Blockaden und Verengungen. Sie finden die Übung weiter hinten in diesem Buch.

Biodynamische Übungen zur Steigerung sexueller Lust:

Das Sandwich

Immer wieder gibt es Zeiten, in denen Partnerbeziehungen belastet sind und der berühmte Faden reißt. Tage, Wochen, manchmal gar über Monate. Das ist unvermeidlich und sollte als natürliche Phase im gemeinsamen Tanz akzeptiert werden. Die Sandwich-Übung ist eine sehr einfache Möglichkeit, gemeinsame Schwingung wiederzufinden. Jede sexuelle Entfremdung und jede Lustkrise ist überwunden, wenn Energie zwischen den Partnern wieder strömen kann. Dabei ist die Stärke des Energieflusses unerheblich, entscheidend ist das Fließen überhaupt. Dazu verhilft das Sandwich.

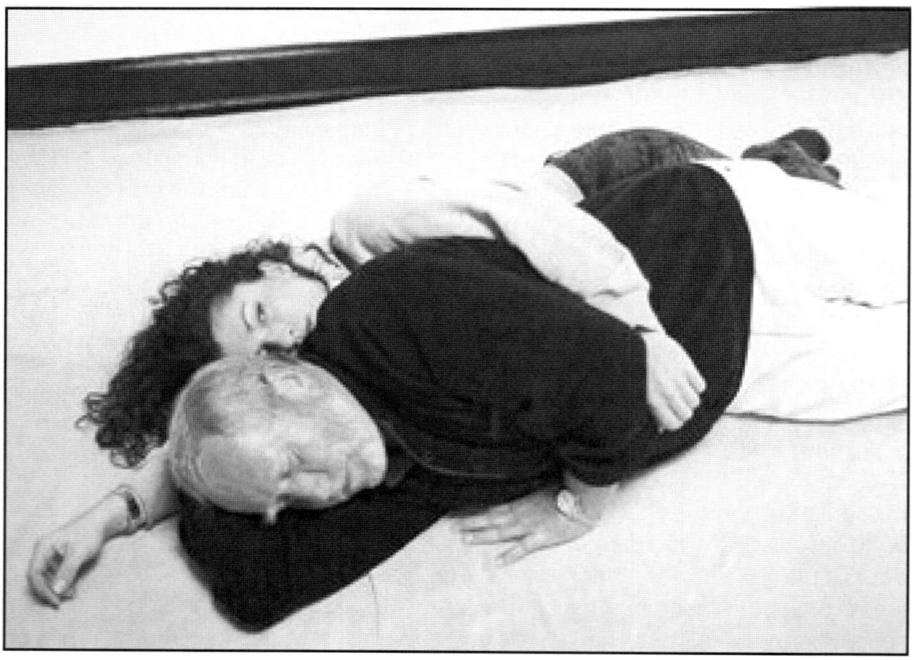

Beide Partner liegen hintereinander, jeder bestimmt seine Wohlfühldistanz und nimmt sich die Freiheit der herausfindenden Bewegung. „Ich sorge selbst dafür, dass ich immer bequem liege und frei atmen kann." Es geht hier um Nähe ohne Programm. Warum? Weil Druck immer die Folge von Zielen ist, die man im Kopf hat. Jetzt liegen beide zusammen, werden irgendwann sich selbst und dann auch den anderen spüren – mehr nicht! Sollten Sie gerade sehr angespannt sein, dann spüren Sie wahrscheinlich zu Beginn innere Unruhe und Leere. Das ist ein gutes Signal, es zeigt an, dass der Organismus nach neuer Orientierung sucht. Ein wichtiger Schritt auf dem Weg von der Anspannung zum Fließen. Sie können versuchen, in gemeinsame Atmung zu kommen, Sie können sich auch berühren, aber nur spielerisch, beiläufig und absichtslos. Reden sollten Sie nicht dabei, es kann ablenken von dem, was passiert. Es gibt eine Regel: keinen Sex. Dazu müssen beide übereinstimmend diese Übung als beendet erklären. Und Sie sollten sich mindestens 20 Minuten Zeit nehmen, je länger, desto besser. Musikbegleitung passt wunderbar. Sehr schön ist auf dem Bild der unterschiedliche energetische Zustand der beiden zu erkennen. Ein angespannter Mann und eine gelöste Frau. Was beide brauchen ist eine Zeit des Übergangs.

Biodynamische Partnermassage: Gib mir, was ich brauche

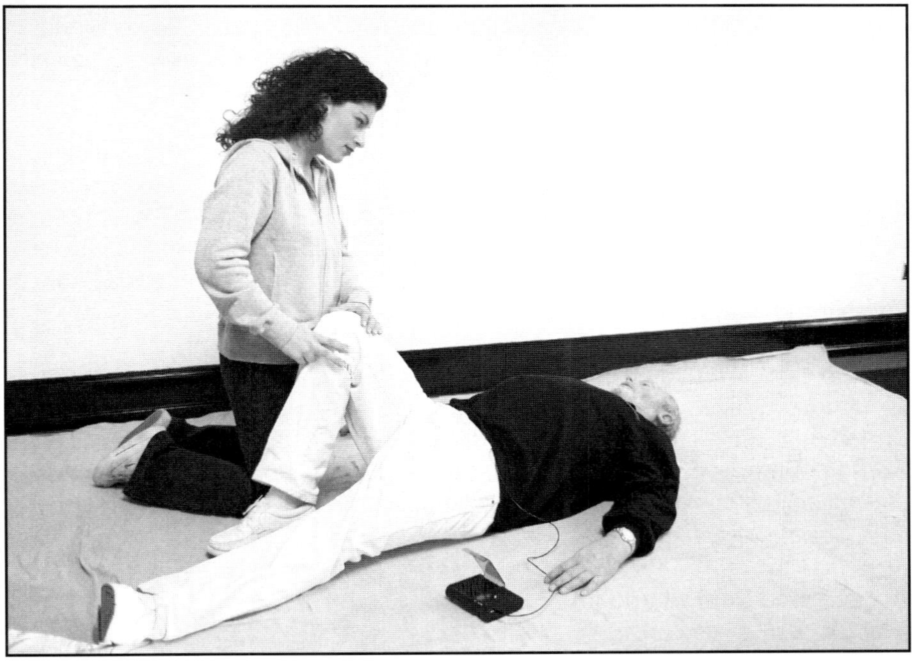

Eine Massage erfordert geraume Zeit und sollte in einem ungestörten Raum stattfinden. Der Empfänger äußert seine/ihre Berührungswünsche. Versuchen Sie also herauszufinden, was Sie gerade benötigen, was Ihnen gut tut - Sie werden es erhalten! Allerdings: Jede Form sexueller Berührung sollte vorher ausgeschlossen werden. Es geht hier nicht um eine direkte Berührung der Lustzentren, sondern um ein Hin und Her ohne phantasierte Erwartungen oder andere Hindernisse. Die Chancen stehen gut, dass Sie hierbei auch den Schlüssel zur Psychoperistaltik Ihres Partners finden werden.

Szenen aus dem Alltag (4):

Schritte aus der Angst

Manfred: „Ich kann es in der U-Bahn nicht mehr aushalten!“

Manfred ist Verwaltungsbeamter im Bezirksamt einer norddeutschen Großstadt. Er ist 34 Jahre alt, ein sehr schlanker, blasser, schüchterner Typ mit sozialen Schwierigkeiten. Es ist ihm nicht möglich, Konflikte offen und direkt auszutragen, und das bringt ihn jetzt in immer größere Schwierigkeiten. Diese entzünden sich vor allem an seinem Vorgesetzten, dem Leiter seiner Abteilung. Der ist eigentlich das komplette Gegenteil von Manfred: Ein Draufgänger, laut, direkt, dominant, immer obenauf. Schwächen sieht man ihm nicht an, und das verlangt er auch von seinen Mitarbeitern: Manchmal wird er Manfred gegenüber laut, dieser schweigt dann.

Seit mehreren Monaten überkommen Manfred auf dem Weg zur Arbeit plötzliche und heftige Zustände innerer Unruhe, er muss raus aus der U-Bahn, wartet auf dem Bahnsteig und nimmt einen der nächsten Züge. Zweimal allerdings konnte er es nicht aushalten und ist mit dem Taxi nach Hause gefahren. Nun ist er voller Angst, dass dies wieder passieren kann, vor allem hat er keine Idee, wie er Verspätung oder Fehlen seinem Chef erklären soll.

Manfred lebt allein, nimmt zwar immer mal wieder an Meditationskursen teil, verbringt die meiste Zeit aber zu Hause und fühlte sich dort bislang immer sicher und wohl. Jetzt allerdings ist es mit dieser Ruhe vorbei, er macht sich große Sorgen um seine Zukunft, kann nicht mehr schlafen und wird immer müder. Er kennt Gerda Boyesen von einem Vortrag, deshalb verspricht er sich von der Gruppe eine Art Erlösung.

Ängste sind überall und jeder kennt sie!

Wenn Sie dieses Kapitel lesen, dann gehören Sie vielleicht zu den Menschen, die glauben, mit ihren Ängsten nicht gut zurecht zu kommen, ja vielleicht schämen Sie sich ihrer sogar, viele tun das. Dabei ist Angst ein überlebenswichtiger, sinnvoller und natürlicher Mechanismus und eine Unempfindlichkeit gegen Ängste das Merkmal schwerer Persönlichkeitsstörungen. Dennoch existiert auch heute noch das Ideal des Mutigen, weder Tod noch Teufel Fürchtenden, wie in alten Kriminalfilmen oder schlechten Romanen.Und so leugnen viele Menschen ihre Ängste und verstecken sie hinter einer Maske. In manchen Branchen scheint man ohne diese Fassade auch heute noch ins Abseits zu geraten. Harte Burschen, ganze Männer, stahlharte Entscheider sind gefordert.

In Wirklichkeit kann es diesen Typus gar nicht geben, er widerspricht der menschlichen Natur, unseren inneren Programmen. Vielleicht sind Sie anderer Meinung und könnten jetzt von Helden Ihres Alltags erzählen, entschlossene, starke, unbezwingbare Persönlichkeiten, frei von Unsicherheit und Zweifeln. Menschen, mit denen Sie sich nicht messen können und die Sie bewundern oder fürchten.

Seien Sie sich sicher, Sie erliegen einem Täuschungsspiel, diese Menschen haben häufig besonders mit ihrem Inneren zu kämpfen. Sie werden in Familien groß, in denen man nicht richtig traurig, schwach oder stolz sein kann, in denen die stillen Stimmen der Kinder überhört werden, hier legt sich das Kind sehr früh einen strapazierbaren Schutzpanzer zu. Dieser Mensch verliert bereits in jungen Jahren das weiche, offene, sensible, emotionale Wesen, und genau dafür wird er häufig belohnt. Er erntet Anerkennung, Lob und Privilegien für die Opferung eines Teils seines Selbst.

Was aber nach außen als eine erfolgversprechende Entwicklung erscheint („Unser Kind ist schon so vernünftig") ist in Wirklichkeit ein gewaltiger Eingriff in die natürliche Entwicklung eines jungen Menschen. Ermöglicht wird er durch einen andauernden muskulären Verdrängungsdruck, der alle unpassenden Emotionen unter Kontrolle halten muss.

Der junge Organismus schnürt eigene Regungen ein und richtet sich stattdessen auf die Erwartungen seiner Umgebung aus, er passt sich an. So werden es ruhige oder gar stumme Jahre im Elternhaus, ohne die nervigen Reibereien und Streitereien, unter denen andere Familien so erkennbar ächzen. Wir sollten aber nie vergessen, dass Selbstbewusstsein und soziale Intelligenz in der Auseinandersetzung mit der Welt erlernt werden muss - in der erstickten, „harmonischen" Familie ist das kaum möglich, hier verbleiben Defizite und sind die Wurzeln der späteren Ängste.

Menschen mit diesem schwach ausgebildeten Selbstbewusstsein können ihre Ängste und Grenzen nur schwer akzeptieren und verbergen sie. Dafür gibt es verschiedene Strategien, manche führen ein zurückgezogenes Leben, andere verlassen ihr vertrautes Spielfeld ein ganzes Leben. Dann gibt es noch jene, die mit Machtpositionen zu tun haben. Diese spielen häufig eine Rolle, wenn im Kontakt mit bestimmten Menschen Unterlegenheits- und Insuffizienzgefühle hochkommen. Jeder weiß, dass sich hinter imposanten beruflichen oder gesellschaftlichen Fassaden nicht selten ein sehr kleines Ich verbirgt, das sich so vor Demaskierung schützt.

Henry Nannen, der begnadete Gründer des „Stern“, hat es einmal so ausgedrückt: „Solange die Leute vor mir Angst haben, sieht keiner von ihnen meine eigene“. Begegnungen auf Augenhöhe verunsichern alle, die nur OBEN und UNTEN kennen lernen konnten, und solange sie sich nicht weiter entwickeln, werden sie den Schutz der Hierarchie so nötig haben wie der Frosch das Wasser.

Menschen, die ihr Ich in sich begraben mussten, leiden täglich, ja stündlich unter sich selbst. Das gilt für die Giganten des Wirtschaftslebens ebenso wie für den kleinen Abteilungsleiter, alle funktionieren nach den gleichen Prinzipien, ausnahmslos. Deshalb sind das nicht die Lebensmodelle, an denen Sie sich orientieren sollten, im Gegenteil.

Interessanterweise wird die Gesellschaft an dieser Stelle gegenwärtig wach und aufmerksam. Denn Fehlentscheidungen einsamer und neurotischer Topmanager verunsichern die Börsen, von oben verfügte Kommunikationsbarrieren lähmen Unternehmen, das Betriebsklima wird als entscheidender Wettbewerbsfaktor ausgemacht und Bücher werden zu Bestsellern, die sich mit den Neurosen und Ängsten von Managern auf allen Ebenen beschäftigen.

Und es gibt einen Bereich in der Psychologie, der seit Jahren stärker wächst als andere: die Beschäftigung mit den posttraumatischen Störungen. Soldaten, Feuerwehrleute, Polizisten, Rettungsflieger; die angeblich Hartgesottenen werden zu Opfern ihres Ich-Ideals und ihrer Verdrängungen. Immer häufiger brechen die inneren Panzer und sie werden behandlungsbedürftig. Diese Probleme werden jetzt wahrgenommen und entsprechende Möglichkeiten der Therapie zur Verfügung gestellt.

Offensichtlich hat man aus den Fehlern der Vergangenheit gelernt. Als vor 30 Jahren zum Beispiel die „Helden“ des Vietnamkriegs heimkehrten, wurden sie mit ihren schrecklichen Erinnerungen und inneren Bildern allein gelassen. Viele zerbrachen an ihren Albträumen, Depressionen und Ängsten. Oder besser gesagt, sie zerbrachen nicht an den Ängsten, sondern an den Bewältigungsversuchen, an den Fluchtversuchen durch Alkohol, Drogen, durch Einsamkeit oder Krankheiten. Das Ziel der modernen Traumabewältigungsmethoden dagegen ist eine direkte Auseinandersetzung mit dem Innenleben, die Aufhebung der emotionalen Abkapselung, des Schweigens.

Was wir Ihnen mit diesem Exkurs vermitteln möchten, ist die Tatsache, dass jeder Mensch mit Ängsten leben muss. Die eigentlichen Probleme haben aber nur selten mit den Angstsymptomen selbst zu tun, sondern mit den begleitenden Gedanken und dem Umgang mit diesem Thema. Es ist der ganze Komplex des Theaterspiels, des Versteckens, der Kompensation, der Vermeidung und des Rückzugs.

Die Angstsymptome sind harmlos

Was passiert in Situationen, die als Angst definiert werden? Es sind ganz normale Reaktionen des vegetativen Nervensystems, vielleicht etwas stärker als üblich, aber in jedem Fall absolut ungefährlich: Zittern, Schwitzen, Kälte, beschleunigtes Herzschlagen und unregelmäßiges Atmen, Schwindel. Eventuell auch Kribbeln, Verspannungen in der Kehlkopfgegend (Kloß im Hals), Durchfall oder Harndrang.

Niemand wird durch diese körperlichen Reaktionen irgendwelchen Schaden erleiden, solange er sie als natürliche und banale Regungen des Körpers annehmen kann. Diese Regungen erfüllen nämlich einen überaus sinnvollen Zweck, sie dienen der Selbstregulation eines offensichtlich strapazierten Körpers. Hierbei kann es sich um starken akuten Druck handeln oder um eine Ansammlung kleinerer Anspannungen. Das vegetative Nervensystem übernimmt jedenfalls die Aufgabe, eine innere Balance wiederherzustellen, also für einen „Druckausgleich" zu sorgen, und dies geschieht über die oben aufgeführten Aktivitäten, die wir als Angstsymptome wahrnehmen. Dieser natürliche Prozess würde ohne Komplikationen ablaufen. Bei entsprechend disponierten Menschen setzen aber beunruhigende Gedanken ein: „Was passiert mit mir?" „Wie geht es weiter und wo endet das?" „Was passiert, wenn...?", und so fort.

Letztlich geht es bei diesen Gedanken nur um zwei Themen: „Verliere ich die Kontrolle?" und/oder „Verliere ich an Bedeutung?" Hilflosigkeit und Ablehnung sind also die befürchteten Konsequenzen, die meiner Meinung nach sämtlichen Angstgedanken zugrunde liegen.

Phantasierte Hilflosigkeit durch Kontrollverlust steckt zum Beispiel in der Angst vor

- starken Gefühlen wie Wut („Wenn ich einmal loslege, wird mich keiner stoppen können, dann könnte ich zum Mörder werden")
- Lust (Beherrschung verlieren) und Liebe (Abhängigkeit)
- Freiheit („Wo werde ich landen - im Irrenhaus, in der Gosse, verlassen von allen?")
- Nähe („Handlungsfähigkeit verlieren, aufgefressen werden")
- finanzieller Not

Phantasierte Bedeutungslosigkeit steckt zum Beispiel in der Angst vor

- Veränderungen
- Trennungen
- Einsamkeit, Alleinsein

- Erwartungen
- Ablehnung, Missbilligung
- Krankheit, Sterben
- Kritik
- Misserfolg, Fehlern
- Autoritäten

Die Auslöser von Angstreaktionen sind beliebig und ergeben sich manchmal höchst zufällig, sie haben wenig mit den Inhalten zu tun.

So können es irgendwelche Straßen, Häuser und Läden sein, harmlose soziale Situationen wie die Schlange vor einer Kasse oder belanglose Alltagsanforderungen wie Besprechungen etc. Manche Dinge scheinen aber besonders geeignet zu sein, entsprechende Reaktionen loszutreten: Spinnen, Dunkelheit, Fahrstühle. Die Ängste gelten aber nicht den Objekten, sondern den damit phantasierten eigenen Reaktionen und es ist sehr hilfreich, dies auseinanderhalten zu können.

Ein Beispiel

Eine Klientin von mir befindet sich gerade in einem Frankfurter Kaufhaus, als ihre Knie anfangen leicht zu zittern. Jetzt hat sie hat zwei Möglichkeiten, damit umzugehen:

Entweder sie setzt sich irgendwo hin und wartet, bis das Zittern aufhört (dann würde es nicht länger als eine Minute andauern) oder sie versucht es „in den Griff zu kriegen", den Atem anzuhalten, den Körper dagegen zu spannen, Treppen hoch und runter zu laufen oder anderes. Sie kann dieses Zittern aber nicht beeinflussen, es kommt aus der Tiefe des vegetativen Nervensystems, das auch als „autonom" bezeichnet wird. Das bedeutet eigenständig, nicht beeinflussbar. Sie würde also merken, dass das Zittern anhält, jetzt noch ergänzt durch die allgemeine Aufgeregtheit. Sie kann es nicht mehr aushalten und verlässt fluchtartig das Haus. Genau diese „Lösung" wählte sie, rannte raus, fühlte sich draußen unendlich erleichtert, „in der Freiheit" angekommen. Und eine innere Stimme meldete sich: „Nie wieder gehst du in dieses Haus!"

Nach Gesprächen mit ihrem Arzt bezeichnet sie rückblickend diesen im Grunde harmlosen Vorfall als „Panikattacke" und sie wird in der Folge dieses und auch andere Kaufhäuser meiden. Schnell kommen andere, ähnliche Gebäude dazu, und nach vier Wochen ist ihr Kreis so eng geworden, dass sie nicht mehr in die City fährt. So oder ähnlich verlaufen Angst-Prozesse in 90 Prozent der Fälle.

Auch an diesem Beispiel wird deutlich: Das größte Problem ist die Angst vor der Angst und der Versuch, seine Ängste zu verbergen. Es muss ein uraltes, tief verankertes Programm des Menschen sein, dass er alles versucht, seine Ängste für sich zu behalten, sie nicht nach außen dringen zu lassen. Das kann so weit gehen, dass nicht einmal der Partner von ihnen wissen soll.

Nun sind nicht alle Situationen so harmlos wie die eben geschilderte. Es können auch spontane Schwindelanfälle, Atemnot, Herzschmerzen und Übelkeit auftreten, aber auch diese Reaktionen sind im Grunde nicht bedrohlich, wenn ihnen nichts entgegengesetzt wird und sie, nachdem sie einen gewissen Höhepunkt erreicht haben, auslaufen können.

Auf der Suche nach den Ursachen

Wir sprechen nicht von Angsterkrankungen, sondern von Störungen. Sie sind beschreibbar, lokalisierbar und müssen letztendlich von uns selbst eigenverantwortlich aufgelöst werden. Die Angst verliert etwas von dem Dunklen, Abgrundhaften, Mystischen - sie wird zu einem Signal, das auf einen Mangel oder ein Übermaß im Leben des Betreffenden hinweist (analog zu bestimmten Schmerzsymptomen). Nicht der unerfüllbare Wunsch, „die Angst loswerden zu wollen" wird zum Leitmotiv, sondern die Annäherung an ein ausgeglicheneres, stimmigeres Leben. Wir sagen immer: „Seid froh über diese Zwischenfälle, es sind Signale. Sie wollen dir zeigen, dass etwas momentan nicht mehr in Ordnung ist in deinem Leben!"

Wie wir an anderer Stelle darstellen, ist der Organismus in der Lage, jeden Stress emotional zu verarbeiten. Dies geschieht weitgehend unter „Ausschluss der Öffentlichkeit", das heißt unbemerkt. An guten Tagen strömt die Lebensenergie und stimuliert das psycho-physische Immunsystem. Weder der intrigante Kollege noch eine U-Bahn voller Grippeviren können uns etwas anhaben, die Stressoren werden vom Organismus aufgenommen und verdaut, das vegetative Nervensystem kümmert sich um die Beseitigung der Reste.

Schlechte Tage sind solche, an denen Lebensenergie nicht frei fließen kann und der Organismus untertourig läuft, somit auch das psycho-physische Immunsystem. Dann wird alles zum Problem, die Kraft lässt nach, die Gedanken werden grau, die Bewegungen schlapp, der Atem flach. Das innere Netzwerk gelangt in eine negative Spirale. Jetzt wird der intrigante Kollege plötzlich zum Riesenproblem, das schwer im Magen liegt, und noch während der U-Bahnfahrt stellen sich die ersten Grippesymptome ein.

Die Bewältigungsarbeit des geschwächten Immunsystems kann jetzt nicht mehr „elegant, lautlos und unbemerkt" (Boyesen) erfolgen, vielmehr „ächzt und stöhnt" der Organismus unter dieser Last, die erwähnten Reaktionen wie Zittern, Schwitzen, Verengung, Durchfall etc. sind so zu verstehen.

„Wenn es sich eigentlich nur um harmlose körperliche Reaktionen handelt, wie kommt es dann überhaupt zu den berüchtigten Panikzuständen?" fragen Seminar-Teilnehmer immer wieder an dieser Stelle. Es ist vor allem eine Folge von Fehlwahrnehmung. Die bereits vorgeschwächte Psyche interpretiert diese Aktivitäten des vegetativen Nervensystems als Vorboten der befürchteten Panikzustände und startet den Versuch, diese Regungen unter Kontrolle zu bringen. Da es sich aber um vegetative Prozesse handelt, sind sie mit dem Willen nicht „in den Griff" zu kriegen - diese „Hilflosigkeit" wird zum Auslöser der Panikgedanken und der folgenden psychisch-physischen Angstspirale.

Den Beweis für diese These erhalten wir an guten Tagen, an denen die Lebensenergie schwingt und wir uns für das Leben gewappnet fühlen. Dann sind wir eher in der Lage, diese oben beschriebenen Regungen an- und hinzunehmen und entwickeln keinerlei Panikzustände. Die Hingabefähigkeit an die Impulse des eigenen Körpers ist deshalb das Ziel von Angstreduktionstrainings, auch unseres Programms „Schritte aus der Angst". Und so sollte sich die ideale innere Kommunikation anhören: „Zittern ist Zittern, ich lasse es geschehen, es ist eine natürliche Regulation meines Organismus, es hat keine große Bedeutung und wird mit Sicherheit demnächst abklingen..."

Die Schwäche des psychisch-physischen Immunsystems kommt nie aus heiterem Himmel, obwohl es von den Betroffenen so erlebt wird. Sie ist die Folge von Belastungsfaktoren (Spannungsmacher), die entweder nicht wahrgenommen oder nicht ernst genommen wurden. Und sie können sich schleichend aufbauen: Die Frau, die ihr Leben viele Jahre auf die Betreuung ihrer Kinder ausgerichtet hat, muss sich etwas Neues überlegen, wenn diese das Haus verlassen haben. Da werden die Karten des Lebens neu gemischt. Ist sie dazu nicht in der Lage oder nicht bereit, wird das Konsequenzen haben. Ein verloren gegangenes Lebensziel ist ein enormer Stressfaktor, er wird solange an der Psyche und an der Physis nagen, bis eine Neuorientierung erfolgt. Also steht die Frage im Raum: „An welchen Stellen wird mein Leben geschwächt, wo befindet es sich nicht mehr in der richtigen Balance?"

Deshalb sind die hier abgehandelten Botschaften des Organismus so wesentlich. Wer sie ignoriert oder betäubt, der wird sich mit seinen Ängsten einrichten müssen. Er wird keine neuen Lebensschritte unternehmen und zwangsläufig weiter abgleiten in ein schließlich von Ärzten, Medikamenten und Abhängigkeit bestimmtes Leben. Bitte akzeptieren Sie also die Botschaften Ihres Organismus als das, was sie sind: als Warnsignale. Und begeben Sie sich auf die Suche, finden Sie die möglichen inneren Konfliktherde Ihres gegenwärtigen Lebens. Auf vier Strukturen sollten Sie besonders achten: Wo fühlen Sie sich a) zerrissen, b) eingeengt-bedrängt, c) gebunden oder d) isoliert-resonanzlos. Ansonsten können unsere Abhandlungen zur Lebensenergie, und hier vor allem das Kapitel „Was schwächt die Lebensenergie" Sie weiter auf die Spur bringen. Hier möchten wir Sie einladen, sich einige Minuten Zeit zu nehmen und die Punkte einmal systematisch durchzugehen, unabhängig davon, ob Sie gerade mit Angstproblemen zu tun haben oder nicht.

Es gibt nun mal keine Sicherheiten im Leben. Ein schönes Gefäß kann morgen ein Scherbenhaufen sein, deswegen lohnt sich der prüfende Blick über das eigene Leben auch in ruhigen Zeiten.

Ich arbeite nach einem einfachen Modell:

„Angst ist nichts anderes als erlebte intensive Anspannung. Mit dieser Anspannung kontrolliert der Organismus die inneren Reaktionen, die in bestimmten Situationen angeregt werden. Flüchtige Ängste verschwinden mit den spannungserzeugenden Situationen, chronische Anspannungen überdauern diese. Panikattacken werden erlebt, wenn die inneren Reaktionen so stark werden, dass sie die Kontrolle durchbrechen.

Kommen wir zuerst zur Angst und danach zu den Panikattacken. Grundsätzlich unterscheide ich flüchtige und chronifizierte Anspannungen (Angstempfindungen). Den flüchtigen Ängsten gehen Situationen voraus, die als bedrohlich empfunden werden. Sie alarmieren und aktivieren das innere System nach einem animalischen Urgesetz: „Bereite dich vor, ein Kampf kommt auf dich zu!"

Das können reale Gefahren sein, meistens handelt es sich heute aber um eher unangenehme Situationen: anstehende Klärungsgespräche, Prüfungen, andere um etwas bitten müssen. Diese Ängste verschwinden mit der Bewältigung der Situation. Das Lampenfieber etwa erlischt mit dem ersten Wort auf der Bühne. Diese Ängste nenne ich „kleine Ängste", obwohl auch sie äußerst unangenehm sein können, aber sie hinterlassen keine Spuren.

Wir alle haben diese kleinen Ängste und verfügen über Möglichkeiten, mit ihnen fertig zu werden: Sich gut zureden, Entspannungsübungen, beten, sich ablenken, Musik hören - es gibt viele Strategien und Techniken. Auch Affirmationen gehören dazu. Wir können uns sagen: „Alles wird gut", oder: „Ich schaffe das", oder aber auch: „Ich werde von meinen Engeln beschützt". Ich glaube an die Wirkung von Affirmationen.

Besonders helfen Gespräche mit Menschen, in deren Gegenwart wir uns unserer Ängste nicht schämen und die uns nicht bewerten, kritisieren oder mit guten Ratschlägen drangsalieren. Sie werden uns einfach nur mit Verständnis zuhören, auch so kann Selbstzweifel weichen. Ganz anderer Natur sind die chronischen Ängste/Anspannungen, diese können sich zwischenzeitlich zwar etwas lockern, lösen sich aber von allein nicht mehr auf. Es ist, als würde eine dauernde innere Quelle diese Spannungen aufbauen. Diese schwächen den Menschen letztlich in allen Lebenssituationen, er reagiert darauf mit vermehrter Anspannung - eine Teufelsspirale. Sie lässt die Menschen verzweifeln, sie suchen nach Hilfe und finden häufig keine.

Nach meinen Beobachtungen sammeln sich die Spannungen im Bauch, also im vegetativ-emotionalen Verdauungssystem. In alten Zeiten, so sagt man, hat sich der menschliche Organismus selten angespannt, nur bei Gefahr, Hunger und wenigen anderen Situationen. Dazwischen ruhten sich unsere Urahnen ergiebig aus. In der heutigen Zeit wird der Organismus andauernd unter Druck gesetzt und viele Menschen schaffen sich nicht den Raum für Erholung, also für den Abbau der Alltagsspannungen. Diese sammeln sich im Bauch und finden hier eine Struktur vor, die sie aufnehmen und auch ablagern kann. Die Spannungen nisten sich fest ein, ohne den Menschen im täglichen Leben zu beeinträchtigen. Wenn überhaupt, dann spürt er sie an Tagen, an denen er nicht besonders beansprucht wird, am Wochenende, im Urlaub. Ansonsten werden sie zum festen Teil seines Seins. Diese Struktur nenne ich Spannungsbatterie, sie nimmt Spannungen auf, speichert sie und versucht sie aufzulösen, zu verarbeiten. Denn der Körper wehrt sich gegen die feste Einnistung der Spannung, dies ist eine natürliche, lebenserhaltende Reaktion. Hier kommt das vegetative Nervensystem ins Spiel. Es hat die Aufgabe, die Spannungen zu lösen und versucht dies über die schon erwähnten Abreaktionen wie Zittern, Schwitzen, Herzrasen etc. Der Körper ist dabei so weise, dass er während realer Gefahren diese Erholungsreaktionen unterbindet und so die Handlungsfähigkeit in der Not aufrecht erhält. Sie kennen dies als sogenannte Schockreaktion, das Zittern setzt erst ein, nachdem die schockierende Situation überlebt wurde.

Nach einem Unfall klettert der Autofahrer noch scherzend aus dem Wrack seines Fahrzeugs, beteiligt sich an den Absicherungsarbeiten, setzt sich dann hin, um eine Zigarette zu rauchen – und dann kommt es, das Zittern wie Espenlaub, die blau werdenden Lippen, die starr blickenden Augen. Eine heilsame, wunderbare Erholungsmaßnahme des Körpers! Er befreit sich von einem immensen Druck, das vegetative Nervensystem erfüllt seine Pflicht.

Angst tritt auf, wenn diese Reaktionen unterdrückt werden, um einen Kontrollverlust oder andere befürchtete Folgen zu verhindern. Dann wird die Spannungsbatterie zur Angstbatterie. Jetzt baut sich Druck nicht mehr ab, sondern sammelt sich. Das wird irgendwann zuerst im Bauch spürbar und wandert dann weiter – in den Brustbereich, in die Kehle, in den Kopf. Spannung im ganzen Körper, das ist dann chronische Angst. Wie kommt es zum Stopp der natürlichen Spannungslösung, zum Entstehen der Angstbatterie? Entweder ballen sich Probleme und Widrigkeiten des Lebens so stark, dass sie nicht mehr *abgearbeitet werden können (Überschüttung), oder die Selbstregulation wird durch dauernde, häufig zwanghafte Aktivität blockiert (Workaholic, Sportsucht, Putzwahn etc.), oder es erfolgt eine bewusste durchgehende Selbstkontrolle, der Mensch begibt sich in ein Zwangskorsett. Leider mit fatalem Ergebnis, alle Bemühungen bewirken das Gegenteil, das aus dem Leben Gedrängte kommt immer wieder zurück.*

Auch hier wird die deutliche Verbindung von Angsterleben und Lebenssituation deutlich. Wenn Lebensenergie in ausreichender Ladung fließt, dann bewältigt der Mensch alle Schwierigkeiten dieser Welt. Wird sie zu schwach, dann ist er irgendwann nicht mehr in der Lage, für sich selbst im erforderlichen Maße einzustehen. Er geht falsche Kompromisse ein, unterdrückt negative Gefühle – mit den beschriebenen Konsequenzen.

Alltagsbeobachtungen sprechen für die Stimmigkeit dieses Erklärungsansatzes: Lautes Lachen, Schreien, Toben, Wüten vertreibt die Angst ebenso wie bewegte Begeisterung, Tanzen, Laufen, lebendiger Sex und erregtes Diskutieren. Unsere Teilnehmer sind darüber immer wieder überrascht, aber die Erklärung ist einfach. Durch diese Aktivierungen erfolgen ebenso vegetative Abreaktionen wie durch das Zittern und die anderen bekannten Regungen, nur erscheinen diese Formen als kontrollierbar und werden deshalb keine Angstgefühle auslösen.

Panikattacken

Nach meinen Beobachtungen sind auch Panikattacken das Ergebnis von nicht aufgelösten Spannungen. Der Körper ist eine ganze Weile in der Lage, diese nervöse Energie zu speichern. Ist die Speicherungskapazität ausgeschöpft, versucht das vegetative Nervensystem eine Entladung. Die Abwehr dieser Prozesse bewirkt, wie dargestellt, eine andauernde Anspannung beziehungsweise Ängstlichkeit. Wird das Spannungspotential schließlich zu stark, wird es sich mit Gewalt entladen müssen und findet auch einen Weg. Diese Aktionen des vegetativen Nervensystems sind völlig ungefährlich, aber sie können so spontan und heftig erfolgen, dass sich Menschen ihnen hilflos ausgeliefert fühlen und dieses Ereignis als Katastrophe erleben. Und Katastrophen lösen Panik (innere Überschwemmung) aus. Für diesen Prozess hat sich deshalb der Begriff Panikattacke eingebürgert. Eine typische Entstehungsgeschichte möchte ich am Beispiel einer Teilnehmerin aus einer Ausbildungsgruppe in Hamburg erzählen. Eine junge Familie baute sich außerhalb der Stadt ein eigenes Haus und wurde dabei finanziell von der Mutter des Mannes unterstützt. Als Gegenleistung erhielt diese wohl sehr nette Dame dort eine kleine Wohnung. Tagsüber waren beide Frauen zu Hause, die jüngere versuchte, im Haus eine kleine Heilpraktikerpraxis aufzubauen, die Schwiegermutter war Rentnerin und langweilte sich. Außerdem fühlten sich beide in dieser für sie neuen, dörflichen Umgebung sehr fremd. Die

Schwiegermutter konnte sich nicht vorstellen, hier neue Bekanntschaften aufzubauen, ihre einzige Ansprechpartnerin war die Schwiegertochter. Sie besuchte sie nun mehrfach am Tag, arbeitete auch im Garten und freute sich, wenn abends der Sohn endlich nach Hause kam.

Versetzt man sich jetzt einmal in die Situation der jungen Frau, wird man die Entwicklung ihres Gemütszustands wahrscheinlich gut nachvollziehen können. Sie hat schon sehr bald und mit zunehmender Intensität das Gefühl, kein eigenes Leben mehr führen zu können, sondern der Schwiegermutter durchgängig zur Verfügung stehen zu müssen. Verschärft wird dies durch ihr Unvermögen, klare Grenzen aufzuzeigen und zum Beispiel die Besuche irgendwie zeitlich zu regeln. „Sie ist eine furchtbar nette und hilfsbereite Frau, ich kann sie nicht vor den Kopf stoßen!", die junge Frau macht also gute Miene zum bösen Spiel, beißt die Zähne zusammen und arrangiert sich mit dieser Situation. Sie gewöhnt sich daran, jederzeit angesprochen werden zu können, keine Sicherheit des ungestörten Raumes zu haben, irgendwann stört es sie nicht mehr. Voraussetzung für diese Anpassungsleistung ist natürlich die Unterdrückung ihrer wahren Lebensimpulse: „Mein eigenes Leben gestalten, mich im Haus ausbreiten können, mich frei fühlen, mich ungestört mit meiner Praxis beschäftigen können, mit meinem Mann laut streiten können oder auch mal nackt durch das Haus zu laufen, wenn ich es will!" Auch hier kommen wir wieder zum Naturgesetz, dass jede Unterdrückung der Lebensimpulse, also der Lebensenergie nur mit Hilfe von körperlicher Anspannung möglich ist. Das gesamte System ist daran beteiligt, die echten Impulse zu unterdrücken, also zum Beispiel Sätze wie: „Lass mich in Ruhe, hau ab, such dir andere Gesprächspartner. Ruf vorher an, wenn du runterkommen willst!"

Nach zwei Jahren erlebte die junge Frau einen Schock. Beim Autofahren wurde ihr plötzlich schwindelig, sie fuhr sofort an den Straßenrand, war starr vor Schreck: „Was passiert mit mir, werde ich ohnmächtig, oder muss ich sterben? Wird mich hier jemand finden?" Unmerklich stoppte sie dabei ihr Ausatmen, schnappte nach Luft und verlor dann tatsächlich das Bewußtsein. Kein Wunder, wenn wir aufhören zu atmen, muss Ähnliches passieren. Ihr Arzt nennt dies eine Panikattacke und verschreibt ein starkes Medikament, damit „dies nicht noch mal wieder passiert". Ich nenne dieses Ereignis eine Befreiungsreaktion des missachteten Organismus. Eine Abreaktion von monatelang unmerklich (und das ist das Teuflische daran) aufgestautem inneren Druck. Zwischen diesen beiden Sichtweisen liegen Welten. Die Frau erhält von der einen Seite die Botschaft: „Jetzt bist du krank und Patientin geworden", wir sagen ihr: „Versteh es als Signal, an deiner Situation etwas zu ändern!"

Leider ist es so, dass sich viele ganz gerne mit der Patientenrolle anfreunden, sie erspart eben unbequeme Konsequenzen. Der Organismus aber lässt nicht *locker, wenn sich wieder Spannungen aufbauen, dann benötigt er neue Entladungen. Sollte die Frau jetzt das Autofahren meiden, dann wird die vegetative Abreaktion in irgendeiner anderen Situation erfolgen. Die inneren Spannungen verstärken sich dadurch natürlich dramatisch, die junge Frau hat nirgendwo eine Sicherheit, jederzeit kann es sie „heimsuchen". Diesen Prozess nennt man die Generalisierung von Ängsten. Wir nennen es die Generalisierung innerer Anspannungen. Sie breiten sich aus im Leben, kommen und gehen und werden nur verschwinden, wenn wir sie aus unseren Körpern herauslassen. Geschieht dies nicht, so werden wir nach und nach zu ihren Opfern, kommen nie zur Ruhe, befinden uns irgendwann in permanenter Anspannung.*

Fazit: Wir produzieren unsere Ängste selbst, weil wir das Unangenehme vermeiden wollen. Die Folgen dieser Vermeidung melden sich im menschlichen Körper zuerst im Magen-Darm-Trakt. Dieses Warnsystem meldet sich leise durch Druck (Impulse, die festgehalten werden). Die Spannungsbatterie wird aktiviert und strebt nach Entladung.

Die Spannungsbatterie wird zur Angstbatterie, wenn die Entladung gestört oder verhindert wird: allgemeine Ängstlichkeit und Schwäche sind die Folge. Aber selbst in dieser Situation folgen viele Menschen immer noch nicht der Stimme ihres Bauchs und handeln, sondern versuchen auch dieses Unwohlsein unter Kontrolle zu bringen. Doch die Natur findet ihren Weg, letztlich gebraucht sie die heftigste Form der Abreaktion: die Panikattacken.

Ein Beispiel für Selbstheilung:

Eine Frau, die jeden Tag ihre Mittagspause im selben Restaurant verbrachte, hatte sich unbewusst immer einen Tisch in der Mitte des Raumes gesucht, hier fühlte sie sich wohl, Fensterplätze waren ihr unangenehm. Eines Tages waren alle Tische besetzt, nur einer am Fenster nicht. Spontan wollte sie das Restaurant verlassen, um ein anderes aufzusuchen. Nun wurde ihr plötzlich bewusst, dass sie offenbar Ängste vor dem Fensterplatz hatte und sie beschloss, sich der Situation zu stellen. Sie nahm den Platz ein, obwohl sie Angst hatte, und sie hat sich dieser Angst hingegeben. Sie zog sich also nicht in die gewohnte Vermeidung zurück, sondern steuerte beherzt den Tisch am Fenster an. Sofort bemerkte sie einen Druck im Bauch, ein leichtes Grummeln im Darm, außerdem beschleunigte sich der Atem.

Durch ihren mutigen Schritt erhielt der Organismus nunmehr die Möglichkeit, die Angstbatterie zu entleeren. Diese Empfindungen muss man jetzt aushalten und weitergehen, es passiert nichts! Sie erreichte den Tisch, aß in etwas angespanntem Zustand einen kleinen Snack und ging zurück in ihr Büro: Stolz, nicht mehr das Opfer ihrer Neurose zu sein. Anschließend musste sie mehrfach auf die Toilette, die Angstbatterien entluden sich über heftigen Durchfall total und befreiten den Körper endlich von den alten Spannungen.

Warum viele Anti-Angst-Therapien scheitern

Wenn sich Angstspannungen erst einmal im Körper festgesetzt haben, dann helfen weder Gesprächstherapie noch Psychoanalyse richtig weiter. Erst einmal müssen die Spannungen raus aus dem Organismus. In Deutschland hat man herausgefunden, dass die Verhaltenstherapie diesen Prozess wirksam unterstützen kann, vor allem die Konfrontationstherapie. Die Patienten müssen sich so lange ihren Angstauslösern direkt aussetzen, bis der Körper keine Energie mehr hat, die Spannungen länger aufrechtzuerhalten. Dabei macht er neue Lernerfahrungen, die in die Zukunft wirken. Und tatsächlich, diese Methode schlägt schnell an, jedenfalls am Anfang. Der Stolz ist groß, die Widerstände überwunden und sich Situationen ausgesetzt zu haben, vor denen man manchmal jahrzehntelang weggelaufen ist. Leider aber kommen in vielen Fällen die Ängste zurück. Die Menschen sind darauf nicht eingerichtet, hatten geglaubt, alles „im Griff" zu haben und verzweifeln.

Meine Theorie für dieses Phänomen ist, dass durch die Konfrontationstherapie nicht sämtliche Spannungen aufgelöst und aus dem Organismus genommen werden können, es bleibt also eine Restspannung im emotionalen Kanal und um diese herum wird sich neue Spannung aufbauen. Das Erfolgskriterium einer erfolgreichen Angsttherapie ist für mich also die vollständige Lösung der Restspannung, und dazu bedarf es der Psychoperistaltik. Nach der Konfrontation beziehungsweise der Mobilisierung des Organismus braucht dieser eine lange Zeit der Regeneration und vollständigen Ruhe vor weiteren Einflüssen von außen. Es ist die vierte Phase der Dynamischen Entspannung und Psychoperistaltik, die hier entscheidend ist. Wunderbar, dabei ein Stethoskop zu haben und wirklich so lange in der Ruhe zu bleiben, bis die Lösungsreaktionen anspringen.

Dazu erfahren Sie mehr in den praktischen Anleitungen im Kapitel „Der Angstfresser".

Szenen aus dem Alltag (5):

Partnerschaft ohne Ermüdung

Helga und Rolf bilden die Familie Mustermann - äußerlich scheint alles in mustergültiger Ordnung. Aber: Beide stecken in einem typischen Prozess der Anpassung an ein möglichst reibungsloses Zusammenleben. Konflikte und unterschiedliche Bedürfnisse werden weder klar artikuliert noch deutlich ausgetragen. So wird das Zusammenleben immer ruhiger und selbstverständlicher. Ein Zustand, an den man sich gewöhnen kann. Allerdings lässt sich die Kehrseite dieses Arrangements nicht aus der Welt schaffen. „Wo kein Reiz, da kein Leben!" Unter den Folgen leidet Helga bewusst und auf verschiedenen Ebenen, sie ist häufiger deprimiert, ihr fehlt der Antrieb, sie hat das Gefühl, immer weiter zu „verblöden" und dann noch die Kopfschmerzen, die sich ihrer in schöner Regelmäßigkeit bemächtigen. Rolf wird körperlich immer unbeweglicher, hat jede Power verloren und wirkt unzufrieden. Nicht öffentlich, nie würde er sich beklagen, aber in stillen Stunden spürt er unbenennbaren Frust. Und er hat Träume: andere Frauen, Liebe am heißen Strand, Karneval in Rio. Nach außen ein Traumpaar, von innen beginnt es gefährlich zu nagen...

Wer einsam ist, der hat es gut
Weil es niemand gibt, der ihm was tut
Wilhelm Busch

Ein lediger Mann kann herumlaufen, ohne es irgendjemandem erklären zu müssen. Er kann auch nach New Orleans fahren. Das gibt einem Mann ein Gefühl von Würde, zu wissen, dass er, wenn er es will, irgendwohin fahren kann.
Oder nirgendwohin, nur mit heruntergelassenem Verdeck durch die Gegend kurven, Sonne tanken und Gummi abreiben. Verheiratete Männer können nicht irgendwohin fahren. Es muss immer einen Plan geben, eine Liste mit Erledigungen, ein System, ein Ziel. Allein ist dein Leben intuitiv, wie Poesie. Mit einer Frau zusammen ist es eine Art Buchhaltung.
Garrison Keillor, Das Buch der Kerl

Die Erfahrung lehrt uns, dass Liebe nicht darin besteht, dass man einander ansieht, sondern dass man gemeinsam in gleicher Richtung blickt.
Antoine de Saint-Exupéry, Wind, Sand und Sterne

Er scheint tatsächlich nicht ganz einfach zu sein, der gemeinsame Tanz von Mann und Frau. Dabei kenne ich ein Rezept, das bei allen Widrigkeiten hilft:

Mache dir in jeder Situation klar, dass du dir deine Partnerschaft gesucht hast, um deine Lebensqualität zu erhöhen. Und nicht umgekehrt! Es gibt nach meinen Erfahrungen durchaus die Möglichkeit, Beziehungen über viele Jahre und sogar Jahrzehnte abwechslungsreich und lebendig zu halten. Voraussetzung dafür ist, dass Sie eine anregende Beziehung gestalten! Das ist zum Beispiel möglich, wenn beide Partner eigene Bereiche haben, in denen sie sich verwirklichen können und über die es Interessantes zu erzählen gibt.

Ich bin viel mit der Bahn unterwegs und kann dabei gut den Gesprächen anderer lauschen. Es ist wirklich erschreckend, wie langweilig diese sein können, gerade zwischen zwei Menschen, die offensichtlich in einer Paarbeziehung stehen. Erstens gibt es selten etwas Spannendes zu berichten. Zweitens wird nicht miteinander, sondern übereinander geredet. Drittens ist dies meist negativ: Klagen, Spott, Häme, Ärger. Viertens hört der andere gar nicht richtig zu und antwortet, wenn überhaupt, dann mechanisch. So verkommt diese wunderbare Fähigkeit der vielfältigen Kommunikation zu einem faden Nichts. Ich höre Stimmen, die sagen: „Irgendwann ist mal alles erzählt, dann gibt es nichts Neues mehr!", oder: „Ich weiß sowie schon, was er/sie sagen will!" Schrecklich, für mich gäbe es keinen Grund mehr, noch eine Minute in diesem Trauerspiel zu verweilen. Gewiss, alles Bewegliche nutzt sich im Laufe der Zeit ab, dies ist nicht zu vermeiden, aber wir können wachsam sein und rechtzeitig Gegenmaßnahmen starten.

Paare, die sich selbst irgendwann nicht mehr so spannend empfinden wie am Anfang, sollten Zwiegespräche halten. Aus eigener Erfahrung habe ich dieses einfache Ritual sehr schätzen gelernt: Es geht im Zwiegespräch darum, etwas über sich selbst und dem Partner zu erfahren, sich gegenseitig mitzuteilen, wo man sich im Leben gerade befindet, was anliegt, womit jeder also innerlich beschäftigt ist, und ähnliche Themen. Es ist eine verblüffend einfache Struktur, aber ungeheuer wirksam: Die Paare verabreden einen festen wöchentlichen Termin, zu dem sie sich zusammensetzen. Und zwar mit dem Ziel, mindestens 90 Minuten miteinander zu sprechen. Jeder hat rund zehn Minuten, danach ist Wechsel. So geht es viermal hin und her. Es gibt einige Regeln:

1. *Spreche nur über dich.*
2. *Vermeide Du-Botschaften, also eine direkte Ansprache des anderen.*
3. *Sprich in der Gegenwart.*
4. *Sage ansonsten alles, was du sagen willst, es gibt kein Urteil über wichtig oder unwichtig.*

Dieses schlichte Kommunikationsritual belebt jede Partnerschaft sofort auf die eine oder andere Weise. Aber Achtung: Die Partner müssen sich immer wieder überwinden, den abgemachten Termin auch einzuhalten, Zwiegespräche brin-

gen besonders in den ersten Wochen keine große Laune, es ist unbedingte Disziplin erforderlich, aber die Überwindung lohnt sich! Nach zwei bis drei Monaten haben Sie die Schwelle überwunden und können sich ein Partnerleben ohne Zwiegespräche nicht mehr vorstellen.

Die Zwiegespräche wurden von Professor Lukas Möller in Deutschland populär gemacht, es lohnt sich unbedingt auch die Lektüre seiner Bücher über die Liebe zu zweit. Lukas Möller ist im Juni 2002 völlig unerwartet gestorben.

Würde

Ein zweiter Punkt hat mit der Würde zu tun, mit der Würdigung des Partners, seiner Existenz, seiner Eigenarten (auch der nervigen), seiner Gedanken, Wünsche und Gefühle und seiner Grenzen. Es ist der Respekt vor der Einzigartigkeit des Partners.

Alle Lebewesen können sich tief in ihrer Seele und in ihrer Würde verletzt fühlen, und genau das geschieht sehr häufig in Partnerschaften. Früher, als die Frauen noch nicht in einem eigenständigen Beruf ihre Würde erfahren konnten, waren sie oft der entwürdigenden Behandlung des Ehemannes ausgesetzt. Menschen in Abhängigkeit zu wissen, ist offenbar sehr verlockend, um einen Menschen zu demütigen oder zu erniedrigen.

Ein Paar, frisch verheiratet, kommt auf der Straße an einer Pfütze vorbei. Der Mann hebt die Frau sofort auf seine Arme und trägt sie liebevoll über die Pfütze. „Es so wunderbar für mich, dich beschützen zu dürfen." Ein Jahr später kommt das Paar erneut an einer Pfütze vorbei. Dieses Mal tippt der Mann seine Frau an und macht sie auf die Pfütze aufmerksam: „Vorsicht, tritt nicht in die Pfütze". Ein weiteres Jahr darauf entsteht folgende Situation. Wieder eine Pfütze, die Frau übersieht sie und tritt hinein. Der Mann vorwurfsvoll: „Das waren teure Schuhe, meine Güte!" Noch ein Jahr später: „Hast du keine Augen im Kopf, beinahe hätte ich auch noch was abgekriegt!" Am Ende bleibt der Gatte mürrisch auf dem Sofa liegen: „Habe keine Lust, mich über dich zu ärgern!"

In der Phase der Eroberung war mein Mann sehr galant, sehr charmant und aufmerksam zu mir. Ich habe ihn geheiratet, weil er so einen großen Respekt vor mir hatte und ging davon aus, dass wir beide zusammen ein schönes Leben haben würden. Nach unserer Heirat änderte sich dies sehr bald, mein Mann fing an, alles bestimmen zu wollen und verletzte mich auch manchmal mit groben Worten. Als ich darum kämpfte, mit Respekt behandelt zu werden, wollte er sich keineswegs damit auseinandersetzen, sondern fand sein Verhalten ganz normal. Wir haben viel über die Umgangsformen seiner Eltern gesprochen und irgendwann erkannte mein Mann, dass er dabei war, das Herrschaftsgebaren seines Vaters zu imitie-

ren. Das war ihm überhaupt nicht bewusst. Nun, ich hatte ja Gott sei Dank meine Arbeit und die Bestätigung durch die Klienten. Wie furchtbar aber muss es ein, solche Quellen nicht zu Verfügung zu haben? Das ist kaum auszuhalten.

Die Neugierde an der eigenen Person

Ich glaube, nur das Interesse und die Neugierde an der eigenen Persönlichkeitsentwicklung kann verhindern, dass man die Gefühle der Mitmenschen ignoriert. Menschen können sich nur in Beziehung zu anderen selbst erfahren, warum kann das nicht der Partner sein? Die Kleingruppe mit dem Partner ist eigentlich wesentlicher als jede Selbsterfahrungsgruppe. Auch wenn ich seit 40 Jahren professionell mit Gruppen arbeite, ist das meine feste Überzeugung. Menschen nutzen die Möglichkeiten zu wenig. Also nutzen Sie die Gelegenheit! Finden Sie heraus, was Sie Ihrem Partner gegenüber verschweigen, wo Sie zu kleinen Lügen greifen, wo Sie sich nicht trauen. Oder bei welchen Gelegenheiten negative Gefühle hochkommen: Hass, Verachtung, Neid. So werden Sie sich selbst immer besser kennen lernen können, ihre/seine Bedürfnisse, Hemmungen, Neurosen, Träume - das ist spannend und macht es möglich, das eigene Rollengefängnis verlassen zu können.

Dies gilt besonders für Ja-Personen: Irgendwann müssen wir in unserer eigenen Entwicklung das Risiko eingehen, auch gelegentlich mal andere zu kränken oder sogar zu verletzen. Sonst finden wir unsere eigene Struktur nicht. Anders als in der Kindheit sollte es in der Erwachsenenbeziehung aber die Möglichkeit geben, solche Konfrontationen aufzuarbeiten und klarzustellen. So bleibt der Bauch frei und Lebensenergie kann strömen.

Schuldgefühle

Schuldgefühle beim Partner zu fördern ist ein gängiges Machtinstrument, kurzfristig durchaus wirkungsvoll, aber auf längere Sicht führt diese Strategie unweigerlich ins Beziehungselend.

„Du hattest doch…", „Wir wollten doch…", „Wenn dir etwas an mir läge, dann..", so beginnen solche Manöver klassischerweise. Schweigen, Leiden und Kränkung signalisieren, vergleichen, ins Unrecht setzen, sich zum Opfer machen, den Märtyrer spielen – auch hier schwingt der (unbewusste) Wunsch mit, dem anderen emotionalen Schaden zuzufügen.

Meine Schwägerin hat meinem Bruder vorgeschlagen, über Ostern zu ihren Eltern nach Dänemark zu fahren. Dies ist eine lange Reise von Norwegen aus mit drei Kindern. Mein Bruder sagte, er hätte nicht genügend Geld. Ein unbestimmter Ausdruck trat auf ihr Gesicht und auf die Frage, was denn los sei, schüttelte sie nur den Kopf und sagte: „Nichts!" Dafür klangen ihre Schritte sehr hart über die Dielen des Hauses, auch die Türen wurden nicht auf die sanfteste Weise geschlossen. Ungefähr fünf Stunden lang konnte sich mein Bruder überhaupt nicht mehr konzentrieren. Schließlich stimmte er seiner Frau zu, nach Dänemark zu fahren. Sofort wurde sie wieder fröhlich. So hat sie auf diese Weise ihre emotionale Macht gegenüber jemandem demonstriert, der emotional sensitiv veranlagt ist.

Ein anderes Mal ging es um eine bestimmte Geldsumme, die meine Schwägerin haben wollte, die aber meinem Bruder nicht zur Verfügung stand. Sie ging in die Küche und klapperte so laut mit dem Geschirr, dass sie eine für alle unbehagliche Atmosphäre kreierte. Mein Bruder versuchte vergeblich sein Buch zu lesen, bis er in die Küche ging, um einzulenken und ihrem Wunsch nachzugeben. Dies nennt man dominierende Emotionalität.Es gibt noch eine wesentlich subtilere Art der Manipulation. Meine Mutter war nie besonders emotional. Wenn ich aber spürte, dass sie unglücklich war, wollte ich alles in der Welt für sie tun, damit sie wieder glücklich ist. Meinem Bruder ging es ebenso.

Immer wieder muss ich mich auch manchmal bewusst von einigen Schülern abschirmen, welche diese emotionale Macht potentiell bei mir anwenden könnten, weil ich selber auch emotional sensitiv bin. Da muss ich ganz wach sein, denn auch Patienten haben diese Struktur. Wenn diese Strukturen unbewusst bleiben, besonders in Partnerschaften, Freundschaften oder Arbeitsverhältnissen, kommt es früher oder später zu einem Bruch. Erst sind es Gefühle wie Irritation oder der Unfreiheit, welche auftauchen. Die Individualität des einen Partners wird immer mehr unterdrückt, die Waagschalen geraten aus dem Gleichgewicht, wo dann die letzte Möglichkeit eine Trennung zu sein scheint. Dies ist ein ganz wichtiger Punkt bei Partnertherapien.

Der emotional Sensitive muss lernen, dass es in Ordnung ist, die Signale in Mimik und Gestik des anderen wahrzunehmen, ohne sich auf ein Machtspiel einzulassen. Es ist schwierig, weil der Emotional-Sensitive so vieles innerlich erspürt und er sich nahezu reflexhaft die Schuld gibt. Wenn man aber dieses Spiel durchschaut, fällt es leicht, sich zu distanzieren und sogar über sich und die anderen zu lachen.

Mein Hund ist emotional dominierend. Er will zweimal am Tag spazieren gehen, und wenn der Zeitpunkt gekommen ist, setzt er sich mit großen Augen vor meinen Mann und folgt ihm solange auf dem Fuße, bis er sich seiner erbarmt. Diesem Thema muss viel Beachtung in Beziehungen geschenkt werden. Kommunikation ist auch hier das Schlüsselwort: den anderen so zu respektieren wie sich selbst.

Die besten Biodynamischen Übungen zu Partnerschaft ohne Ermüdung

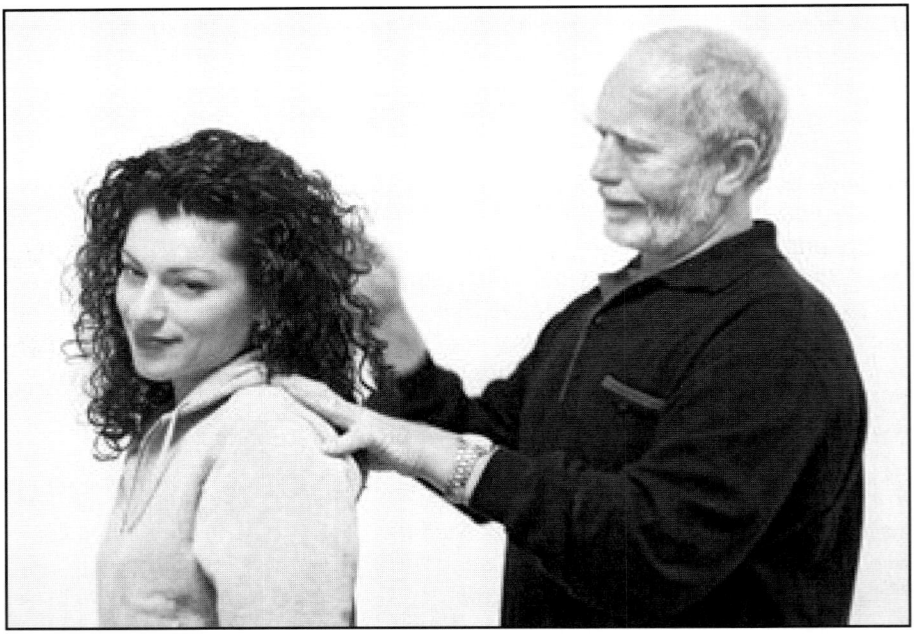

Abklopfen

Dies ist ein schlichtes und außerordentlich wohltuendes Partnerritual. Gegenseitiges Auflockern ist eines der schönsten Tauschgeschenke, es ist überall möglich, man kann nichts falsch machen und es endet immer positiv! Klopfen, kneten, massieren Sie so, wie es dem anderen am besten gefällt. Zum Schluss bitte kräftig nach unten ausstreichen! Dann wechseln Sie die Rollen. Das Abklopfen eignet sich besonders für Situationen, in denen der eine oder andere müde ist, z.B. am Feierabend. Im Nacken und in den Schultern stauen sich häufig die nicht verdauten Reste des täglichen Stresses, sie werden jetzt in Bewegung gebracht.

Rücken an Rücken

Sie kommen wieder in Kontakt miteinander und können alles selbst dosieren. Natürlich darf keiner ohne Ankündigung den Kontakt verlassen, darauf müssen sich beide felsenfest verlassen können. Denn genau dies macht diese Begegnung so wirksam: Sie finden Resonanz! Egal ob Sie Druck, Ärger oder Befreiungsimpulse ausleben oder weiche Bedürfnisse nach Körper und Berührung – Sie bleiben nicht allein damit, es antwortet jemand. Auch wenn die andere Person eigene Bewegungen macht und Sie diese vielleicht sogar als störend empfinden - diese Unterschiede dürfen sein, sie werden sich von allein auflösen.

Rücken an Rücken im Stehen

Sie beginnen im Stehen, sind mit dem Rücken einer anderen Person verbunden, jeder macht die Bewegung, die er jetzt braucht. Schnell, langsam, weich, stark, einladend, abschüttelnd.

Rücken an Rücken im Sitzen

In der sitzenden Position werden die Bewegungen schnell sanfter, harmonischer. Diese Begegnung kann süchtig machen. Die Anspannungen im Oberkörper, vor allem zwischen den Schultern und im Nacken - sie weichen auf und geben das frei, was sie vorher eingeklemmt haben: Energie, Lebensenergie, Libido - es beginnt zu strömen.

Kopf an Kopf

Die mögliche Fortsetzung, Reiben oder auch ganz sanfte Berührungen mit den Köpfen. Früher oder später entstehen wunderbare Gefühle.

... und so kommen Sie sich noch näher

Diese Abfolge ist natürlich nur ein Vorschlag. Viele Paare begnügen sich mit dem Sitzen Rücken an Rücken. Andere probieren noch die Methode „Wange an Wange".

Wir empfehlen dieses Arrangement besonders auch für Situationen, in denen Partner negative Gefühle zueinander haben, es kann auch als Ersatz für lange Streitgespräche wahre Wunder bewirken, denn letztlich entstehen diese dann, wenn Partner den Kontakt zueinander verloren haben.

Ozeanischer Begleiter

Es gibt Tage und Stunden, da braucht Mann oder Frau die Möglichkeit zum Anlehnen. Nur anlehnen, ausruhen, Schutz spüren und Kraft tanken. Ohne gegenseitige Verpflichtungen, Erwartungen und großes Gerede. Gerda Boyesen hat eine Übung kreiert, die genau diese Möglichkeiten bereithält: Den ozeanischen Begleiter. Sie finden ihn auf der gegenüberliegenden Seite.

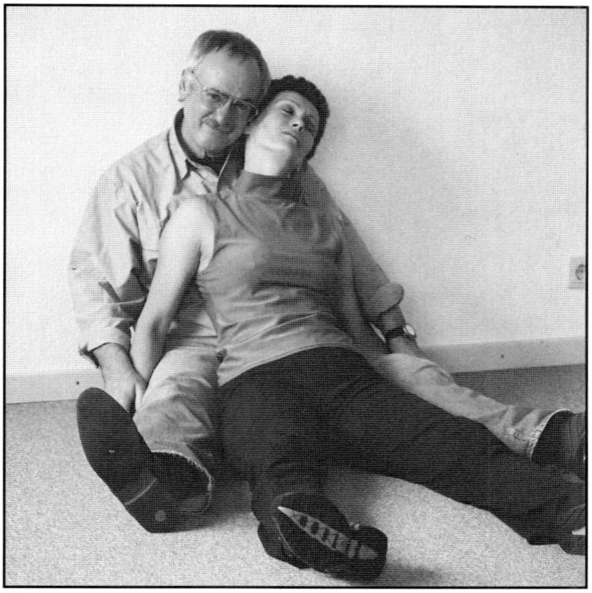
Ozeanischer Begleiter

Der Begleiter sitzt an die Wand gelehnt, spreizt die Beine etwas und lädt die andere Person ein, sich bei ihm anzulehnen. Wichtig ist, dass er bequem sitzt und sich selbst eine gute Zeit bereitet. Die andere Person zu halten soll keine Opfergabe sein, im Gegenteil. In der ozeanischen Begleitung schwindet die Polarität von Nehmen und Geben, denn am Ende geht es beiden besser.

Der Partner sucht jetzt die stimmige Position zum Anlehnen. Er ist völlig frei dabei, es gibt keine Erwartungen. Er kann ganz dichten Körperkontakt suchen oder eher distanzierten – und er sollte, wann immer er das Bedürfnis verspürt, seine Position ändern. Das ist eines der Themen dieser Übung: „Lerne herauszufinden, was dir gut tut!"

Er soll sich auch ganz bewusst von Bedenken freimachen, für seinen Begleiter eine Last zu sein (nach unseren Erfahrungen eine übliche Phantasie), denn dieser passt ja auf sich selbst auf! Auch hier geht es um Nähe ohne Verpflichtung, um wohltuenden Kontakt ohne Aufrechnerei. Vielleicht kommen dabei schöne Erinnerungen oder Sehnsüchte hoch, geben Sie sich ihnen hin, auch unangenehmen Empfindungen – sie kommen und gehen.

Jede Unterstützung erleichtert, die Lasten verteilen sich, der Körper erkennt dies und lässt los – irgendwann fangen beide an, sich gegenseitig deutlicher zu spüren, Wärme breitet sich aus und auf eine geheimnisvolle Weise rieselt eine feine Strömung zwischen den Körpern hin und her. Das ist der Kontakt, der uns beglückt und stärkt! Bleiben Sie solange zusammen, bis Sie etwas von dieser wunderbaren Schwingung spüren können!

Szenen aus dem Alltag (6):

Lebenslust statt Depressionen

Martha, Pensionärin: „Mein Arzt sagt, ich habe Depressionen."

Martha ist eine rüstig wirkende Frau, die von ihrem Arzt in die Gruppe geschickt wurde: „Er kann mit mir nichts mehr anfangen". Sie hat keinerlei Erfahrungen mit psychologischen Themen, schon gar nicht mit irgendwelchen Veranstaltungen. „Dass ich hier mal lande, hätte ich mir nie träumen lassen!" Entsprechend unglücklich wirkt sie am Anfang.

Sie ist 66 Jahre alt und bewohnt allein ein schmuckes Häuschen in einem „besseren Vorort" Frankfurts. Ihr Mann ist vor einigen Jahren gestorben, seitdem „geht es mit meinem Leben bergab". Während sie früher an seiner Seite die Welt bereiste, privat und auch geschäftlich, verbrachte sie die letzen Jahre eigentlich nur noch im Hause. Ihre Lebensaufgabe hatte sie immer darin gesehen, ihre drei Kinder „großzuziehen" und die berufliche Karriere ihres Mannes zu unterstützen. Nun, da die erwachsenen Kinder lange das Haus verlassen haben, findet sie morgens, ganz gegen ihre Gewohnheit, immer später aus dem Bett und fragt sich: „Warum soll ich überhaupt aufstehen? Keiner würde es bemerken, wenn ich hier liegen bliebe." Sie erlebt ihr Leben als sinnlos, es gibt keine besonderen Freundschaften mehr, keine Aufgaben, keine Ziele.

Dabei ist sie durchaus noch voller Energien, würde im Winter gerne einige Wochen in Italien verbringen, mal wieder ins Theater gehen, aber sie schafft es nicht, fühlt sich „zu allein" und bleibt zu Hause, viele Stunden vor dem Fernseher, lange im Bett, manchmal ohne Begeisterung im Garten. Die Tage ähneln sich auf eine trostlose Weise. Nur die Kinder bringen Abwechslung, „aber auf die könnte ich auch verzichten". Sie hat das Gefühl, dass ihre drei Söhne einen verdeckten Wettkampf um das zu erwartende Erbe führen. Jeder verfolgt seine eigene Strategie, die Mutter für sich selbst einzunehmen und gegen die anderen Geschwister misstrauisch zu stimmen. Eigentlich kommt jeden Tag eines der Kinder, aber es sind keine angenehmen, sondern angespannte Besuche.

Martha weiß sich nicht zu wehren, findet keinen Ansatzpunkt, leidet unter den Heimlichtuereien, Verdächtigungen und dem Niedergang des Familienlebens. Sie hat das Gefühl, dass alle Kinder insgeheim auf den Erbfall warten und jede größere Geldausgabe ihrer Mutter ängstlich beäugen. Die größten Probleme gibt es gegenwärtig mit dem ältesten Sohn, 42 Jahre alt und Tischler. Er kommt immer häufiger unangekündigt zu Besuch. Seit kurzem in Begleitung eines Riesenhundes, den Martha abscheulich findet und vor dem sie regelrecht Angst hat. Der Sohn fängt an, im Haus der Mutter kleine Umbaumaßnahmen vorzunehmen. Martha fühlt sich übergangen und schleichend entmündigt. Als „gute“ Mutter traut sie sich aber nicht, sich dem Sohn entgegenzustellen, findet keine Worte, frisst den Ärger in sich hinein, fühlt sich nach solchen Besuchen schwach und verzweifelt, verliert ihre Lebenslust.

„Man muss nur immer sorgen, erregt zu werden, um gegen die Depression anzukämpfen. Das ist auch bei jetziger deprimierender Witterung der beste medizinische Rat.“

Johann Wolfgang von Goethe, 6.3.1828

„Immer mehr Menschen leiden heute bei uns unter Depressionen, in allen gesellschaftlichen Gruppen. Man hat früher von deprimierenden Lebensbedingungen gesprochen und damit den Mangel an materiellen Gütern gemeint, der sich lähmend auf die Seele der Menschen legt. Heute leben in unseren Ländern aber viele Menschen in relativ gesicherten Verhältnissen und sie fühlen sich dennoch deprimiert.

Mir fällt dazu ein Experiment mit Ratten ein, das der norwegische Psychologieprofessor Dr. Harold Schelderup durchgeführt und in seinem Buch über Neurosen und neurotische Charaktere erwähnt hat. In diesen Versuchen hat man Erkenntnisse über die Wurzeln neurotischer Verhaltensweisen gewinnen wollen. Die Versuchstiere wurden durch einen Tunnel aus weißem Papier geschickt und erhielten danach ihr Futter. Erwartungsgemäß schätzten die Ratten diesen Weg. Sie holten sich das Futter und waren wohlauf. Beim zweiten Versuch hat man den Tunnel aus schwarzem Papier geformt. Die Ratten fühlten sich bei diesem Versuch unwohl und verletzten sich sogar. Für die Ratten war klar, sie wollten durch einen weißen Tunnel laufen. Durch diese klare Entscheidung für eine Alternative (weiß) und der Ablehnung der anderen Alternative (schwarz) gelangten die Tiere zwar in einen Zustand der Irritation, wurden aber nicht neurotisch.

Ein dritter Versuch wurde ausgeführt, hier sollten sich die Ratten durch einen grauen Tunnel vorwärts bewegen. In dieser Grauzone konnten sich die Ratten nicht selbst bestimmen, konnten nicht hüpfen, weil sie unsicher waren, ob sie unverletzt oder wohlbehalten bei der Futteraufnahme landeten. Sie konnten sich nicht mehr bewegen, weil sie nicht sicher waren, was hinter dieser Grauzone auf sie zukam. Sie waren nicht mehr klar in ihrer Entscheidung; sie befanden sich in einem Konflikt.

Zum Schluss hat man dann einige Ratten dazu gezwungen, durch den grauen Tunnel hindurchzuhüpfen, wodurch diese nervöses und hysterisches Verhalten zeigten. Dieses resultierte nicht etwa aus der Schwierigkeit, das Futter zu errei-

chen, sondern aus dem Zwang, eine Entscheidung treffen zu müssen. Andere verweigerten sich total und verharrten regungslos. Ich verstehe dies als eine Resignation, mit der sich die Tiere vor einer Verletzung schützen wollten. In der Natur ist es normal, dass Tiere sich in Gefahr tot stellen können, um zu überleben.

Auch für den Menschen kann eine kurze Resignation manchmal hilfreich sein. Später wird die Lebensenergie diese Resignation wieder auflösen. Mehr als negative Ereignisse scheinen uns die Situationen zu lähmen, in denen wir buchstäblich die Qual der Wahl haben: Soll ich oder soll ich nicht? Die Frau, die keine Liebe mehr verspürt für ihren Mann und Trennungsideen entwickelt - ihr innerer Konflikt wird umso stärker werden, je weniger äußeren Anlass der Mann liefert. Einen ansonsten treusorgenden, hilfsbereiten, „guten" Mann zu verlassen bedeutet immer eine gewaltige Ambivalenz und somit Nahrung für Depressionen. So kann ich die Erleichterung immer gut verstehen, die Frauen in solchen Situationen verspüren, wenn der Gatte plötzlich die Kontrolle verliert und zum (Übel-)Täter wird. Dann gibt es eine Rechtfertigung für eine Entscheidung, die innere „Stimmigkeit" ist hergestellt und Konsequenzen fallen leichter.

Wege in die Depression

„Es hat keinen Zweck mehr!" In jedem Fall ist resignatives Denken und Handeln ein Wegbereiter für Depressionen. Ich habe einmal mit einer Klientin gearbeitet, die Mutter eines kleinen, gesunden Kindes war, das sie aber manchmal für einige Stunden zu einer Nachbarin gab. Diese war selbst Mutter, ihr Kind allerdings zeigte sehr starke autistische Verhaltensweisen, ohne dass dies von der unmittelbaren Umgebung registriert wurde. Später stellte sich heraus, dass die Eltern aus Prinzip nicht direkt auf das Schreien ihres Babys reagieren wollten und es häufiger keine Resonanz auf seine Signale erfuhr. Ein kleines Kind aber hat keine Zeitvorstellung. Werden elementare Erwartungen nicht erfüllt, dann projiziert es diese tiefe Frustration in die Ewigkeit: „Es ist immer so und wird immer so bleiben!" Das ist der Kern von Resignation, in diesem Fall in Form autistischer Reaktionen. Eigentlich ist es ganz einfach: Wer sich gerade frustriert, enttäuscht, entmutigt fühlt, der sollte mit allen Kräften aktiv werden, um diese Barriere möglichst bald zu überwinden. Wenn man diese Kraft nicht mobilisieren kann, dann besteht die Gefahr, dass die Lebensenergie aus diesen Situationen heraus anhaltend flach bleibt. Diesen Zustand bezeichnet man als Depression.

Reizarmut

Wir wissen, dass eine Resignation einsetzen kann, wenn man sich entscheiden muss. Nun gibt es aber viele Menschen, die sich gar nicht entscheiden können;

sie könnten noch viele Jahre reibungslos ihr gegenwärtiges Leben fortsetzen und leiden dennoch unter Depressionen. Ich erlebe, dass viele von ihnen ein langweiliges Leben führen, sie meiden Aufregungen, Risiken, Auseinandersetzungen, Herausforderungen, Neues. Diese Einstellung kann direkt in Depressionen führen.

Warum? Weil wir in unserem Leben Abwechslung brauchen, das entspricht der menschlichen Natur. Vermeiden wir alles, was neu und fremd ist, so werden sich entsprechende Konsequenzen einstellen, früher oder später.

Lebenssituation

Natürlich können auch äußere Umstände zu Depressionen führen, eine unglückliche Ehe, eine unbefriedigende Arbeit, Geldsorgen, manchmal genügen schon bösartige Nachbarn.

Unterdrückte Wut

In der Psychologie spricht man auch von der Polarität zwischen Wut und Depression. Jeder lebendige Mensch baut immer mal wieder Wutspannungen in sich auf, es sind starke physiologische und energetische Prozesse, die sich im Körper abspielen. So besitzergreifend breiten sich diese Prozesse in uns aus, dass sie Angst machen können und dann als Ereignisse empfunden werden, die es mit aller Kraft zu kontrollieren gilt.

Aber jeder kennt die Folgen der Wutunterdrückung: Anspannung, Unruhe, Unwohlsein, schließlich Erstarrung. So ist Depression sehr oft auch verdrängte Aggression. Oder die kreativen Depressionen - wenn ein Maler nicht mehr malen, ein Schriftsteller nicht mehr schreiben kann. Beethoven beispielsweise wurde depressiv, als er nicht mehr komponierte. Bekannte und heimliche Künstler schildern diese Krisen. Sie treffen jeden, der durch innere oder äußere Gründe am Ausleben seiner kreativen Impulse gehindert wird.

Ebenso kennen wir spirituelle Depressionen. Wenn ein Suchender keinen Zugang zur Spiritualität oder Religion findet oder vergeblich nach einem höheren Lebenssinn strebt.

Wege aus der Depression

Alle diese und sicherlich manche andere Themen wirken in eine Richtung: sie schränken die Bewegungen der natürlichen Lebensenergie ein. Ich habe einen Schuljungen gesehen, der im Warteraum von Heathrow ganz wild und erregt auf seine Mutter einredete. Die Augen blitzten, die Haut glühte, die Bewegungen drückten Kraft und Entschlossenheit aus. Offensichtlich war er voller Zorn über irgendetwas. Der Mutter war dies peinlich und mit zischenden, wahrscheinlich drohenden Worten brachte sie ihn zum Schweigen. Aber wie sah der Arme jetzt aus? Blass, zusammengesunken, schwach, stumm... Urplötzlich schien alles Vitale, Emotionale in ihm verschwunden zu sein, verdrängt von ausdrucksloser Gleichgültigkeit. Eine beachtliche Leistung, zu der unser Organismus fähig ist. In kürzester Zeit schaltet er um, von pulsierendem Leben in einen Leerlauf – und das ohne reale Gefahr. Keines unserer Haustiere wäre dazu in der Lage, es widerspricht dem natürlichen energetischen Prinzip des Auf- und Abschwingens.

Diese Kontrolle der Lebensenergie erfolgt vor allem auf der Ebene des zweiten Gehirns, also in den Eingeweiden. Die festgehaltene Energie zieht Körperflüssigkeit an die Stelle im Organismus, an der sie sich staut. Dieses Phänomen scheint mittlerweile unumstritten zu sein, ohne dass wir genauere Begründungen geben können. Ich kann es nur als Bild sehen: Die matt gesetzte Lebensenergie will ernährt, genutzt und angewendet werden und sie bedient sich dabei eines flüssigen Milieus. Ich nenne die gestaute Flüssigkeit auch „Depressionsflüssigkeit".

Ich habe in all den Jahren herausgefunden, dass die nervöse Flüssigkeit im Körper der Kern aller dieser verschiedenen Arten von Depressionen ist. In einem gesunden Organismus, bei einem aktiven Menschen, verdaut sich diese Flüssigkeit selbst. Sie verschwindet einfach durch die Lymphen, durch die Venen. Sie bewegt sich selbst und wird nicht von der blockierten Lebensenergie gebunden. Ist der Mensch aber zur Aktivierung nicht mehr in der Lage, braucht er Anregungen und Hilfe von außen. Und deshalb versuchen wir in der Biodynamischen Körpertherapie, diese Depressionsflüssigkeit aus dem Körper zu entfernen.

Dabei gilt es, diverse Grade zu unterscheiden. Ein sehr schwer depressiver Mensch will eigentlich wieder zurück in den Mutterleib, möchte gar nicht geboren worden sein. Deswegen sieht er keinen Ausweg mehr und will aufgeben. Für seine Umgebung ist es oft sehr schwer, mit diesem Menschen umzugehen, er beklagt sich gern und oft, reagiert sich selten ab und wiederholt sich eigentlich ständig. Die Umgebung kann dieses Verhalten meistens nicht ertragen oder nimmt diesen Zustand einfach nicht ernst. Wenn es also ganz alte, fest eingewachsene Depressionen sind, die dem betroffenen Menschen schon zur zweiten Natur geworden sind, dann wird er Hilfe nur in einer Psychotherapie finden. Und ohne unbescheiden wirken zu wollen, halte ich in diesen Fällen mein System der Psychoperistaltik für hilfreich und die Methode der Flüssigkeitsableitung für überaus wirksam.

Vielfältiger sind die Möglichkeiten, mit denen wir depressiven Verstimmungen zu Leibe rücken können, die nicht über dicke Wurzeln mit der Vergangenheit des Menschen verbunden sind und sich deshalb noch nicht so stark im Körper manifestiert haben. Es handelt sich meistens um Reaktionen auf Ereignisse der Gegenwart. Hier lässt sich die Lebensenergie leichter wieder in Gang bringen durch Übungen, neue Ziele, mehr Kommunikation.

Am schnellsten geht es mit Provokation: Mach einen Menschen wütend, und er wird augenblicklich in seine rote Energie und damit in innere Bewegung kommen! Raus aus der Isolation, rein in das Alltagsgeschehen, das ist die Devise.

Kontakte: Den Alltag anders strukturieren

Anderen Menschen zu helfen ist zum Beispiel eine unglaublich gute „Therapie". Der Mensch nimmt sich selbst nicht mehr so wichtig, relativiert seine eigenen Sorgen, verliert sich in seiner selbstgestellten Aufgabe. Die Erfahrung, anderen Menschen etwas geben zu können, kann zu einem Erfolgserlebnis werden, das augenblicklich die inneren Tore wieder zu öffnen vermag.

Ich selbst komme aus einer Familie, in der alles durch andere Menschen erledigt werden konnte: Meine Familie konnte sich alles kaufen. Die Weihnachtsfeste waren immer sehr leer für mich. Als ich zum ersten Mal ein Fest selbst ausgestattet habe, für meine eigene Familie alles eingekauft und vorbereitet habe, da war ich am Heiligen Abend zwar müde, aber unendlich glücklich und zufrieden. Und diese eigene Zufriedenheit ist etwas sehr Schönes. Sie ist keine Frage des Geldes. Ob arm oder reich, man kann stolz und zufrieden sein, wenn man etwas selbst gestaltet und geschaffen hat. Eine kreative Beschäftigung, wie zum Beispiel Malen, kann ebenfalls helfen. Allerdings würde ich immer dafür plädieren, dieses in einer Gruppe zu tun. Ich halte es für ganz wichtig, dass sich depressive Menschen im Dialog mit anderen Menschen befinden, um Resonanz zu erfahren. Der Betroffene sollte nur wenig allein sein. Er sollte viel mit anderen Menschen kommunizieren, um wieder in eine leichtere, angenehmere Schwingung zu kommen. Durch diese Leichtigkeit, durch diese Freude findet dann die gestaute Körperflüssigkeit ganz allein seinen Weg aus dem Stau heraus. Die Psyche und der Körper geraten wieder in Einklang miteinander.

Sport ist auch eine gute Möglichkeit, um Depressionen aufzulösen. Das Team kann dabei ebenso wichtig sein wie die körperliche Bewegung selbst.

Es hilft auch, mit anderen Menschen verstärkt zu kommunizieren, fremde Leute anzusprechen, sie nach ihrem Befinden zu fragen, etwas Freundliches zu sagen. Ein Bekannter von mir besucht an „grauen" Tagen gezielt eine Buchhandlung in seiner Stadt, lässt sich über neue Veröffentlichungen informieren, stö-

bert, liest, plaudert mit anderen Besuchern und verlässt diesen heilsamen Ort nach einer Stunde, angeregt und beschwingt!

Auch der Kontakt mit Menschen, denen es noch schlechter geht, hilft aus eigenen Tälern heraus. Sicherlich eine häufige, unbewusste Motivation von „Helfern".

Es ist zudem enorm hilfreich, in depressiven Zuständen seinen strukturierten Tagesablauf nicht zu verlieren. Man sollte zu einer festgelegten Uhrzeit aufstehen, duschen, Zähne putzen, sich eincremen und dann Kleidung wählen, in der man sich wohl fühlt. Denn diese Kleinigkeiten haben eine Wirkung, man sieht sofort kräftiger und positiver aus. Depressiven Menschen ist oft alles egal und sie sehen ungepflegt aus, die Ablehnung der Umgebung verstärkt dann die negative Selbstwahrnehmung. Diese Struktur im Alltag kann wirklich helfen. In Krankenhäusern wendet man diese Rituale schon seit jeher an. Wenn ein Mensch in depressivem Zustand nicht diese Disziplin aufbringt, läuft er Gefahr, dass sein Alltag ungeordnet wird und grau bleibt.

Aller Anfang aber ist schwer...

Der Anfang, sein Leben zu ändern, ist schwer, besonders in der Freudlosigkeit. Woher bekommt man die Kraft, aktiv zu werden? Woher kommen diese Impulse, die den Geist, die Seele und den Körper wieder antreiben?

Der Wille ist der Schlüssel. Die feste Absicht, die positive Auswirkung der Aktivität erleben zu wollen. Und dann muss man einfach irgendwo beginnen. Auch wenn es in der ersten Phase noch gar keinen Spaß bringt, der erste Kilometer beim Joggen wird eine Tortur sein, die Antidepressionsübung am Morgen eine Zumutung. Aber es gibt keine Alternative. Einfach anfangen, rein in die Unlust, atmen und weitermachen, mit Sicherheit wird sich die Stimmung sehr bald wandeln.

Hilfreich bei dieser Überwindungsleistung sind realistische Ziele und kleine Belohnungen. „Mein heutiges Ziel: Drei Minuten 'Dynamisches Radfahren' (eine unserer besten Übungen), danach drei Minuten Erholung, und zur Belohnung eine heiße Dusche mit einer wunderbaren Duschlotion." So kann es gehen, jeder muss es selbst herausfinden.

Dazu kommt die Belohnung von innen, der Stolz, etwas geschafft zu haben! Wer so weit ist, dass er diesen Stolz registrieren kann, der hat seine depressive Phase schon fast überwunden. Die Arbeit an sich selbst hat immer, und besonders in der Depression, auch mit Disziplin zu tun.

Depressive Phasen - so bleibt der Bauch frei und Lebensenergie kann strömen:

Spiegelatmung

Eine schnelle Übung zur schnellen Regulation der Lebensenergie: Sie halten eine offene Hand wie einen Spiegel vor sich, ca. 30 cm vom Gesicht entfernt. Halten Sie diesen Spiegel so hoch, dass Sie etwas noch oben schauen müssen. Erinnern Sie sich noch an das Kindervergnügen, Fensterscheiben anzuhauchen und sie dann zu bekritzeln? Das sollen Sie jetzt auch tun. Hauchen Sie auf die Scheibe des Spiegels (die Hand), mit ununterbrochenem, sanften Atemfluss.

Das Ausatmen ist dabei natürlich etwas stärker als das Einatmen. Stellen Sie sich vor, wie Sie den ganzen Spiegel benetzen. Nach fünf bis sechs Atemzügen (mehr sollten es nicht sein) machen Sie eine Pause, bewegen sich ein bisschen. Fühlen Sie sich schon etwas besser?

Wiederholen Sie das Hauchen, so häufig Sie mögen. Aber vermeiden Sie unbedingt Schwindelgefühle, diese können auftreten, wenn die Pausen zu kurz oder die Atemzüge zu heftig sind.

Gerda Boyesen empfiehlt, das Spiegelatmen mehrfach täglich zu wiederholen, es zum festen Bestandteil des Tages zu machen. Müde? Spiegelatmen. Keine Lust mehr? Spiegelatmen. Sie müssen Angst überwinden? Spiegelatmung!

Es stimuliert die rote Energie, fördert deren Aufstieg und die folgende Transformation in die anfließende blaue Energie. Auf diese Weise neu belebt, treten Sie der Welt gestärkt entgegen!

Energetisches Ausstreichen

Menschen, die noch keine Biodynamische Therapie machen, können auch Selbsthilfe anwenden, indem sie ihre Hände benutzen, um ihren Körper energetisch auszustreichen. Man beginnt immer am oberen Ende des Körpers und streicht nach unten hin aus. Man streicht über alle Gelenke, über alle Muskeln fließend hinweg und schüttelt jedes Mal, wenn man zum Beispiel einen Arm von oben nach unten ausgestrichen hat, die Hände aus und beginnt mit dem nächsten Arm. Die Lebensenergie staut sich auch oft hinter den Ohren. Auch dort kann man ganz liebevoll mit den Fingerspitzen die gestaute Energie ausstreichen. Mit schnellen Bewegungen belebt man seinen Körper und mit langsamen Bewegungen beruhigt man sich. Man kann auch zusätzlich ganz bestimmt das Wörtchen „weg" sagen. Die schlechte Energie soll aus dem Körper herausgehen, weggehen!

Dynamisches Radfahren

Entweder liegen Sie auf dem Rücken oder Sie sitzen auf einem harten Stuhl. Achten Sie bitte darauf, dass Sie dabei ganz entspannt bleiben, es soll eine bequeme Lage sein. Dann heben Sie bitte beide Beine an und beginnen, Bewegungen wie beim Radfahren zu machen. Ihre Füße stehen auf imaginären Pedalen, und Sie radeln erst einmal ganz leicht und locker durch eine angenehme Gegend. Stellen Sie sich dann vor, dass die Straße ansteigt, Sie müssen kräftiger treten, und es geht auch nicht mehr so schnell. Sie brauchen kräftigen Atem, Ihre Lungen wollen gefüllt werden, um sich beim nächsten Tritt wie ein Auspuff vollkommen entleeren zu können. Dann haben Sie den Hügel erreicht, legen sich hin, genießen die Sonne, den Wind oder den Tau. Ihre Beine haben Sie aufgestellt. Sie finden zu einer wunderschönen, leichten, entspannenden Bewegung. Erst wenn Sie völlig erholt sind, radeln Sie weiter oder beenden diese kleine Reise. Ein Musik-Tipp: Gabrielle Roth, Guem et Zarka.

Dritter Teil: Übungen zum Leben aus dem Bauch heraus

Leben ist Bewegung, Bewegung ist Leben

Winning Moves: Die Entdeckung der Gewinnenden Bewegungen

Alpha-Blues und Psychoperistaltics

Biodynamische Übungen: Schritt für Schritt zum Erfolg

Die goldenen fünf Lebenshelfer:

Der Angstfresser

Der Stresslöser

Der Lust&Liebe-Turbo

Das ultimative Schlaflied

Die Glücksspirale

Vorweg:

Übungen zum Leben aus dem Bauch heraus

- *Eine universelle Lebenskraft, die den Körper durchströmt*
- *Steine im Bauch, die schmelzen*
- *Lust und Liebe, die sich frei entfalten und das Leben tragen*

Diese und andere Bilder sind Ihnen in den bisherigen Kapiteln begegnet. Sie stehen für Gesundheit, Lebensfreude, Begeisterung und Selbstverwirklichung. Doch was nützen diese Bilder in unserem Alltag?

Im folgenden Teil erhalten Sie alle Informationen, die Sie brauchen, um die Arbeit von Gerda Boyesen gewinnbringend für das eigene Leben zu nutzen. Es sind überaus effektive Methoden des Selbstmanagements, nicht am Schreibtisch ausgedacht, sondern die Quintessenz von 50 ausgefüllten Jahren kreativer Arbeit auf vielen Ebenen. Sie werden die „Gewinnenden Bewegungen" kennenlernen, die Sie in nahezu jeder Alltagssituation anwenden können und außerdem die fünf Übungen der Dynamischen Entspannung für jene, die intensiver einsteigen und vielleicht auch persönliche Themen bearbeiten möchten.

Mit ihnen können Sie sich tägliche Glücksströmungen verschaffen, negativen Stress umwandeln, Ängste lösen, Schlaf finden und Sexualität beleben. Je nachdem, was Sie gerade benötigen! Sie wurden bislang im professionellen Kontext eingesetzt und werden hier zum ersten Mal ausführlich dokumentiert.

Diese spezielle Weiterentwicklung der Biodynamischen Psychologie erfolgt seit einigen Jahren im Rahmen der „Deutschen Liga für Angst- und Stresslösung" und führte schließlich zu ganz neuen Lösungen. Es geht grundsätzlich immer um das Herauslösen aus Stress- und Anspannungsmustern und den Kontakt zu stimulierenden Bewegungsqualitäten.

Ein Power-Instrumentarium für den Alltag:

Leben ist Bewegung, Bewegung ist Leben

„Die Deutschen bewegen sich immer weniger" (Ergebnis einer Untersuchung)
„Bei internationalen Meetings fallen die deutschen Teilnehmer sofort auf, sie sind die verklemmtesten!" (US-Manager)

„Deutsche Männer interessieren mich nicht mehr, sie sind mir einfach zu träge." (Renate, 44)

Diese Zitate entstammen einer einzigen Ausgabe der Zeitschrift „Brigitte" und beschreiben eine verhängnisvolle Entwicklung.

Nehmen Sie sich doch einmal eine Stunde Zeit, um auf einem Spielplatz oder Schulhof Kinder genauer zu beobachten - und achten Sie dabei nur auf deren Motorik. Sie werden entdecken, dass sich diese Kinder einem kontinuierlichem Bewegungsfluss hingeben. Auch wenn sie eine Pause in ihrem Spiel einzulegen scheinen, so bewegen sie sich dennoch auf einer weniger sichtbaren Ebene weiter, in vielfältiger und offensichtlich unbewusster Weise. Sie schaukeln vor sich hin, wiegen sich hin und her, die Köpfe pendeln, sie strecken für Sekunden die Bäuche raus, kreisen mit den Füßen, ziehen die Schultern an und lassen sie wieder fallen.Oder Kinder morgens nach dem Aufwachen: sofort suchen sie nach Bewegungsmöglichkeiten. Während der Erwachsene so lange wie möglich im Bett bleiben will, ist es bei Kindern umgekehrt. Sie verspüren nach dem Schlaf das dringende Bedürfnis nach Aktivität – und das ist das natürliche Prinzip.

Fazit: die Motorik des kindlichen Organismus ist immer aktiv! Er scheint sich dabei selbst zu stimulieren und wirkt wie eine Pumpe, die unablässig dafür sorgt, dass die Zirkulation der vitalen Kräfte sichergestellt ist. Ein weiser Einfall der Natur, der auch die Erklärung für die nicht zu leugnende Tatsache liefert, dass Kinder bestens ohne Motivationskurse und Positives Denken auskommen.

Versuchen Sie diese natürlichen Regungen zu verstehen, sich mit ihnen zu identifizieren, sie mitzuleben! Und dann wechseln Sie die Szene und beobachten Erwachsene. Suchen Sie wieder die erwähnten kleinen Bewegungen. Das Ergebnis wird in vielen Fällen ein negatives sein! Was ist passiert?

Donnerstagabend, der Vortragssaal einer Volkshochschule, die Besucher sitzen in Stuhlreihen und warten. Sicherlich stellt sich dieses Szenario in einer italienischen Kleinstadt, im afrikanischen Busch oder auch im Kindergarten anders dar, in Bremerhaven, Bad Homburg und Rostock aber herrscht Stille, wenn der Vortragende den Raum betritt. Hier sitzen mindestens neun von zehn Besuchern reglos und stumm und warten!

Wo sind sie geblieben, diese wunderbaren, lebensspendenden Aktivitäten? Wir haben Sie eingesperrt! Also: Hilf' dir selbst, sonst hift dir keiner!

Dynamische Entspannung: Wunderbare Bewegungen und Befreiung aus dem Bauch heraus!

„Wir heißen alle Menschen willkommen, die neue Erfolgserlebnisse suchen, sich persönlich in schwierigen Zeiten befinden oder wieder Herr bzw. Frau im eigenen Haus werden wollen. Der geniale Forscher und Psychoanalytiker Wilhelm Reich hatte bereits herausgefunden: „Das Lebendige funktioniert einfach!" Und mir selbst wurde im Laufe der Jahre immer klarer, wie wir funktionieren, was wir brauchen und was nicht. So sind diese einfachen Übungen entstanden. Sie sind das Kondensat meiner Erfahrungen mit tausenden Menschen in den verschiedensten Situationen.

Der freie Bauch - von ihm geht alles aus, natürlich auch bei der Dynamischen Entspannung. Die Befreiungsgeräusche des Bauches, die klackernden Steine führen Sie in Welten, die manche nur noch aus ihrer Kindheit kennen.
Die fünf Übungen wirken natürlich auch präventiv, diese Dynamik sollten Sie nutzen. Das Kind muss nicht erst in den Brunnen fallen!

Nervöse Menschen starten gar nicht mehr oder hören auf, bevor es am schönsten ist, also zu früh. Auf andere trifft beides zu. Die Dynamische Entspannung ist deshalb ein Beschleunigungs-Entschleunigungs Programm und öffnet die Möglichkeit, an den jeweiligen individuellen Schwachstellen gezielt zu „arbeiten". Der Organismus findet zurück zu seinen Inneren Impulsen und kann sich selbst neu organisieren. Deshalb sind die Lernprozesse nicht zu vergleichen mit konventionellen Antistress-, Sex- und Entspannungstrainings. Wir stimmen darin Moshé Feldenkrais zu: „Die Korrektur einzelner Handlungen gleicht dem Korrigieren eines Spiels auf einem verstimmten Instrument." Dynamische Entspannung macht zuerst wach (Belebung des emotionalen Kanals), dann werden Sie Ihre lebendigen Kräfte wiederfinden und schließlich das genießen können, was jede Anstrengung lohnend macht: der Kopf schaltet ab und das innere Strömen setzt ein, der Flow.

Ich möchte besonders darauf hinweisen, wie ungeheuer wichtig der Wechsel zwischen Anspannung und Entspannung ist. Ein fortwährend entspannter Mensch wirkt energielos und ein fortwährend angespannter Mensch wirkt unangenehm kämpferisch. In beiden Zuständen hat der Mensch einfach keine energievolle positive Ausstrahlung. Der Kreislauf zwischen An- und Entspannung also bringt die Lebensenergie in uns zum Fließen. Das Konzept der Dynamischen Entspannung basiert auf dieser Polarität – keine Entspannung ohne vorangehende Anstrengung, erst Schwitzen und dann Schmelzen, es gibt keinen anderen natürlichen Weg.

Sie können die Fünf Übungen der Dynamischen Entspannung als „Selbsttherapie" oder als Training für den Alltag nutzen. Vier Motive begegnen Ihnen dabei:

1. Anfangen, raus aus der Passivität und den Gewohnheiten, den inneren Schweinehund überwinden.
2. Loslegen, Herausforderungen suchen, bis an die Grenzen gehen
3. Loslassen, Hingabe, die Gewinnenden Bewegungen
4. Loswerden alter Konflikte und Anspannungen, Aktivierung der Lebensenergie.

Wenn Sie jetzt beabsichtigen, neue Wege zu erproben um Ihre persönlichen Möglichkeiten stärker zu nutzen, Gesundheit zu erhalten und dem Ziel eines unabhängigen Wohlbefindens näher zu kommen, dann werden Ihnen vor allem die beiden letztgenannten Erkenntnisse der Biodynamischen Psychologie weiterhelfen: die Gewinnenden Bewegungen und die Psychoperistaltik. Es sind die zentralen Elemente und beide lernen Sie in den fünf Übungen der Dynamischen Entspannung kennen. Sie können sie trainieren und in Ihren Alltag, wo auch immer sich dieser abspielen mag, einfließen lassen. Die Psychoperistaltik wurde bereits kurz beschrieben, im folgenden nun ein kleiner Exkurs zum Thema „Bewegung".

Bewegung ermöglicht neues Lernen und Weiterentwicklung

Bei aktiven, spielenden, neugierigen Kindern haben wir das vor Augen, was Moshé Feldenkrais „organisches Lernen" nannte. In seiner Entwicklung ist der Mensch einer Vielzahl physischer und psychischer Einflüsse ausgesetzt, die dieses organische Lernen stören können und ihn immer wieder auf bekannte Verhaltensweisen zurückgreifen lassen. Unser Gehirn bleibt auf einmal Erlerntes fixiert. Es sucht sich selbst keine neuen Informationen, ist jedoch in der Lage, neue Informationen zu nutzen, wenn es sie denn erhält. Diese Erkenntnis von Moshé Feldenkrais bedeutet: Das Gehirn benötigt nicht gewohnheitsmäßige Stimulationen, um neue Möglichkeiten zu entwickeln. Feldenkrais sah Bewegung als den effektivsten Weg, diese Gewohnheiten bewusst zu machen und hierzu Alternativen zu entwickeln.

Bewegung verbessert die Nutzung der vorhandenen Hirn-Kapazitäten

Der Mensch benutzt relativ wenige seiner Gehirnzellen wirklich. Dieser beklagenswerte Zustand ändert sich nicht durch Diäten, Pillen, gute Vorsätze oder ein stressbefreites Leben und andere Maßnahmen. Ungenutzte Hirnareale können ausschließlich durch neue Reize aktiviert werden. Das ist relativ leicht möglich, „wenn der Körper auf ungewohnte Weise berührt wird oder nicht gewohnheitsmäßige Bewegungen ausführt". Dieser Satz stammt von Linda Tellington-Jones, deren weltweit anerkannte Trainingsmethode für Pferde auf Feldenkrais basiert. „Was für Menschen gilt und durch die Praxis erwiesen ist, hat sich auch bei Pferden als gültig gezeigt". Offensichtlich entspricht es der Natur des Kreatürlichen.

Bewegung verarbeitet Druck und Stress

Ein Beispiel: Bereits vor Jahren habe ich mit der Belegschaft einer Polizeiwache gearbeitet, in deren Revier der Hauptbahnhof inklusive Dealer-Treffpunkt lag. Das Problem der Dienststelle bestand in extremer Unzufriedenheit der Mitarbeiter und hohen Ausfallzeiten. Als eine wesentliche Quelle dieser Negativität stellte sich tägliche Konfrontation mit den Dealern dar. Auf der einen Seite der Dealer, üblicherweise ein dunkelhäutiger junger Mann, wild gestikulierend, grinsend, feixend, provozierend. Ihm gegenüber der Polizist, der sich nicht provozieren lassen will (bzw. darf) und nun versucht, seine Wut unter Kontrolle zu halten. Dazu spannt er seinen Körper an. Er versteift sich dabei, richtet sich kerzengerade auf, beißt die Zähne zusammen, klemmt die Arme an den Körper, spricht mit tonloser, gefasster Stimme und schluckt und schluckt...

Wer solche Situationen mehrfach am Tag erlebt und keine Möglichkeiten der Spannungslösung findet, der wird zwangsläufig krank. Wir haben den Beamten gezeigt, wie sie in diesen Situationen emotionalen Druck innerlich so verteilen können, dass sich dieser nicht aufstauen muss. Und das gelingt mit kleinen Bewegungen. Ohne dass es nach außen sichtbar wird, versetzt sich der Polizist dazu in eine spezielle Schwingung, seine Motorik bleibt aktiv und er schafft sich einen inneren Raum, in den die Wutenergie abfließen kann (erweiterter Emotionaler Kanal). Dies sind spezielle, also nicht gewohnheitsmäßige Bewegungen - sie müssen erlernt werden.

Das Geheimnis: Mit solchen Bewegungen fließt die Lebensenergie! Jeder schützt sich auf seine Weise vor Bedrohungen, die als von außen kommende vermutet werden, oder vor eigenen Gefühlen und Gedanken. Der Organismus wird zur Bastion, verhärtet, versteift und hört auf, sich zu bewegen. Die natürliche, instinktive Lebensenergie aber will und muss zirkulieren, daher drängt es den Menschen zur Bewegung. Haben wir sie verloren, sollten wir sie uns wieder aneignen.

Neue mentale und körperliche Kraftquellen:

Winning Moves: Die Entdeckung der Gewinnenden Bewegungen

Uns wurde vor einigen Jahren plötzlich ein Zusammenhang deutlich, den wir vorher nur unbewusst registriert hatten. Es gab immer wieder Teilnehmer, die in Entspannungsphasen nicht in der üblichen Bewegungslosigkeit auf der Matte lagen sondern kleinere, scheinbar absichtslose Bewegungen ausführten. Jetzt fiel uns auf, dass genau diese Menschen am Ende außerordentlich positive Rückmeldungen gaben, mit glänzenden Augen und entspannten Gesichtern. Auch konnten wir beobachten, dass sich diese Bewegungen in fortlaufenden Trainingsgruppen von Abend zu Abend verstärkten. Und als wir vor einigen Jahren im Odenwald mit unserem Training „Schritte aus der Angst" begannen, wurden große Unterschiede zu anderen Teilnehmergruppierungen deutlich. Während der ersten Abende gab es überhaupt keine solcher Bewegungen, erst ab dem dritten oder vierten Abend entstanden sie bei Einzelnen, entwickelten sich dann aber, um an den letzten der insgesamt zehn Meetings ausnahmslos alle verbliebenen Teilnehmer „anzustecken", und zwar heftig. „Als diese Bewegungen bei mir kamen, ging die Angst", so formulierte es ein Teilnehmer aus Celle, der bereits drei ziemlich ergebnislose Klinikaufenthalte hinter sich hatte.

Es schien, als ob gerade Angstpatienten mit ihren besonders starken inneren Spannungen nach einer Zeit der Vertrauensbildung einen enormen Nachholbedarf entwickelten. Wiederholt haben wir diese Zusammenhänge überprüft, sie lassen sich unter allen äußeren Bedingungen beobachten.

Übereinstimmend berichteten Teilnehmer von positiven Erinnerungen, die mit den Bewegungen hochstiegen, glückliche Momente aus längst vergangenen Kindheitstagen und anderen Lebensphasen. Und sie erzählten von wunderbaren Empfindungen im ganzen Körper. „Entspannung ist schön, aber diese bewegte Entspannung ist einzigartig"; so eine Teilnehmerin aus Heidelberg, und ihr amerikanischer Freund fügte hinzu: „I got the idea of winning moves".
Dieser Begriff gefiel uns und weil wir gerade nach einem Label suchten, übernahmen wir ihn: winning moves - etwas weniger elegant auf deutsch: Gewinnende Bewegungen!

Offensichtlich schaffen diese Bewegungen Kontakt zwischen Gestern und Heute, aber auch Brücken zwischen den verschiedenen Teilen des Körpers. Schon Wilhelm Reich hatte entdeckt, dass der menschliche Organismus über die zweifelhafte „Fähigkeit“ der Segmentierung verfügt. Anders als das freie animalische Wesen kann er innerhalb des Körpers Durchgangsbarrieren einrichten, die das freie Strömen stark beeinträchtigen.

Klassisch ist die Trennung von Herz und Becken, also von Liebe und Sexualität, erkennbar an einer mechanischen „Ausführung“ von Sexualität: Beckenbewegungen bei gleichzeitig ruhiggehaltenem Oberkörper. Aber auch in anderen Situationen bleibt die Brust leblos, angespannt, hart, eng...Man sieht das in Büros ebenso wie in der Familie am Essenstisch oder vor dem Fernsehgerät, flache Atmung inklusive. Hier wird Leben eingesperrt, und zwar aus einem einzigen, völlig unbewussten Grund: das ausgesperrte Herz, die eingesperrten Gefühle sollen uns vor Seelenschmerzen, Scham und Hilflosigkeit bewahren.

Dies ist natürlich ein Fehlprogramm, denn mit den Gefühlen verlieren auch alle anderen Lebensbereiche ihre Vitalität, schwächen sich und verstärken genau die inneren Zustände, zu deren Vermeidung sei eigentlich eingesetzt wurden. Diese beiläufigen, kleinen Bewegungen nun können offensichtlich die inneren Blockaden auflösen. Sie streben von sich aus die Wiederherstellung der ursprünglichen, natürlichen Einheit an, überwinden neurotische Einengungen und Anspannungen.

Dies wurde uns deutlich, als wir eine Verbindung zur Psychoperistaltik entdeckten. Und das wurde zum spannendsten Teil dieser Beobachtungen: einige dieser kleinen Bewegungen schienen offensichtlich die Psychoperistaltik zu aktivieren! Jedenfalls fingen die meisten Bäuche irgendwann an zu tönen, wenn Teilnehmer sich so bewegten. Wobei sich diese auslösenden Bewegungen individuell unterschieden, manche wirkten rund und gedehnt, andere kurz und gezielt. Es gab deutliche und auch sehr feine, kaum wahrnehmbare Bewegungen - im ganzen Körper oder nur im Kiefer, im Becken, in den Armen oder anderen Körperteilen. Es scheinen genau jene Bewegungen zu sein, die der Organismus in der Situation zur Wiederherstellung bzw. Aufrechterhaltung seines Energieflusses benötigt. Sollten wir tatsächlich auf eine Fährte gestoßen sein, die einen direkten Zugang zu den unbewussten Prozessen des emotionalen Zentrums, des „Zweiten Gehirns“, des klugen Bauches öffnet?

Bislang war man davon ausgegangen, dass dies nicht möglich sei, bzw. nur im Zusammenhang mit komplizierten Konditionierungsprozeduren (Biofeedback). Immer wieder stellten wir uns diese Frage. Auswertbare Daten gab es genug, denn die Gruppen fingen an, diese kleinen Bewegungen und das herrliche Strömen danach besonders zu lieben. In der ungezwungenen, kreativen Atmosphäre des Seminarhotels Odenwald hatten wir in den letzen zehn Jahren schon häufiger Neues erprobt und so habe ich 1997 hier das erste Wochenendseminar „Lebensenergie und Bewegung“ ausgeschrieben. Es waren warme Tage im Spätsommer und ich erinnere lebhaft eine Szene am Sonntagnachmittag. Die Seminarteilnehmer saßen draußen in der Sonne, waren versunken in ihren kleinen Bewegungen, einige summten, alle lächelten versonnen und schienen tatsächlich durchflossen zu sein von tiefen Glücksströmen. Und niemand hatte auf die Neuankömmlinge geachtet, die zu einem Gewerkschaftsseminar anrückten und sich höchst irritiert einem Szenario gegenübersahen, das sie offensichtlich peinlich berührte. „Erwachsene Menschen und dann so was“ sagte jedenfalls der Seminarleiter und geschlossen ging man zum Bus zurück.

Wie heißt es so treffend: „Wir haben vor dem die größte Angst, was wir am dringendsten benötigen“.

Diese Bewegungen sind von Geburt an vorhanden

Zum Grundinventar kleinkindlichen Verhaltens gehören rhythmische Bewegungen des ganzen Körpers. Wenn sich das Baby zum Beispiel an einer Betreuungsperson orientiert, ist der Kontakt begleitet mit kleinen, kaum wahrnehmbaren rhythmischen Aktionen. „Selbst das Lächeln, das ein Kind typischerweise bei Höhepunkten seiner Begeisterung zeigt, geht einher mit einem kleinen Schauer, der den ganzen Körper des Kindes durchläuft und wiederum von rhythmischen Bewegungen der Glieder und des Rumpfes begleitet ist.“ Das Zitat meines Lehrers George Downing entstammt seinem Buch *Körper und Wort in der Psychotherapie.* Er beschreibt hier ausführlich die natürlichen affektmotorischen Regungen. Interessant ist, dass der Erwachsene ebenfalls seinen ganzen Körper ins Spiel bringt. Diese feinen rhythmischen Schwingungen sind das Resultat andauernder Oszillationen zwischen Verbundenheit und Abgrenzung (Öffnen und Schließen).

Alpha-Blues und Psychoperistaltics

Kleine Bewegungen sind unsere täglichen Begleiter: wir räkeln und strecken uns bei Müdigkeit und schaukeln im Kummer monoton vor uns hin. Das Becken fängt mit sexueller Erregung an zu „rollen" und der Kiefer zittert vor oder nach dem Ausdruck starker Emotionen. In bedrohlichen Situationen richtet sich der Körper unmerklich auf. Diese kleinen Bewegungen lockern Anspannungen im Körper und regulieren die Energieströme. Es gibt keine andere Regung des menschlichen Körpers mit vergleichbarer positiver Intensität. Sie sind wahre Geschenke der Natur, sie nehmen Stress weg und bringen Gesundheit. Naturvölker, Kinder, schwangere Frauen, Tiere – sie alle nutzen diese Bewegungen und deshalb ist die „Arbeit" mit ihnen auch die natürlichste und gleichzeitig einfachste Methode der Energiestimulation.

Diese ursprünglichen, instinktiven Bewegungen wiederzufinden ist ein großartiges Programm, das Ihnen kontinuierlich zu einem glücklichen und produktiven Leben verhelfen wird. Wir haben es hier nicht mit Esoterik oder Glaubensfragen zu tun, Sie müssen keinesfalls überzeugt sein - die Gewinnenden Bewegungen wirken dennoch!

Einigen Teilnehmern fällt es anfänglich schwer, das Besondere darin zu erkennen. „Ich mache doch Sport, das ist doch eigentlich das Gleiche!" Nein, Gymnastik, Aerobic, Fitnesstraining und auch Joggen (jedenfalls in der üblichen Art) gehören zur Welt der „Leibesertüchtigung", um einmal diesen furchtbaren Begriff zu gebrauchen. Die kleinen Bewegungen gedeihen nur im gemeinsamen Tanz mit einer gewissen Entschlossenheit und Selbstwahrnehmung, dem „inneren Nachspüren".

Lernen Sie die Gewinnenden Bewegungen

Leider verlieren sich die Bewegungen, um die es hier geht, im modern-nervösen Leben und müssen neu erlernt werden. Dies kann auf verschiedene Weisen erfolgen:

A Sie trainieren diese Bewegungen in allen möglichen Alltagssituationen, mehr oder weniger systematisch. Darum geht es in diesem Kapitel.

B Sie nehmen sich bewusst Zeit und machen Übungen der Dynamischen Entspannung. Diese stellen wir Ihnen im nächsten Kapitel vor.

C Sie besuchen entsprechende Veranstaltungen.

Auf der beiliegenden Video-CD zeigen wir Möglichkeiten für einen ganz einfachen Einstieg. Vielleicht kommen Ihnen dabei einige Bewegungen bekannt vor, aus Yoga, Tai Chi oder anderen Systemen. In den erwähnten ostasiatischen Lehren bedarf es disziplinierten Übens, um diese Bewegungen zu vervollkommnen und so in die Nähe der Meisterschaft zu gelangen. Wir hingegen sagen: „Jeder ist schon jetzt ein Meister, er setzt seine Instrumente und Möglichkeiten nur nicht richtig ein!" Daraus ergibt sich ein praktischer Unterschied, der heute allgemein als Vorteil empfunden wird: Es ist weder jahrelanges Training erforderlich noch das Einlassen auf irgendeine „Ideologie".

Andererseits sind die Gewinnenden Bewegungen aber auch kein mechanisch anwendbares Patentrezept für den emotionalen Ignoranten. Denn sie funktionieren tatsächlich nur im Zusammenspiel mit bewusster Selbstwahrnehmung. Der Körper ist dann Ihr Partner, auf den Sie neugierig sind und mit dem Sie großartige und auch unbequeme Erfahrungen machen wollen.

Gewinnende Bewegungen: Drei Phasen gehen ineinander über...

1. Sie fangen an, sich irgendwie bewusst zu bewegen (Starter).

2. Diese Bewegungen verselbstständigen sich nach einer gewissen Zeit (Alpha-Blues).

3. Sie aktivieren im Idealfall die psychoperistaltische Motorik, Bauchgeräusche werden hörbar (Psychoperistaltische Bewegungen). Lebensenergie strömt, beseitigt die Blockierungen.

Die Bedeutung der drei Bewegungen

Starter

Diese Bewegungen bringen den passiven Organismus überhaupt erst einmal wieder in Gang. Sie stimulieren die Atmung, wirken gegen die Inneren und machen meist schon nach wenigen Minuten Lust auf mehr ...

Alpha-Blues

Irgendwann fließen diese Bewegungen zusammen und scheinen sich zu verselbstständigen und zu automatisieren. Sie werden ganz leicht – ähnlich wie im Tanz, im Blues! Stereotype Bewegungen, die sich im Körper ausbreiten, Wiege- und Schaukelbewegungen, spielerisches Hin und Her, feine Vibrationen. Es sind wunderbare Bewegungen, für die ein spezieller Begriff gefunden wurde: Alpha-Blues! Im Alpha-Blues schwinden steife Muskeln und schwere Gedanken und positive Schwingungen können hochkommen: Glücksgefühle, Zuversicht, das JA zu sich selbst! Der Alpha-Anteil der Gehirnwellen wird erhöht und somit wachsen auch Kreativität, Intuition und kognitive Fähigkeiten.

Diese Bewegungen gehören zum menschlichen Selbsterhaltungsprogramm, und zwar von Geburt an. Ihre Antriebskräfte kommen aus der Tiefe des Körpers, Gerda Boyesen nennt sie deshalb „Impulse von innen". Durch sie findet der Körper die Bewegungen, die er braucht. Wozu? Um Anspannungen und Energiestaus aufzulösen, um alle Partien des Körpers miteinander zu verbinden, um inneres Strömen zu unterstützen und die Psychoperistaltik zu aktivieren.

Psychoperistaltics

Manchmal, nicht immer, folgt dem Blues die Psychoperistaltik. Bauchgeräusche werden hörbar und zeigen an, dass auch die inneren Darmstrukturen in gute Bewegungen kommen, Serotonin wird ausgeschüttet und Energie kann wieder strömen...

Beginn mit den Startern

Die Gewinnenden Bewegungen beginnen üblicherweise mit bewussten Bewegungen. Sie sind die Vorläufer der sich verselbstständigenden Bewegungen im Alpha-Blues. Einige Areale des Körpers wirken im besonderen Maße als innere Bremsen. Die Gelenke gehören dazu, die Schultern, das Becken und der Rükken. Nicht zufällig entwickeln sich hier besonders häufig Schmerzen und Erkrankungen. Wir nutzen sie als bevorzugte Angriffspunkte auf die Stress- und Anspannungsstruktur des Körpers. Wir beschreiben Ihnen jetzt einige Grundbewegungen, die diese Energiebremsen lösen.

Schauen Sie sich die sieben „Starter" auf der Video CD an und beginnen Sie mit der einen oder anderen der folgenden Bewegungen:

1. Atempumpe (nach Ilse Middendorf)
   Rollen Sie die Zunge nach hinten und drücken Sie diese dann gegen den Gaumen, machen Sie einige kräftige Atemzüge.

2. Der freie Kopf
   Kleine und kleinste Drehbewegungen, Nicken, Kopf auf die Seite legen.

3. Beweglicher Kiefer
   Nahezu unmerklich öffnen und schließen Sie den Mund, schieben den Unterkiefer sanft nach vorne, lösen die Spannung wieder, recken das Kinn etwas nach vorn.

4. Vitale Schultern
   Heben Sie Ihre Schultern an und lassen Sie sie wieder fallen, mal schneller, mal langsam. Kreisen und Räkeln.

5. Tanzende Arme
   Schütteln Sie Ihre Arme aus, spielen Sie mit den Fingern, finden Sie befreiende und anstrengende Bewegungen, lassen Sie die Ellenbogen tanzen.

6. Kraftvolles Becken
   Im Sitzen drehen Sie Ihr Becken mit langsamen Bewegungen in die Sitzfläche - entspannen es – und drehen weiter.....
   Oder Sie bewegen sich vorsichtig in eine Hohlkreuzposition- und dann sanft wieder zurück. Im Stehen drehen Sie das Becken mit einer minimalen Bewegung oder strecken es abwechselnd nach vorn und hinten.

7. Lebendige Beine:
   Im Sitzen: Sie drücken Ihre Knie leicht zusammen, bewegen sie nach außen, dann wieder zusammen. In Ihrem Wohlfühltempo...
   Im Stehen wippen Sie auf und ab und/oder beginnen mit einem Spiel der Zehen, nehmen dann den Fuß, später die Knie in die Bewegungen hinein...

Der Übergang zum Alpha-Blues

Jetzt geht es nur noch um das Loslassen und um die Hingabe an die Bewegungen, die entstehen. Diese werden immer kleiner, runder, beiläufiger. Manchmal ist es wie ein sanfte Wellenbewegung des ganzen Körpers, manchmal spielen nur die Hände oder die Beine - es gibt keine festen Formen oder Figuren, jedes Mal ist ein neues Mal. Sie atmen und lassen sich bewegen, alles weitere ergibt sich. Und irgendwann reagiert der „Bauch-Tanz".

Sehr schnell werden Sie herausgefunden haben, welche Bewegungen mit psychoperistaltischen Reaktionen zusammengehen. Diese Muster können sich täglich verändern und unterscheiden sich von Person zu Person. Sie sind somit individuelle Schlüssel zur Psychoperistaltik. Der junge Mann auf dem Video demonstriert, wie Sie diesen Schlüssel finden können.

Und so können Sie in den nächsten zehn Minuten den Alpha-Blues kennenlernen: Sitzen Sie auf einem Stuhl? Wunderbar - dann laden wir Sie zu einer kurzen Erfahrung mit Winning Moves ein, zum genialen Zusammenspiel von Bauch und Bewegung!

So geht der Alpha-Blues:

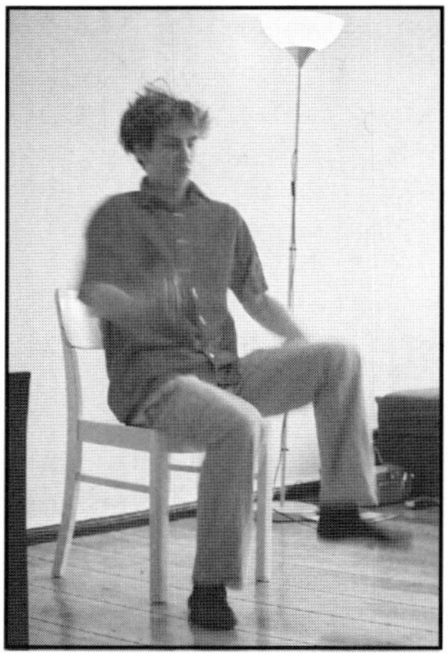

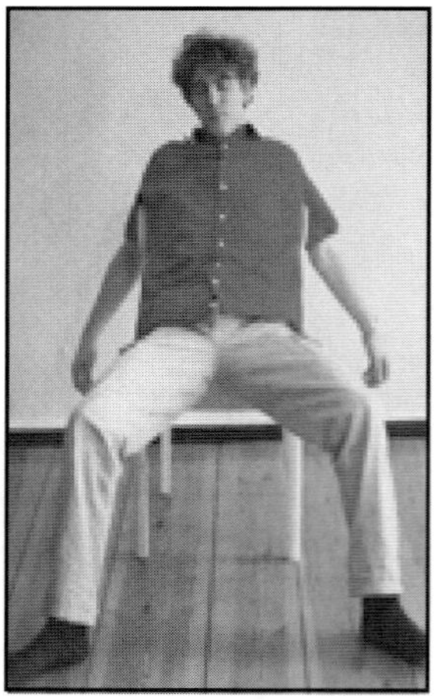

Trampeln, Anstrengen Erholen, Beine bewegen Ausklang

1. Trampeln Sie auf den Boden oder treten Sie in die Luft (lautlose Variante). Legen Sie gegebenenfalls eine kleine Pause ein und strengen Sie sich dabei ruhig etwas an. Bitte kräftig atmen und möglichst auch die Stimme etwas beteiligen. Stöhnen, Ächzen, lautes Ausatmen – alles ist gut!

2. Nach ein bis zwei Minuten suchen Sie sich eine bequeme Position zum Erholen, bewegen aber Ihre Beine weiter. Es sollen leichte Bewegungen sein, hin und her, schließen und öffnen... Irgendwann werden sie sich verselbstständigen. Ihre Beine zittern oder schaukeln dann wie von allein. Auch Ihr Atem geht jetzt ganz leicht. Das ist der Alpha-Blues.

3. Zum Abschluss gönnen Sie sich 2-3 Minuten für einen schlafähnlichen Ausklang. Sie sitzen, liegen, hängen auf dem Stuhl und atmen, denken, fühlen, genießen – was auch immer. Jetzt kommen möglicherweise auch Bauchtöne hoch. Wenn Sie wollen, dann finden Sie heraus, mit welchen kleinen Bewegungen Sie diese herauslocken können.

Übrigens ist diese kleine Übung ein fester Programmpunkt unserer Vorträge zum Thema und häufiger kommen Zuhörerrinnen ein zweites Mal und berichteten begeistert über die Wirkungen dieser schlichten Übung: „Keine Rückenschmerzen mehr, fast alle Ängste weg…..!“ Kaum zu glauben, aber offensichtlich genügen manchmal nur kleine Einschnitte in die täglichen Gewohnheiten.

Gewinnende Bewegungen - ein Power-Instrumentarium für Ihren Alltag

Positives Denken, Entspannung, Visualisierung – das sind die üblichen Elemente der herkömmlichen Selbstmanagement-Ansätze. „Besser als nichts, aber häufig doch ziemlich wirkungslos", lautet das Urteil neuerer Untersuchungen zum Thema. Das ist nicht weiter verwunderlich, denn die versprochene „Neukonditionierung des Unterbewusstseins" ist so einfach nicht zu haben.

Das vegetative, autonome Nervensystem galt bislang als „unberührbar", nur Yogis und wenigen Erleuchteten wird die Fähigkeit zugeschrieben, es direkt beeinflussen zu können.

Die Gewinnenden Bewegungen scheinen nun diesen Zugang zu öffnen, jedenfalls wirken sie erwiesenermaßen auf die Aktivitäten des autonomen enterischen Systems ein und können zentrale psychologische und physiologische Prozesse positiv beeinflussen.

Damit wird dieser von Gerda Boyesen gefundene Dialog von Bewegungen und Bauch zu einem einzigartigen Instrument des täglichen Selbstmanagements, auch in Situationen, in denen es „eng" wird.

Beispiele für „enge" Situationen:

Sie werden pausenlos gestört und spüren steigenden Unmut.
Sie sind genervt, weil Ihre Kinder sich streiten oder lustlos rumhängen.
Plötzlich, mitten am Tag, werden Sie müde und fühlen sich leer.
Sie wollen lesen und können sich nicht konzentrieren.
Sie wollen schreiben und haben ein Gefühl des vernagelten Gehirns, nichts fließt.
Eine schwierige Situation steht Ihnen unmittelbar bevor.
Sie wälzen sich unruhig im Bett hin und her.
Gedanken- und Grübelzirkel lassen Ihnen keine Ruhe.
Ein Blind-Date steht Ihnen bevor, Sie sind aufgeregt.
Eigentlich ist Sex angesagt, aber nicht ein Funken von Lust pulsiert in Ihnen.
In der Bahn oder im Auto: unvermittelt bauen sich Angstgefühle auf und Sie drohen in Panik zu geraten.

In diesen und vielen anderen Situationen unterdrückt der bereits angespannte Organismus gewohnheitsmäßig seine natürlichen selbstregulativen (Bewegungs-) Impulse und bleibt stecken. Meistens kennen wir den richtigen Schritt, aber wir tun ihn nicht.

Jeder weiß zum Beispiel, dass ein 20-minütiges, erholsames Joggen gegen depressive Verstimmung Wunder wirken kann. Aber jeder Jogger macht auch die Erfahrung, dass die Schwelle zum „sich-aufraffen" mit der Müdigkeit wächst – je schlaffer wir uns fühlen, desto stärker die Tendenz zur Passivität. Eine verhängnisvolle Fehlkonditionierung! Machen Sie es ab heute anders und übernehmen Sie die Verantwortung für Ihr Wohlergehen und Ihre Gesundheit - machen Sie mobil! Die Gewinnenden Bewegungen öffnen diesen Weg, Sie müssen ihn nur betreten.

Umsetzung

Es gibt viele Geschichten darüber, wie Menschen es schaffen, die Winning Moves auch in ihren Arbeitstag einzubringen. Wer es will, der schafft es.

Im Idealfall transformieren sich die am Anfang willentlich gestalteten „kontrollierten" Bewegungen nach einer gewissen Zeit (3-10 Minuten) in spontane, unwillentliche Motorik. Sie verselbstständigen sich und können zu einem gemeinsamen Fluss von Gedanken, Gefühlen und inneren Bildern werden. Dabei unterliegen weder die Winning Moves noch die Peristaltik irgendeiner Regelhaftig- und Vorhersagbarkeit. Sie verändern sich laufend, so wie sich auch die Lebenssituationen ändern.

Motivationshilfen:

Gebrauch eines Stethoskops

Es ist nicht schwierig, die psychoperistaltischen Geräusche wahrzunehmen, sie sind meistens laut genug. Dennoch kann der Einsatz eines Stethoskops zur Verstärkung der Bauchgeräusche sinnvoll sein. Neben dem herkömmlichen Gerät, wie in der Kitteltasche des Arztes zu finden, gibt es für ca. 80 • ein elektronisches Stethoskop auf dem Markt. Es ist ein kleine Plastikbox mit integriertem Lautsprecher und Bauchmikrofon.

Der Vorteil: man hört die Geräusche schneller und kann die Bewegungen direkter anpassen. Und manchen bereitet es einfach Vergnügen, die Töne des Bauches laut und deutlich vernehmen zu können. Wer unterwegs trainiert, der kann auf das Gerät kaum verzichten. Es lässt sich mit einem Kopf-/Ohrhörer verbinden und fällt, in der Manteltasche getragen, niemandem auf. So können Sie nahezu jede Situation nutzen, um sich in Schwingung zu bringen!

Die Erkenntnis, wesentliche Schritte zu tun

Der Wissenschaftler William P. Morgan (University of Wisconsin-Madison) fand heraus: Die meisten Menschen bleiben langfristig nur dann in Bewegung, wenn sie einen direkten Zweck damit verbinden können. Hier ist der Faktor Z (Ziel) gefragt.

„Die Menschen geben alles Mögliche als Grund an, warum sie nicht regelmäßig trainieren können, vor allem Zeitmangel. Ich glaube aber, der wahre Grund ist ein anderer: Sie wollen nicht sinn- und ziellos auf einem Standfahrrad strampeln, während zu Hause die Arbeit, die Kinder und sonstige Aufgaben warten", sagt Morgan.

Anders verhält es sich mit den Gewinnenden Bewegungen. Wenn die Bauchgeräusche kommen (und auch schon vorher), dann wissen Sie, dass in der Tiefe Ihres Organismus' Wunderbares geschieht, etwas Einzigartiges. Und Sie können mit dem inneren Auge verfolgen, wie die aktuellen und alten, kleinen und großen Steine im Bauch anfangen zu schmelzen. Visualisieren Sie diese Symbole immer wieder! Allein dies hat schon eine heilsame Wirkung.

Kein Leistungsdruck

Es gibt kein „richtig" oder „falsch" bei diesen Bewegungen, keinerlei Bewertungskategorien, also bewegen Sie sich so, wie es Ihnen gefällt.

Sie werden außerdem die Erfahrung machen, dass sich Bauchtöne und auch die instinktiven Bewegungen nicht in jeder Situation einstellen - besonders zu Beginn Ihres Trainings nicht. Die Psychoperistaltik lässt sich nicht willentlich aktivieren, also nehmen Sie es so wie es kommt. Der Organismus benötigt eben eine gewisse Zeit der Umstellung und Neuprogrammierung. Es gilt aber: In der Anspannung ist jede Bewegung besser als keine Bewegung.

Beginnen Sie schrittweise

Wir möchten hier vor allem Menschen ansprechen, denen die neuen Möglichkeiten des Selbstmanagements unbekannt sind oder die ihnen mit Skepsis begegnen. Überzeugen können nur Erfolgserlebnisse, doch diese setzen die Bereitschaft voraus, etwas Neues zu erleben!

Allen, die sich damit schwer tun, empfehlen wir kleine Schritte. Nehmen Sie sich nur fünf Minuten am Tag für die Gewinnenden Bewegungen in den ersten zwei Wochen, danach zehn Minuten. Dann kann der „innere Schweinehund" keinen Anlass finden, Ihnen in die Quere zu kommen. So ist es mit allen neuen Gewohnheiten: Wir müssen uns am Anfang entweder überwinden oder selbst austricksen. Aber einmal in Bewegung gekommen, stellen wir meistens fest, dass wir gerne weitermachen.

Schlussbemerkung:

Die Gewinnenden Bewegungen helfen in schwierigen Situationen, aber sie sind mehr als eine interventive Methode: Sie sollten zum Lebensprinzip werden. Das Gegenprogramm zur Bewegungslosigkeit!

Nehmen Sie sich vor, eine Woche lang mehr und andere Bewegungen zu machen als sonst üblich – wo immer es sich anbietet. Immer mal wieder den Kiefer lockern, die Schultern rollen, den Po in die Sitzfläche des Stuhles drehen, mit den Beinen spielen, den Oberkörper wiegen – der Alltag liefert unendlich viele Möglichkeiten für dieses Training. Finden Sie Ihre eigenen Formen, nur sollte dabei das Ausatmen weiter fließen.

Und wenn Sie positive Resultate verspüren, wenn Sie sich wacher, heiterer, gelassener und lockerer fühlen, dann sollten Sie genau diese Bewegungen noch etwas fortsetzen!

Jeder Körper ist lernbereit und findet schnell zu seinen ursprünglichen Bewegungsbedürfnissen zurück, das werden Sie merken. Bereits nach dieser einen Woche erleben Sie sich in manchen Situationen besser gewappnet und werden sich insgesamt wohler fühlen.

Und vielleicht werden Sie auch zu denjenigen gehören, die uns eine „Dankemail“ schicken. Die Adresse finden Sie im Anhang!

Die vier Phasen der Biodynamischen Übungen:

Schritt für Schritt zum Erfolg

Erste Phase: Anfangen

Die ersten Schritte sind immer die Schwersten. Meistens müssen nämlich Unlust, Müdigkeit oder andere Motivationshelfer überwunden werden.

Der rote Faden dieses Buches ist die Botschaft, dass wir in unserem Alltag zuviel Lebendigkeit, Lust, Liebe und Leichtigkeit verlieren - durch die dauernden Anspannungen, die tief in den Organismus hineinwirken. Der Atem wird flach, die Bewegungen kleiner, und die Lebensenergie pegelt sich auf ein müdes Dahinplätschern oder ein nervöses Auf und Ab ein.

Setzen Sie sich in ein Straßencafé und beobachten Sie die Menschen, die vorüber gehen, es ist ein Trauerspiel. Auf einen gelösten, heiteren Menschen mit neugierigen Augen und freundlichem Blick kommen drei bis vier, die offensichtlich keinen guten Tag erwischt haben. Immer mehr Menschen aber wollen sich damit nicht abfinden und wollen ihr inneres Feuer wieder lodern spüren. Doch alle schönen Theorien und klugen Bücher inklusive diesem entheben uns nicht der Tatsache, dass jede Reise mit einem ersten Schritt beginnt. Anfangen, losgehen, einschwingen – darum also geht es in der ersten Phase der Dynamischen Entspannung.

Und am Anfang steht an vielen Tagen der Widerstand: Keine Lust, keine Zeit, Kopfschmerzen, zu müde, mein Mann, meine Kinder, „andere lachen mich aus", heute mal eine Pause einlegen... Viele Argumente weisen in eine Richtung, sie liefern die Rechtfertigung für die Fortsetzung des Gewohnten. Diesen Widerstand aber gilt es zu überwinden, immer wieder aufs Neue. Jeder, der mit Begeisterung Yoga praktiziert, joggt, meditiert oder sich anderen Tätigkeiten hingibt, die eine gewisse Disziplin erfordern, erlebt immer wieder Tage, an denen er mit heftigen Unlustgefühlen zu kämpfen hat. Gut zu wissen, dass es genau die Tage sind, an denen wir eine Abwechslung am Nötigsten haben – es sind die Tage, an denen die Lebensenergie besonders flach schwingt.

Am Anfang muss Ihre persönliche Entschlossenheit stehen: Sie müssen es wirklich wollen! Ein Teilnehmer berichtete entnervt über mehrere Versuche, regelmäßig Autogenes Training zu machen: „Ich mache es meiner Frau zuliebe. Sie ist besorgt, weil ich angeblich zu nervös bin, und deswegen bucht sie diese Kurse für uns beide. Die ersten Stunden trabe ich brav an ihrer Seite in die

Kurse, aber ohne wirkliche Begeisterung, denn ich mag Autogenes Training eigentlich gar nicht! Dann gibt es jedesmal Überstunden im Betrieb, für mich eine gute Gelegenheit zum Ausstieg. Ich verspreche meiner Frau aber jedes Mal, beim nächsten Mal richtig mitzumachen!"

Sind Sie aber motiviert und entschieden, dann kommt unweigerlich und bald die nächste Frage auf Sie zu, die nach dem Aushebeln des „inneren Schweinehundes". Dazu bieten sich einige Strategien an:

Regelmäßigkeit

Dr. Ulrich Strunz, selbsternannter „Laufpapst", hat großen Erfolg mit seinem etwas rigiden Ansatz: Motivation durch Neukonditionierung. Wer regelmäßig joggen will, der soll jeden Morgen gleich nach dem Aufwachen in seine Laufschuhe schlüpfen und loslaufen, ohne dabei auf seine Lust und Laune zu achten. Andere schaffen sich ihren speziellen persönlichen Rahmen.

Wir haben mit einem Paar gearbeitet, das sich auf dem Dachboden eine Ecke eingerichtet hat, nur mit Teppichen und einem CD-Spieler. Beide sind berufstätig und kommen zu unterschiedlichen Zeiten nach Hause. Um den Druck der Außenwelt loszuwerden und miteinander richtig in Kontakt zu kommen, haben sie vereinbart, den Feierabend gemeinsam in ihrer Entspannungsecke zu beginnen. Ohne Worte, nur angenehme Musik, einige Übungen, Liegen – bis die Bauchgeräusche kommen. Dann verlassen beide diesen Raum, der ausschließlich zu diesem Zweck betreten wird. Auch hier wirkt das Prinzip der Regelmäßigkeit.

Unterstützer

Andere suchen sich „Mitmacher" zur Unterstützung, besuchen Kurse oder lassen sich freiwillig kontrollieren. Demnächst wird ein Internetportal „in30tagen.de" auf den Markt kommen, das eben diese Aufgabe virtuell übernimmt.

Akzeptieren des „Schweinehundes"

Wir verraten Ihnen ein Geheimrezept zur Überwindung jeder Unlust: Langsamkeit! Überwinden Sie sich nicht zur guten Laune und Motivation, sondern nehmen Sie Ihre unverfälschte innere Verfassung mit in die ersten Minuten! Lassen Sie Müdigkeit, die Schwere, die Unlust in die Bewegungen einfließen! So werden diese am Anfang eher behäbig sein und einem Dahintrotten ähneln. So, wie Sie sich gerade fühlen, so setzen Sie sich in Gang! Und irgendwann werden Sie spüren, dass es Ihnen immer leichter fällt. Erste Bewegungen verselbstständigen sich, die Atmung vertieft sich.

Das Passende finden

Wir schlagen in den Übungen zum Aufwärmen meistens sehr langsames Laufen vor. Wenn Ihnen dies nicht zusagt, dann wählen Sie andere Möglichkeiten: Tanzen, Walken, Durchschütteln oder Hüpfen auf einem Trampolin - sehr zu empfehlen!

Je normaler es für uns wird, unseren Körper zu bewegen, desto besser können wir in unseren Körper hineinhorchen und Verspannungen bemerken, um sie dann zu lösen. Wenn wir uns einfach bewusster machen, dass Bewegung gut für unseren Körper ist, werden wir unseren ganzen Körper, von Kopf bis Fuß, auch tatsächlich häufiger liebevoll und sanft bewegen!

Zweite Phase: Herausfordern

Jetzt betreten wir auf dieser Reise den Raum der Herausforderungen. Kein Wachsen, kein Weiterkommen ohne Stimulation und Herausforderung. Nun sind bekanntlich sehr viele Menschen bemüht, ihren Status Quo zu bewahren und das Leben von Aufregungen und Erschütterungen freizuhalten. Sie übersehen dabei aber die betrübliche Tatsache, dass sie dabei auch ihre Weiterentwicklung ausbremsen.

Wir propagieren die Idee eines bewegten Lebens, das bedeutet vor allem die Pflege der eigenen und vielfältigen Bedürfnisse - sie sind die Antriebskräfte unseres Seins. Sie zu entwickeln und ihnen Raum zu geben macht das Leben zu einem abwechslungsreichen, manchmal auch widersprüchlichen und letztlich zu einem befriedigenden Geschehen. Das Gegenprogramm dazu ist das verschonte Leben. „Möglichst keine Anstrengung und keine Aufregung". Vielleicht erscheint dieser Lebensstil „geordneter", in Wirklichkeit aber ist es ein schwächender.

In dieser Phase werden Sie Ihren Schongrenzen begegnen und sie auch überwinden können. Schonhaltungen können sich auf unterschiedliche Aspekte der Persönlichkeit beziehen.

Körperliche Grenzen: das Meiden von Anstrengungen und Belastungen. Lieber den Fahrstuhl als die Treppe, Schwitzen vermeiden und heftiges Atmen ebenfalls. „Schweiß ist für mich ein Zeichen von Überforderung", diese Auffassung vertreten manche besonders behutsame Yogalehrer und warnen auch vor anderen möglichen Reaktionen eines beanspruchten Körpers: „Jeder Muskelkater ist eine Verletzung des Körpers – und die sollten wir uns nicht selbst zufügen!" Wir sehen das ganz anders!

Ausdrucksgrenzen: Leise, beherrschte Stimme, knappe und kontrollierte Bewegungen.
Mentale Grenzen: „Ich kann nicht", „Das ist zu riskant", Orientierung am Machbaren und am Sichtbaren.

Was gesittet genannt wird, ist nicht selten verkleidete Hemmung und Angst. Ein Mensch in dieser Anpassungsspirale lebt und überlebt, aber er hat möglicherweise zu wenig Erlebnisse, um daraus neue Energien schöpfen zu können. Die Schwingung der Lebensenergie bleibt flach. In dieser Phase der Dynamischen Spirale aber soll sie ansteigen, und deswegen geht es hier um Anstrengungen, um den Kampf gegen die Macht der Gewohnheit, gegen tote Punkte, Müdigkeit, Unlust.

Versuche, bis an deine Grenzen zu gehen. Kehre nicht vorzeitig um. Gerade wenn es anstrengend und unbequem wird – mache weiter. Vielleicht kannst du sogar deinen toten Punkt überwinden, das wäre wunderbar, denn danach geht alles wie von allein. Finde heraus, wie weit du gehen kannst, ohne dich zu überfordern. Der Körper kommt auf Hochtouren, die rote Energie wird wach und beginnt zu strömen. Der Körper braucht Energie, also vertieft sich die Atmung. Später beginnt der Körper vielleicht an bestimmtem Stellen zu zittern: Aus bioenergetischer Sicht ein Indikator für neues Leben in den Muskeln. Manchmal löst sich auch die Stimme aus der üblichen Reserve und artikuliert Töne der Entschlossenheit, der Kraft, des Kampfes, der Anstrengung.

Diese Phase dient der energetischen Aufladung. Dazu bedarf es physischer Anstrengungen, die manchmal auch über die üblichen Grenzen hinausgehen können, je nach Lebensgewohnheiten. Die Aufladung schafft die Voraussetzungen für das, was folgen soll: das wohlige Strömen der blauen Energie. Das gilt für alle Varianten der Dynamischen Entspannung.

Dritte Phase: Loslassen

Die Energieaufnahme hat ihren Höhepunkt erreicht, der Organismus schaltet um und gleitet in den Prozess des Loslassens, der Entspannung. Jetzt transformiert sich die erregte rote Energie in die abfließende, wohltuende blaue Energie. Auf der Ebene des Nervensystems reguliert jetzt der Parasympathikus weitgehend das innere Geschehen.

Wir arbeiten dabei mit dem Bild des „Strömens in jede Zelle": Die Entspannungsenergie fließt in jeden Muskel des Organismus, auch in die ansonsten chronisch angespannten Bereiche des Körpers. Alles weitet sich, Wärme breitet sich aus - hierbei entstehen positive Gefühle.

Wenn harte Muskeln weich werden können, dann beginnt das „gute Leben". Die vorangegangenen Anstrengungen waren die nötige Vorbereitung, jetzt wird die Ernte eingefahren. Wie Luftblasen im Wasser hochsteigen, so prickeln jetzt kleine Wohlfühlimpulse aus der Tiefe an die Oberfläche. Manche erleben dies als „süßes Strömen", andere als „wohlige Behaglichkeit" oder als Ausdruck tiefer innerer Verbundenheit mit sich selbst: ich bin mein Körper.

Der Teilnehmer, und das ist ein besonderes Merkmal der Dynamischen Entspannung, ist auch an diesem Prozess aktiv beteiligt. „Du kannst jetzt erleben, wie du diese wunderbaren Gefühle selbst steuern und gestalten kannst. Fange an, dich zu bewegen. Es sollen leichte, angenehme Bewegungen sein, die keine Aufmerksamkeit von dir erfordern, und die sich im Laufe der nächsten Minuten verselbstständigen können. Kinder bewegen sich so, vor dem Einschlafen oder wenn sie im Spiel versunken sind. Wir nennen diese Bewegungen „Let Go". Diese kleinen Bewegungen transportieren die blaue Energie in alle Segmente des Körpers, auch in die vernachlässigten. Sie wirken dabei wie sanfte Pumpen, die energetische Stauungen auflösen und verteilen. So wird auch der Kopf frei, Gedankendruck und Grübelzirkel können sich lösen, weil die Energie abfließt - in die bislang unterversorgten Gebiete der psychosomatischen Landkarte, zum Beispiel in das Becken, das Herz, die Fingerspitzen.

So kann es passieren, dass plötzlich sexuelle Lust strömt, oder Liebe, Dankbarkeit, Humor, Verständnis, Sehnsüchte – vielleicht auch einfach nur Glück und Wohlbefinden. Gerda Boyesen spricht von „himmlischen Eigenschaften, die mit dem Strömen an die Oberfäche kommen." Schon nach wenigen Wiederholungen gelingt es!

Einigen ist diese aktive Entspannung fremd, sie assoziieren gewohnheitsmäßig Erholung mit körperlicher Passivität. Auf die Couch legen und nichts mehr tun! Ohnehin sind unsere Vorstellungen über Entspannungsmöglichkeiten im Alltag außerordentlich begrenzt. Ganz im Gegensatz zu anderen Teilen des Globus. Hier sind Menschen viel erfinderischer, wenn es um Erholungspausen geht und darum, „die Seele baumeln zu lassen".

Baumeln = Pendeln = Bewegen.

Jedenfalls kann regungslose Entspannung das Gegenteil des Beabsichtigten bewirken: man fühlt sich matt und zerschlagen statt frisch und unternehmungslustig. Anders wird es Ihnen mit der Bewegten Entspannung gehen. Die wunderbaren Let-Go-Bewegungen wirken immer, mit ihnen lassen Sie Spannungen los, lösen Schmerzareale auf und tauchen für eine Weile ein in eine wohltuende Welt. Und wenn die Lebensenergie fließt, dann kommen Ideen und Interesse. Dies ist auch der Raum für einen Prozess, den wir „mentale Selbstbekräftigung" oder „mentales Schulterklopfen" nennen. Letztlich geht es immer um das Ziel der Selbstannahme. Es ist einfach kraftraubend und demoralisierend, Idealvorstellungen hinterherzurennen, die mit der Realität der eigenen Person nichts zu tun haben. Dieses Hadern ist die Quelle von Selbstabwertung, Autoaggression und negativen Gedanken aller Art. Hier sind neue Konditionierungen gefragt, Verbindungen zwischen positiven Körperströmungen und Gedanken. Diese Allianz ist unserer Meinung nach der einzige Ausweg aus dem Dilemma der ewigen Unzufriedenheit mit sich selbst - und diese neuen Verknüpfungen können jetzt entstehen!

Diese Effekte lassen sich, wie jeder weiß, weder mit dem Willen noch durch besondere Anstrengungen erzwingen. Wenn sie kommen, dann von allein, die Let-Go-Bewegungen sind absolut förderlich. Bereits nach wenigen Minuten verändern sich die Hirnströme und der Anteil von Alpha-Wellen steigt. Diese Zustände ähneln Alltagstrancen: Sie sind hellwach und bleiben dennoch vollkommen gelassen.

Ein Exkurs übers Genießen: Die Wonne folgt dem Höhepunkt

Das Phantastische, Durchdringende, Belebende beim Sex ist nicht nur der Höhepunkt selbst, sondern auch die unmittelbare Zeit danach, das Strömen der blauen Energie, der Austausch dieser Energien, das verbindende Strömen!

Wann ist Genuss am intensivsten, wann könnten wir singen vor Glück, wo liegt auf der Energieschwingung der emotionale Höhepunkt? Um es vorweg zu nehmen: er kommt immer etwas später, als wir es uns vorstellen. Der Läufer, der mit erhobenen Armen durchs Ziel läuft, der Schauspieler, dem der Oscar verliehen wird, der überraschende Blickkontakt mit einem aufregenden Menschen, das Lob vom Chef, der Orgasmus – nie sind die Handlungshöhepunkte (Gerda Boyesen nennt sie „Zone of Firing") gleichzeitig die Augenblicke stärkster Gefühle.

Es ist die nach dem Klimax abfließende blaue Energie, mit der wir „ins Paradies strömen". Ein junger Makler wird auf dem jährlichen Weihnachtsfest als bester Verkäufer ausgezeichnet - mit Bühnenauftritt, Tusch und allen Ehrungen. Später beschreibt er diesen als „schönsten Tag seines Lebens". „Vorher war es aufregend, ich hatte kalte Hände und Schweiß auf der Stirn. Als ich dann oben auf der Bühne war, habe ich kaum etwas mitgekriegt vom Ganzen, ich war wie benebelt. Dann bin ich zu meinem Platz zurückgegangen, habe mich hingesetzt – und dann ging es los! Es durchrieselte mich von unten nach oben, ich musste plötzlich voller Dankbarkeit an meine Eltern denken, die mich immer unterstützt haben, und hatte Tränen in den Augen. Warme Wellen und Wogen, es war wunderbar. Ich saß da eine halbe Stunde lang und war der glücklichste Mensch der Welt."

Vierte Phase: Loswerden - Psychoperistaltik

„In der Stille passieren die wirklich entscheidenden Dinge!" Die vierte Phase wird von den traditionellen Entspannungs- und Körpertherapien ausgespart. Erst durch die Arbeit von Gerda Boyesen wurde ihre überragende Bedeutung deutlich. Äußerlich passiert hier wenig: Der Teilnehmer liegt vorzugsweise auf der linken Seite - oder sitzt weitgehend regungslos und in sich versunken. Alle Aktivitäten verlagern sich nach innen, in das Verdauungssystem.

Angeregt durch die Stimulation und das Loslassen, aktivieren sich spezifische parasympathische Prozesse, die direkt auf das emotionale Verdauungssystem, das „zweite Gehirn" wirken. Die dort eingenisteten „Steine im Bauch", also unverdaute Reste emotionaler Prozesse und Restspannungen, werden jetzt tatsächlich erreicht.

An dieser Stelle sollen noch einmal die klinischen Beobachtungen von Gerda Boyesen erwähnt werden. Sie konnte beschreiben, wie sich Restspannung im Körper und hier vor allem im Verdauungstrakt speichert und verkapselt, wir können sie nicht mehr wahrnehmen. Wir fühlen uns entspannt, sind es aber nicht wirklich - es handelt sich um eine Illusion, jedenfalls solange, bis der Bauch tönt. Erst die Aktivierung der Psychoperistaltik löst die Restspannung. Deswegen auch das Motto: Befreiung aus dem Bauch heraus! Ansonsten steuert die Restspannung wesentliche Teile unseres Verhaltens, ohne dass wir uns dieses Zusammenhangs bewusst werden.

„Wieso habe ich immer noch Angst vor Kaufhäusern, obwohl ich weiß, dass mir dort nichts Schlimmes passieren kann?" fragt eine Zuhörerin. Die Antwort: „Weil dein Bauch hier schneller reagiert als das Hirn. Der Reiz 'Kaufhaus' trifft auf eine entsprechende Anspannung im Verdauungstrakt und sendet Signale, die vom Hirn als Angst interpretiert werden!" Hier kommt wieder der Umstand ins Spiel, dass der Bauch als entwicklungsgeschichtlich ältere Struktur instinktiver reagiert als das Gehirn.

Die Teilnehmer liegen oder sitzen also und lauschen eventuell der einsetzenden Peristaltik. Diese natürlichen Darmgeräusche gilt es mit Dankbarkeit anzunehmen! Denn jetzt lösen sich die „Steine im Bauch", die vorhandenen Blockaden. Jetzt erfolgt die tiefste aller möglichen Befreiungen! Für Aktionisten und Machertypen kann es anfänglich schwer sein, die relative Ereignislosigkeit dieser Phase auszuhalten. Im Gegensatz zu den vorangehenden bewegten Phasen passiert jetzt nämlich nicht viel, weder emotional noch mental. Alles spielt sich unmerklich in der Tiefe ab. Das bedeutet für manche Langeweile. Dann sagen wir: „Wenn du dich jetzt langweilst, dann versuche diesen Zustand hinzunehmen und fortzufahren. Du bist jetzt auf dem richtigen Weg. Denn hinter diesem Punkt, an dem du gewöhnlich abbrichst, liegen deine Spannungen, die dich so nervös machen. Also bleibe in der Leere, atme und lausche den psycho-peristaltischen Geräuschen!" Wiederum verändern sich die Frequenzen der Hirnströme. Theta-Wellen können stark in den Vordergrund treten. Sie sind ein sicheres Anzeichen dafür, dass die Formationen des Unter- und Unbewussten die Regie übernehmen.

„Völlige Ruhe ist für viele ein großes Problem. In Asien ist es viel normaler, einfach nur dazusitzen. Einige schaffen es sogar, einfach dazusitzen, ohne zu denken. Wir Menschen im Westen sind viel rastloser und haben sogar Schuldgefühle, wenn wir uns täglich nur eine Stunde Zeit ganz allein für uns zur Entspannung gönnen und unsere Familienmitglieder bitten, uns nicht zu stören. Als Kinder wurden wir angehalten, fleißig zu sein, etwas zu schaffen. Deswegen sehen wir in der Untätigkeit eine Art Faulheit. Es ist aber gesund und notwendig, ab und zu faul zu sein. Wir können nicht fortwährend in Aktivität und Spannung sein. Wir müssen uns auch Zeiten der Entspannung gönnen, um den Stress zu verdauen, genauso wie die Nahrung verdaut werden muss!"

Wann ist diese Phase zu Ende? Sie dauert eigentlich nicht länger als 15 Minuten. Es gibt ein natürliches Ende, jeder spürt es. Die Energie wandelt sich wieder, belebt sich, die Psychoperistaltik klingt ab. „Jetzt langt es!" Die Resultate werden Sie sehr bald spüren: der Bauch wird frei, der Kopf auch und die Wirkungen setzen ein. Wer nach einer Erklärung sucht, kann Zuflucht bei der Wissenschaft suchen. Während der vier Phasen der dynamischen Entspannung ändern sich die Gehirnwellen, das konnte mehrfach durch EEG-Messungen nachgewiesen werden. Dazu einige Basisinformationen:

Der normal-nervöse Mensch weist einen hohen Anteil von **Beta-Wellen (13 - 30 Hz)** auf. Diese sind charakteristisch für eine nach außen gerichtete Wahrnehmung: Wach, gespannt und alarmbereit (gespannte Aufmerksamkeit). Der Organismus ist mit der Verarbeitung von äußeren Sinneseindrücken beschäftigt, prüfendes, logisch-analytisches Denken steht im Vordergrund. Stress, Ärger, Unruhegefühle, Sorgen und Angst dominieren, ebenfalls der erhöhte Ausstoß von Stresshormonen (beispielsweise Adrenalin). In unserer Umgebung Gesellschaft dominiert bei Menschen im Wachzustand das stark **Beta**-dominierte Gehirn.

Alpha-Wellen (8 - 13 Hz) charakterisieren geistige und körperliche Entspannung. Sie tauchen auf bei geschlossenen Augen und insbesondere in der Phase zwischen Schlaf- und Wachzustand. Kennzeichen sind: wohlige Entspannung ohne Schläfrigkeit, ruhiges, gelassenes, fließendes Denken, eine zuversichtliche Grundstimmung sowie das Gefühl der Einheit von Körper und Geist. Ein hoher Anteil an Alpha-Wellen geht oftmals mit höheren Konzentrationen von sogenannten Glückshormonen (z.B. Serotonin und Endorphine) einher. Im **Alpha**-Zustand besitzt das Gehirn eine hohe Aufnahmefähigkeit, Merkfähigkeit, Kreativität, Phantasie und Intuition, optimale innere Lernbedingungen also.

Theta-Wellen (3,5 - 8 Hz) entstehen üblicherweise im Schlaf und da besonders auffällig mit hoher Amplitude in der sogenannten REM-Phase während des Träumens. Sie treten aber auch während tiefer Meditation, Hypnose oder völliger Selbstversunkenheit auf. Sie sind ein sicheres Zeichen, dass die Formationen des Unter- und Unbewussten die Regie übernehmen. Charakteristisch sind: gesteigerte Kreativität und Phantasie, ungewöhnliche Ideen und Problemlösungen durch die Weisheit des Unbewussten, gesteigertes und plastisches Erinnerungsvermögen, bildhafte Vorstellungen, Inspirationen bis hin zu luziden Träumen (Wachträumen), bei denen die Denkfunktionen nicht mehr eingreifen und ein Zugang zu versteckten Prägungen zustande kommt. **Theta**-Wellen entsprechen dem Bewusstsein der Mystiker in entrückten Zuständen und tiefen kosmischen Visionen. Theta-Wellen treten üblicherweise im Wachzustand eines normalen und gesunden Menschen sehr selten (Meditation und ähnliche außerordentliche Bewußtseinszustände) oder gar nicht auf. Bei Kindern wird auch im „normalen" Wachzustand ein hoher Daueranteil von Theta-Wellen gemessen, die Tiefenpsychologie spricht vom „magischen Bewußtsein" im Kindesalter.

Dynamische Entspannungsübungen:

Besitzen Sie eine Wunschliste? Etwa diese? Worauf warten Sie dann noch?

Jede Nacht durchschlafen, keine Probleme mit Ängsten und Schuldgefühlen.

Forever young - körperlich fit und voller Ausstrahlung bis ins hohe Alter.

Auch im chronischen Stress das süße Strömen der Entspannung finden.

In hektischen Situationen gelassen und stark bleiben.

Ein interessanter Partner sein.

Sich in seiner Haut wohl fühlen und Freude an der Bewegung erhalten.

Und pulsierender Sex auch nach vielen Jahren.

Man mag es beklagen und darunter leiden, aber ein Merkmal jeden Lebens ist Vergänglichkeit und Gewöhnung. Es gibt die Tendenz zu eingefahrenen Gleisen und den Hang zur Bequemlichkeit. Kein Blues mehr, der in die Knochen geht. Und keine Symphonie mehr, die Herz und Seele öffnet. Ohne regelmäßige Aufladung schwächen sich die inneren Akkus, und ohne bewusste Pflege welken die Freuden des Lebens.

Ein durch und durch befriedigendes Leben bleibt für viele Menschen nur ein Traum, während es anderen mühelos zu gelingen scheint. Was sind ihre Geheimnisse? Verfügen sie über besondere Voraussetzungen oder Anlagen, leben sie besonders bewusst, liegt es an der Arbeit, am Einkommen oder an verständnisvollen Partnern?

Nein! Wir hoffen, Ihnen bislang vermitteln zu können, dass dieses fließende Leben im Grunde einfacher zu führen ist als das angespannt-anstrengende. Leider aber verliert sich im Laufe der Jahre der Instinkt für das gute Leben – die fünf Varianten der Dynamischen Entspannung werden Sie wieder in die Spur bringen!

Die goldenen fünf Lebenshelfer (1):

Der Angstfresser

Ängste, Schuldgefühle, Panikattacken und Sorgen aus eigener Kraft besiegen! Wer sollte den Angstfresser anwenden?

Sie leiden unter Ängsten vor bestimmten Situationen?
Sie wurden bereits von unerklärlichen Panikattacken heimgesucht?
Enge-Gefühle, Schwindel, Zittern oder andere körperliche Empfindungen machen Ihnen Angst?
Sie ziehen sich schnell zurück?
Leistungssituationen wie Prüfungen, Referate und andere erzeugen starken Stress in Ihnen?
Sie haben manchmal das Gefühl, von Sorgen erdrückt zu werden?

Jetzt können Sie endlich etwas gegen diese Ängste tun!

Angst wird im Kopf „gedacht" und sie beginnt im Bauch. „Steine im Bauch" oder ein nervös verengter Emotionaler Kanal senden Signale, die vom Gehirn als Angst definiert werden. Dem können folgende Energiestörungen zu Grunde liegen:

1. Die aktive, rote Energie kann nicht in voller Intensität vom Bauch durch den Emotionalen Kanal aufsteigen und sich abreagieren, sie bleibt „unterwegs" hängen (Unterladung). In diesem Zustand verhalten sich Menschen eher passiv, sie halten sich zurück. Der Organismus drosselt unbewusst den inneren Motor. Dies ist im Grunde die richtige Konsequenz, denn es macht keinen Sinn, den Motor auf Touren zu bringen, wenn nicht klar ist, wohin die Reise gehen soll. Die Drosselung erfolgt über die inneren Bremsen: der Atem wird abgeflacht, die Bewegungen werden eingeschränkt etc. Wir haben diese Reaktionskette bereits an anderer Stelle dargestellt.

2. Die entspannende, harmonisierende blaue Energie kann sich nicht voll im Körper ausbreiten und abbauen (Überladung). In diesem Zustand vermeiden Menschen Entspannung, Erholung, Genuss und Hingabe. Sie halten sich unbewusst in einem Zustand dauernder Anspannung. Die Muskulatur ist aufgrund der mangelhaften Entspannung überladen, das macht den Körper steif und die Bewegungen eckig. Die Restspannungen im Körper bleiben so nicht nur vollständig erhalten, sie nehmen zu.

Schlaff oder hysterisch?

Jedes dieser beiden Muster kann dominant in den Vordergrund treten, der antriebsarme Schlaffi und der Hysteriker wären zwei extreme Ausformungen. Sehr häufig treten die beschriebenen Muster aber in ein Wechselspiel und verstärken sich gegenseitig.

Gerda Boyesen beschreibt die Auswirkungen von Über- und Unterladung am Beispiel der Spinnenphobie. „Plötzlich läuft eine Spinne über den Tisch. In der Unterladung fehlt dem Organismus die nötige Kraft, um sich mit dem Reiz „Spinne" auseinanderzusetzen, er springt direkt in den Kopf und löst beim Spinnenphobiker die bekannten Gedanken aus."

In der energetischen Überladung ist dagegen der Emotionale Kanal so verengt, dass wiederum keine „Bearbeitung" des Reizes möglich ist. Auch jetzt schlägt er blitzartig ins Hirn, noch bevor relativierende Gedanken einsetzen können.

Der Angstfresser - ein bewährtes Gegenprogramm

Der Angstfresser ist eine geniale Erfindung, um diese Prozesse zu unterlaufen, sie unter Kontrolle zu bringen und somit verändern zu können. Durchbruch der roten Energie und/oder Lösung der Restspannung, das sind die Themen! Auch diese Variante ist alltagstauglich, also an keine äußeren Voraussetzungen gebunden. Sie können den Angstfresser in der U-Bahn, im Flugzeug und im Kaufhaus aktivieren. Menschen, die Panikattacken beim Autofahren befürchten, halten beim ersten alarmierenden Gedanken an, schalten den Motor aus und setzen den Angstfresser in Betrieb. Sie haben ein Instrument zu Verfügung, mit dessen Unterstützung sie ein Gegenprogramm zu den Angstprozessen starten können.

Befürchtete Hilflosigkeit ist der stärkste denkbare Angstbeschleuniger, das Gefühl also, den inneren Prozessen total ausgeliefert zu sein. „Ich kann das Zittern nicht mehr abstellen!", „Ich bekomme keine Luft mehr!", „Die Herzschmerzen werden immer schlimmer!", „Mir wird schwindelig, gleich falle ich um!" – Jetzt können Sie dem Gefühl des Ausgeliefertseins etwas entgegen setzen!

Wann Sie den Angstfresser anschalten sollten!

Sie sollten es sich zur Angewohnheit machen, diese Variante vor schwierigen Situationen anzuwenden, das gibt Ihnen das Gefühl, direkt Einfluss nehmen zu können. Außerdem hilft Ihnen der Angstfresser einen bereits einsetzenden Angstprozess zu bewältigen. Versuchen Sie loszulegen, bevor Sie von negativen Gedanken überschwemmt werden!

Das passiert:

Lebensenergie wird stimuliert und erhält den Raum zur Rückflutung. Die energetische Überladung des Kopfes (zwanghafte Gedanken) wird aufgehoben. Energie fließt immer dorthin, wo sie gebraucht wird. Die anstrengenden Bewegungen der ersten Phase benötigen diese Energie, ziehen sie herunter und verbrauchen sie. Versuchen Sie einmal, Angstgefühle und starke körperliche Belastung miteinander zu verbinden, es wird Ihnen nicht gelingen. Dieser Wirkungszusammenhang bildet die Grundlage dieser Variante.

Und so funktioniert der „Angstfresser“:

Anfangen, Joggeln:

Die erste Phase der Dynamischen Entspannung ist beim Angstfresser eher unwichtig. Wahrscheinlich spüren Sie bereits Druck in sich und müssen sich nicht aufwärmen. Dennoch sollten Sie einige Minuten Joggeln. Es ist die beste Möglichkeit, sich aus Anspannung heraus in Bewegung zu bringen. Der Begriff stammt von Gert von Kunhardt, Bad Malente; er beschreibt eine Form sehr langsamen Laufens, das keinerlei Überwindung erfordert und dennoch wirkt. Das Geheimnis ist die Verlangsamung, die es auch sehr alten und sportlich absolut inaktiven Menschen ermöglicht, sofort 20 bis 30 Minuten auf der Stelle zu laufen.

Loslegen, Bewegungen gegen die Angst:

Wichtig ist die zweite Phase. Sie legen sich auf eine weiche Unterlage - keine Druckbeschwerden dürfen Sie ablenken. Sie wählen ein bedächtiges Tempo für Ihre Bewegungen, es ist kein Wettkampf gegen die Zeit, den Sie bestehen müssen, sondern eine Auseinandersetzung mit sich selbst und Ihrem toten Punkt. Den sollten Sie immer wieder überwinden und so lange durchhalten wie möglich!

Strecken Sie Beine und Arme nach oben, in Richtung Decke, und fangen an, sie zu bewegen. Nehmen Sie irgendeinen Impuls auf - vielleicht werden es raumgreifende, vielleicht auch spielerische Bewegungen. Oder es wird zum Radfahren oder zum Boxen und Treten. Oder alles nacheinander...ganz wie Sie wollen.

Schnell werden Sie die Anstrengung spüren. Geben Sie aber nicht zu schnell auf, kämpfen, fordern Sie sich! Seien Sie stolz auf Ihre Selbstüberwindung. Anstrengung benötigt Energie, also müssen Sie atmen, vor allem kräftig ausatmen!

Die Erholungsphase:

Irgendwann brauchen Sie eine kleine Verschnaufpause - und die gönnen Sie sich! Sie erholen sich. Falls jetzt erneut negative, ängstliche Gedanken und Phantasien hochsteigen - Unwohlsein aus dem Bauch, Angst vor der Angst - sollten Sie diese auf keinen Fall unterdrücken, im Gegenteil! Nehmen Sie sie als Anlass, wieder in die Bewegung zu gehen - und wieder loslassen.

Und wieder loslegen: so lange, bis diese Gedanken verschwunden sind. Diesen Prozess verstehen wir unter dem „Absaugen" unangenehmer Gefühle und Gedanken. Sie suchen sich eine körperliche Belastung, die Ihre ganze Kraft in Anspruch nimmt. Die tätigen Muskeln brauchen Energien und ziehen diese aus anderen Bereichen des Körpers ab. Die Gedanken treten in den Hintergrund, es dominiert der Durchhaltewille.

So sind Sie jetzt in der Lage, Ihre kreisenden ängstlichen Gedanken selbst zu schwächen. Das ist das Erfolgsprinzip des Angstfressers. Wiederholen Sie den Wechsel Anstrengung-Erholung, so lange die Kraft ausreicht.

Ängste haben mit Verengung zu tun, man fühlt sich eingeschnürt, erdrückt, eingeklemmt. Der Atem bleibt stecken. Stellen Sie sich vor, wie Sie mit Ihren Bewegungen und dem heftigen Ausatmen diese Verengungen von innen weiten und durchbrechen. Stellen Sie sich auch vor, dass es Ihnen gelingt! Wenn Sie am Ende Ihrer Kräfte angelangt sind, folgt eine weitere Phase:

Loslassen:

Jetzt haben Sie endgültig Erholung verdient. Sie liegen oder sitzen oder stehen – und finden kleine, angenehme, leichte Bewegungen. Und in die lassen Sie sich sprichwörtlich hineinfallen! Wir nennen diese Bewegungen: Let Go – sich lösen und öffnen!

Irgendwann wird das Gefühl vorherrschend, gar nichts mehr tun zu müssen. Sie fühlen sich wie ein Grashalm, der vom Wind bewegt wird. Spätestens nach zwei Wochen Training können Sie erleben, wie Sie mit Ihren eigenen Bewegungen verschmelzen. Ein wunderbares Gefühl! Es ist immer wie ein

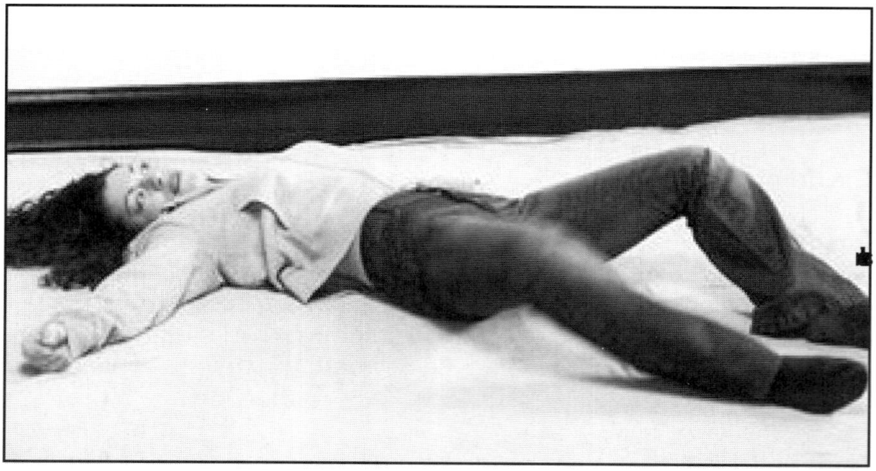

Paradies, wenn sich der Organismus nach einer Anstrengung erholen kann, wenn die eben noch zusammengezogenen Muskeln sich wieder weiten können – vielleicht spüren Sie bei den ersten Malen das wohlige Strömen noch nicht so stark, oder auch gar nicht – aber es wird kommen, ganz sicher. Gönnen Sie sich jetzt auf diese Weise mindestens fünf Minuten Pause!

Loswerden:

Legen Sie sich jetzt auf die linke Seite, wie unsere Abbildung auf der gegenüberliegenden Seite zeigt, oder setzen Sie sich für eine Weile total entspannt irgendwo hin. Sie bleiben völlig untätig, verharren nur in diesem Zustand des Ausruhens. Sie können auch schlafen oder lesen.

Jetzt sollen sich die Steine in Ihrem Bauch auflösen können. Das geschieht nach und nach. Die ersten Schritte aber sind jedoch besonders wichtig. Und seien Sie sich sicher: Jeder, der mit Angstgefühlen, Schuldgefühlen und Panikattacken zu tun hat, der hat solche energetischen Steine in seinem Verdauungsapparat liegen.

Wenn der Bauch anfängt zu grummeln und die Steine zu klackern beginnen, dann sind Sie auf dem richtigen Weg! Anschließend bleiben Sie noch einige Minuten so liegen oder sitzen, vielleicht fühlen Sie sich super, es kann aber auch sein, dass Sie eine leichte Langeweile verspüren. Diese Langeweile aber hilft Ihnen.

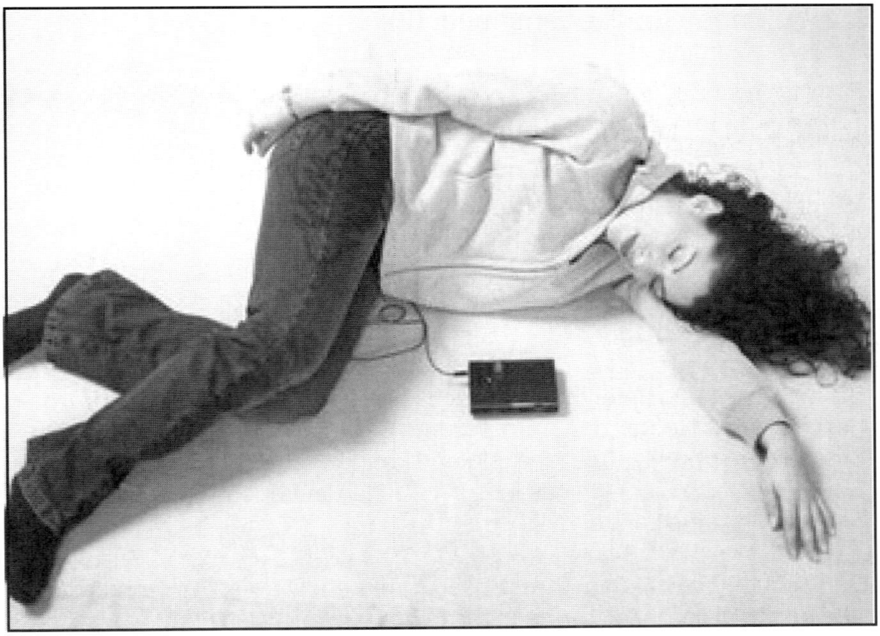

Es öffnet Sie, Sie können buchstäblich hören, wie die Steine hörbar ihre Konsistenz und Härte verlieren. Bleiben Sie in diesem Zustand, solange es Ihnen zeitlich oder von Ihrer Motivation her möglich ist.

Dann ist Schluss, und Sie verabschieden sich von diesem Zustand mit einem inneren Bild: Führen Sie sich eine Situation vor Augen, die in den nächsten zwei Tagen auf Sie zukommen und die nicht ganz unproblematisch für Sie sein wird. Sie sehen alle Beteiligten vor Ihrem inneren Auge, vor allem sich selbst. Sie fühlen sich stark, reagieren gelassen, handeln mutig und direkt – ganz ohne Aufregung. Sie sind sehr zufrieden mit sich.

Lassen Sie diese Bilder einige Minuten auf sich wirken, dann ist Ihre Sitzung beendet.

Die goldenen fünf Lebenshelfer (2):

Der Stresslöser

Wer sollte den Stresslöser kennenlernen?

Sie fühlen sich weder glücklich noch unglücklich, aber denken häufig am Morgen schon an den Abend?
Sie neigen dazu, Ärger „runterzuschlucken" und gute Miene zum bösen Spiel zu machen?
Sie bleiben häufig unter Ihren Möglichkeiten?
Sie haben das Gefühl, den Anforderungen nicht mehr gerecht zu werden?
Sie werden schnell müde, unruhig und können schlecht abschalten?
Sie können sich nicht auf das freie Wochenende freuen?
Sie kennen keine Langeweile?

Dann sollten Sie mit dem Stresslöser trainieren! Die vier Phasen aktivieren und harmonisieren und bringen Sie in Kontakt mit Ihren Flow-Fähigkeiten. Der Zustand des „Flow" (inneres Fließen) ist die Basis für Begeisterung, Erfolg, Inspiration, Ausstrahlung, Freundlichkeit, gute Laune und Mut. Im Flow-Zustand erleben sich Menschen selbstbewusst und zuversichtlich, gelöst und zufrieden – also glücklich! Im Flow finden Körper zu ihrer natürlichen Anmut und Ausstrahlung.

„Eher kriegst du eine Kuh zum Rumba-Tanzen ..."

Wir halten unglaublich viel nervöse Energie in uns fest und dabei ist es so einfach, sie aufzulösen!
Vor allem geht es darum, die Sehnsucht nach einem glücklicheren Leben zu wecken. Wieder Freude zu finden an den Dingen, die gut tun. Manchem mag dies sehr schlicht erscheinen, es ist das Gegenteil.

„Eher kriegst du eine Kuh zum Rumba-Tanzen, als mich zum Meditieren", sagt ein vielbeschäftigter Zeitgenosse, und genau so ist es. Ein nervöser Mensch wird unruhig, wenn er nicht nervös sein kann. Er (bzw. sein Verstand) wird dies entrüstet von sich weisen, aber der Körper geht seine eigenen Wege – und schon findet sich wieder ein Anlass zur Aufregung, zur Empörung, zum Stöhnen, zum Losrennen! Das Zusammenspiel der Steine im Bauch mit den Aktivitäten im Hirn funktioniert und steuert das gesamte innere Netzwerk: Atem flach, Bewegungen steif, Stimme ohne Timbre, der Blick unruhig, die Gedanken eng. Dieses sich selbst verstärkende Stress-

System läßt sich tatsächlich nur über den Körper verändern, und auch dieser Weg ist nicht einfach. Denn der Gestresste leidet nicht wirklich, und damit fehlt ein wesentliches Erfolgskriterium für Veränderungen: Leidensdruck.

„Und irgendwann tut nichts mehr weh..."

Manche Gestresste sehen so hundeelend aus, dass sich in ihrer Umgebung jeder Sorgen macht, nur sie selbst nicht. Die andauernde Spannung, durch Stress hervorgerufen, verursacht dieses erstaunliche Phänomen. Der chronische Druck in der Muskulatur reduziert deren Empfindungsfähigkeit und blockiert eine feinere Selbstwahrnehmung. Eine harte Muskulatur fühlt nicht viel. Diesen Zusammenhang versuchen wir den Menschen aufzuzeigen, die sich ausgenutzt und als Packesel für die Sorgen anderer missbraucht fühlen. Sie jammern zwar, aber sie leiden nicht. Eine bereits überladene Schulter wird unempfindlich und sie schreit nicht mehr, wenn weitere Lasten dazukommen.

Haben Sie sich schon darüber gewundert, dass Ihnen an manchen Tagen sehr schnell die Tränen kommen können und Sie sich von Dingen innerlich berühren lassen, die Sie sonst nicht einmal registrieren? Diese weichen Momente sind eigentlich immer auch entspannte Momente, achten Sie beim nächsten Mal einmal darauf. Angespannte Muskeln sind Gefühlskiller und die Frage nach der Henne und dem Ei taucht auf. Was war zuerst da? In jedem Fall ist diese Spirale von wachsender Anspannung und gleichzeitiger Wahrnehmungsminderung äußerst gefährlich und endet nicht selten in der Klinik, mit Glück im Bett, sonst im Kühlfach. Partner sind also aufgerufen, von außen Einfluss zu nehmen auf diese Karrieren, sie unter Androhung von Sanktionen zu stoppen und nicht als Co-Abhängige zu unterstützen. Der chronisch Gestresste selbst wird nie auf die Idee kommen, seinen Lebensstil zu ändern. Warum auch?

Man kann es beklagen und muss es doch hinnehmen. Die harten Fälle meiden Entspannungs- und Anti-Stress-Gruppen wie der Teufel das Weihwasser, an ihrer Stelle kommen die Partner, denn die leiden zwangsläufig mit. Es gibt in diesem Kontext allerdings eine Ausnahme. Alles ändert sich nämlich, wenn das Unternehmen ruft. Es handelt sich um die gleichen Kurse wie an der Volkshochschule, aber wenn sie das Hundertfache kosten, dann sind vor allem die verhärtesten Manager dabei. Es ist also nur klug, wenn Unternehmen in diesem Sinne für ihre MitarbeiterInnen sorgen, es zahlt sich immer aus. Es hat sich nämlich herumgesprochen, dass der angestrengte Mitarbeiter nicht unbedingt der leistungsfähigste ist – er ist eben nur angestrengt!

So funktioniert der Stresslöser:

Anfangen, Joggeln:

Auf der Stelle laufen, mit entsprechenden Armbewegungen. Die Ausführung dieser Übung ist Ihnen schon vom „Angstfresser" vertraut, notfalls dort noch einmal nachschlagen.

Loslegen:

Im Stress spannen wir unwillkürlich bestimmte Muskeln an, wenn wir Gefühle unter Kontrolle halten wollen. Das wiederholt sich unendlich viele Male, schließlich spüren wir nichts mehr von Ärger, Freiheitsdrang und Rückzugswünschen. Auch die Bedürfnisse nach Bewegung, Erholung, Nähe etc. schwinden. Also keine Reibung, keine Konflikte mit anderen. Jetzt geht es um die Befreiung dieser Impulse.

Stampfen Sie einige Male kräftig auf, mit beiden Beinen und unter kräftigem Ausatmen. Anschließend schütteln Sie sich kräftig aus, Arme, Oberkörper, Becken, den ganzen Körper. Sie sollten spüren: Der Körper hat deutlich an Steifheit verloren.

Im Stehen machen Sie befreiende Bewegungen: Mit den angewinkelten Armen schlagen Sie nach hinten aus, mal nach rechts, mal nach links. So, als würden Sie sich losmachen, befreien, sich einer Last entledigen: „Weg!"

Es ist wie Boxen: Hau ab! Platz! Lass mich in Ruhe! Diese Befreiungsbewegungen sind besonders wichtig und fühlen sich eigentlich immer gut an. Die Enge um den Brustkorb herum kann sich lockern, der Atem wieder freier fließen.

Wenn es möglich ist, dann atmen Sie bei jedem Stoß aus, möglichst laut.

Stressbogen

Abschließend der Stressbogen (unten), die „Wunderwaffe aus der Bioenergetik" (A. Lowen): Sie begeben sich in einen Bogen - die Knie sind leicht gebeugt, die Arme ausgestreckt - und atmen kräftig.

Nun geht es ums Durchhalten! Vielleicht spüren Sie sehr bald feine Vibrationen in den Beinen, den Armen oder dem Kiefer. Das ist eine gute Botschaft Ihres Körpers; die Panzerungen werden schwächer, das Leben kommt durch.

Legen Sie zwei bis drei Pausen ein und gehen Sie im Bogen immer wieder bis an die Grenzen Ihrer Belastbarkeit.

Vermeiden Sie aber Schmerzen, verändern Sie dann sofort die Haltung!

Loslassen:

Nun klingen alle Anstrengungen und wilden Bewegungen aus, Sie bleiben auf dem Rücken liegen, recken und strecken sich. Dann können Sie beide Beine aufstellen und sie im Wechsel öffnen und schließen – eine wunderbare, leichte Bewegung. Oder es ergeben sich andere Bewegungen, die Hände, das Bekken, der Kiefer... Sie lassen sich in alles hineinfallen, Sie lassen sich bewegen! Mindestens fünf Minuten, besser 15 Minuten sollten Sie sich auf diese Weise gehen lassen. Keiner kontrolliert Sie, niemand bewertet Sie, die blaue Entspannungsenergie verteilt sich in alle Zellen Ihres Körpers.

Genießen Sie diese Zeit, sie wird mit jeder Wiederholung schöner. „Das letzte Hemd hat keine Taschen, weder für Kreditkarten noch für gute Werke, wir wissen es. Und weil wir es wissen, sind Berge oder das Meer ein Glück.

Unser Innerstes atmet auf, wenn wir am Meer sitzen. Einmal eine Stunde nichts tun, nichts machen, nichts produzieren, nichts ordnen, nichts ins Lot bringen, keine Beziehung knüpfen, sondern eine Stunde einfach da sein als Nutznießer und Zeuge der Güte Gottes“ (Traugott Giesen, Pastor auf Sylt).

Loswerden:

Legen Sie sich jetzt auf die linke Seite, wie unsere Abbildung auf Seite 205 zeigt, oder setzen Sie sich für eine Weile total entspannt irgendwo hin. Sie bleiben völlig untätig, verharren nur in diesem Zustand des Ausruhens.

Da dieser Teil bei allen Übungen weitgehend identisch ist, verzichten wir auf eine erneute Beschreibung.

Die goldenen fünf Lebenshelfer (3):

Der Lust & Liebe-Turbo

Aktivierung sexueller Energien
Lahme Lenden

Es gibt ein paar Dinge im Leben, die lassen sich weder mit dem Willen noch mit dem Verstand ankurbeln, eine davon ist die sexuelle Lust. Früher, so wird erzählt, stieg bei diesem Thema der Pulsschlag, und die Haut fing an, sich in wohliger Vorlust zu verfärben. Das hat sich in den letzten Jahren gehörig geändert. Eines der auffälligsten psychologischen Phänomene ist ein von allen Statistiken belegter Niedergang der sexuellen Freude: der Lustverlust.

„Der Großteil der Deutschen wünscht sich eine dauerhafte, harmonische Liebesbeziehung. Fast drei Viertel träumen von der Liebe fürs Leben. Und immerhin ist für jeden Dritten der Partner das Wichtigste überhaupt. Zu dieser traumhaften, langlebigen Partnerschaft gehört selbstverständlich auch eine ekstatische und nie erlahmende Sexualität. So weit die Utopie, doch nun die triste Wirklichkeit: Nie waren die Beziehungen so brüchig wie heute, viele Bindungen halten nur wenige Jahre. Und oft ist ein Hauptgrund für die Krise die Unzufriedenheit mit der Sexualität.

Mit den Jahren stirbt die Lust den Liebestod. Schon nach Wochen, so haben Sexualforscher erkundet, hat sich die erste Leidenschaft gelegt. Dann schleicht sich die erotische Routine ins Lotterbett. Und irgendwann herrscht Friedhofsruhe in deutschen Betten - wie offenbar überall auf der Welt" („Neue Zürcher Zeitung"). Nun kann man schlechterdings nicht behaupten, dass sexuelle Lust generell verschwunden ist, sie bewegt sich allerdings in eigenartige Richtungen.

Energetisch gesehen ist diese Entwicklung ein durchaus erklärliches Phänomen. Auch und gerade Sex hat mit Strömen zu tun, anatomisch, psychologisch, energetisch, mental. Und auch hier lässt sich die Logik der Natur nicht aushebeln. Kein Kribbeln im Leben – kein Prickeln im Bett.

Die Ursachen dieser seltsamen Verblassung der partnerbezogenen Sexualität sind sicherlich mannigfaltig. Der gehetzte Alltag, unrealistische Erwartungen, Verunsicherung – oder alles zusammen.

Das Gegenprogramm

Der Lust & Liebe-Turbo bringt Sie wieder in Kontakt mit Ihrer Lustströmung, ohne dass es mentaler Klimmzüge oder künstlicher Exerzitien bedarf. Sie aktivieren Ihre sexuelle Energien, überwinden innere Lustbarrieren und werden die wunderbare Verschmelzung von Lust und Liebe spüren, das einzige lohnende Ziel im Zusammenhang mit diesem Thema. Sie werden eine große Gelassenheit verspüren, die alle Anspannungen löst. Denn diese sind immer beteiligt, wenn Sexualität zum öden oder anstrengenden Geschehen wird oder gar Psychostress verursacht.

Einige werden sich vielleicht noch an „For yourself" erinnern. Als eine Art psycho-technische Anleitung zur Selbstbefriedigung wurde das Buch weltweit ein Bestseller. Diese Richtung verfolgen wir hier nicht, im besonderen Maße gilt auch hier das Credo der Biodynamik: wichtig ist, was aus dem Bauch kommt. Und wenn es Lust ist, dann können Sie ihr folgen oder aber auch nicht. Kein Muss, kein Ziel, aber viele Möglichkeiten.

Die Qual mit dem Sex

ICH und DU: Wer wirklich befriedigende Sexualität gestalten und erleben will, der muss zuerst mit sich selbst zurecht kommen können. Die Gewohnheit, sich von anderen „anzünden" zu lassen, ist ein letztlich trostloser Irrweg. Die Sigmund Freud zugeschriebene Äußerung: „Der Mann will und die Frau will, dass der Mann will" führt fast zwangsläufig zu Verwirrung und Verstrickungen. „Jeder soll wollen können" – das ist die individuelle Einstimmung auf das Thema, danach geht es um die partnerschaftliche Lust.

Ein kurzer theoretischer Exkurs: Meine Lust

Beim Sex soll sich im gesamten Organismus Spannung aufbauen können, nicht nur „regional" begrenzt auf die Genitalien. Gerda Boyesen: „Lust kann sich in jedem Muskel aufbauen, in den Armen, in den Händen, im Rücken, in den Beinen. Je stärker die Verteilung, desto stärker die Befriedigung". Die Befriedigung wird eingeleitet durch den Höhepunkt, den Orgasmus. Die rote Energie wandelt sich in blaue und durchströmt den Organismus. Je mehr Muskeln an diesem Prozess beteiligt sind, desto intensiver ist der Fluss der blauen Energie und damit das Lusterleben. Aber nicht nur die Stärke der Aufladung entscheidet über das Lustpotenzial, eine zweite Eigenschaft ist beteiligt: Die innere Durchlässigkeit.

Wie frei kann die blaue Lustenergie im Körper herumströmen? Sexuelle Energie neigt dazu, sich oberhalb und unterhalb des Beckens zu stauen. Es entstehen, deutlich sichtbar, Verdickungen durch Fettansammlung, träges Gewebe, aber auch verhärtete Muskulatur (z.B. an den Oberschenkeln). Diese können in zwei Richtungen als Barrieren wirken, entweder halten sie die sexuelle Energie im Becken gefangen oder sie sperren die sexuelle Energie vom Becken aus. Beides verhindert tiefe Befriedigung.

Stellen sich dem Energiefluss keine Barrieren entgegen, so ist die Bahn frei für die blaue Energie. Sie kann über die erogenen Zonen hinaus auch die emotionalen Ebenen durchströmen und das Becken mit dem „Herzen" verbinden. Dann verschmilzt Lust mit Liebe und kann in Spiralen höheren Bewusstseins münden. In diesem Zustand ist volle Befriedigung auch mit schwacher energetischer Aufladung möglich. So paradox es klingen mag, aber Müdigkeit kann zu sensationellen Lusterfahrungen führen. Und manche Menschen erleben diese auch erst als rüstige Senioren, wenn sie sich einem entspannten Lebensabend hingeben können.

Unsere Lust

In den Urzeiten der Psychologie wurden alle Anspannungen als Ausdruck verdrängter Sexualität gesehen, in Wirklichkeit gibt es vielfältige Gründe. Wir kennen allerdings spezifisch sexuelle Verklemmungen, die ausschließlich in entsprechenden Situationen in den Vordergrund treten. Diese haben ihre Ursachen immer in misslungenen oder fatalen Begegnungen mit Grenzüberschreitungen, Abwertungen, falscher Aufmerksamkeit, fehlender Resonanz oder ähnlichem.

Es sind Erlebnisse, die mit Scham und Hilflosigkeit zu tun haben. Sie bringen den Organismus in die Defensive, zur Kontraktion. Aus diesem Grund betont Lust und Liebe den Bereich der Glaubenssätze stärker als die vier anderen Varianten: „Ich erlaube mir meine Lust, sie ist ein wunderbares Geschenk!"

Was passiert in dieser Übung?

Die rote Lustenergie wird so kräftig stimuliert, dass sie sich auch in ungewohnten Sphären des Körpers aufbauen kann. Die inneren Lust-Barrieren schwächen sich und können sich im Laufe der Zeit ganz auflösen. Die blaue Befriedigungsenergie erhält Raum und Zeit, um sich wirklich in alle Zellen hinein ausbreiten zu können. Am Ende steht das innere Ja zum eigenen Weg der Lust, die Selbstverständlichkeit und die Freiheit, es zu kommunizieren.

So funktioniert der Lust & Liebe-Turbo:

Anfangen:

Freuen Sie sich auf die nächsten 15 Minuten, sie werden Sie sehr wach machen. Zuerst aber müssen Sie hineinkommen in die Bewegungen. Stellen Sie sich hin und fangen Sie an, sich ganz locker zu schütteln. Die Arme, den Oberkörper, den Kopf, den ganzen Körper.

Irgendwann wird es Ihnen leicht fallen, auch Ihre Stimme mit zu schütteln. Kleine und tiefe Töne steigen in Ihnen hoch und entspannen Ihre Kehle. Die Begleitung mit der eigenen Stimme ist immer gut, aber kein Muss.

Nun lassen Sie Ihr Becken kreisen, abwechselnd in beide Richtungen. Natürlich ohne jede Anstrengung. Es kommt überhaupt nicht darauf an, besondere Figuren abzuliefern. Keiner sieht Ihnen zu und gibt Ihnen Halt.

Loslegen:

Dann legen Sie sich bitte bequem auf eine Unterlage. Stellen Sie Ihre Beine auf und heben Ihr Becken an. Wieder bewegen Sie es – machen Kreise, strecken es in Richtung Himmel, lassen es fallen. Es wird anstrengend, aber Sie machen weiter! Und vergessen Sie nicht das Atmen! Verbinden Sie die einzelnen Bewegungen mit einem bewussten Ausatmen, das ist sehr wichtig! Aus dem Becken fließt die (rote) sexuelle Energie, die Libido. Häufig aber hat sich der Körper im Laufe der Zeit mit dem müden oder verspannten Becken eingerichtet und angefreundet. Deswegen wehrt er sich gegen diese Bewegungen. Wenn Sie in den nächsten Minuten plötzlich die Lust verlieren sollten, dann hat das mit der unbewussten Abwehr von Lustgefühlen zu tun und sollte Sie zum Weitermachen antreiben.

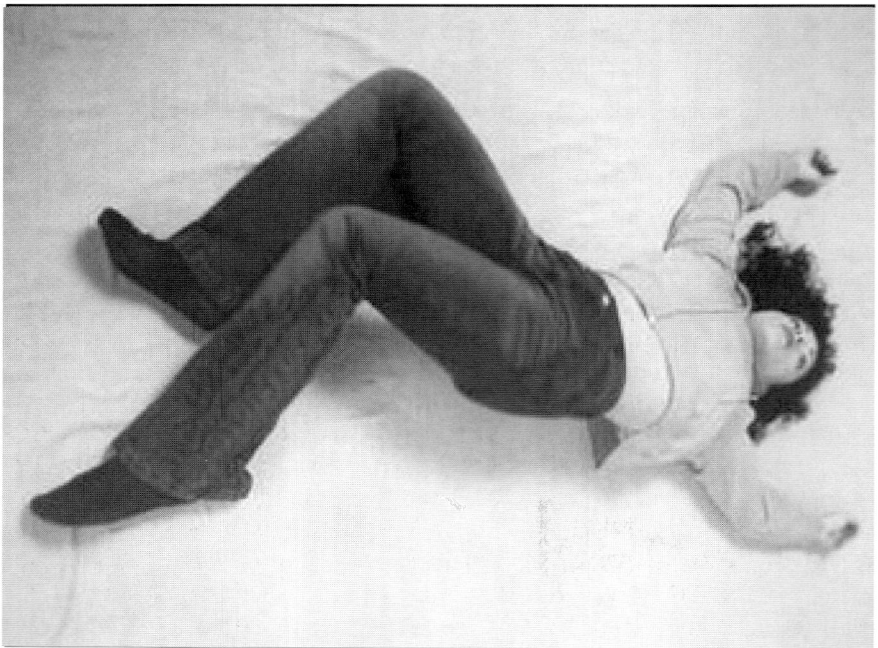

Sie ruhen sich einige Augenblicke aus, um zuerst Ihr Becken und dann den ganzen Körper, begleitet von bewusstem Ausatmen, in den Boden zu drehen. Viele Teilnehmer lieben die Vorstellung, sie würden an einem wunderbaren Strand liegen und ihren Körper immer wieder in den warmen, weichen Sand drehen. Sie erlauben sich wieder eine Pause.

Spüren Sie jetzt die Veränderung in Ihrem Becken? Ist es wacher, spüren Sie schon die Kraft dort – oder noch nicht? Manchmal dauert es einige Zeit, bis es wieder anfängt, in Ihrem Körper zu strömen. Dann müssen Sie eben ein bis zwei Wochen Geduld haben. Den Erfolg aber wird es immer geben!

Die Rolle des PC-Muskels

Jetzt kommt der klassische Teil eines jeden Sextrainings, für manchen am Anfang gewöhnungsbedürftig, sehr schnell aber treten die enormen positiven Auswirkungen der Effekte in den Vordergrund. Es geht um die Vitalisierung und Stärkung des PC-Muskels. Der wissenschaftliche Name Pubococcggeus-Muskel wird Ihnen wenig nützen. Stellen Sie sich also vor, Sie müssten auf die Toilette und hielten bis dahin den Harn zurück. Dazu spannen Sie den PC-Muskel an. Jetzt wissen Sie, wo er sich befindet und können Kontakt zu ihm aufnehmen. Bauen Sie jetzt eine Spannung in diesem Muskel auf, aber nur hier – nicht zusätzlich im Bauch oder in den Oberschenkeln. Nur im PC-Muskel!

Dabei sollten Sie sich aber ruhig bewegen, ganz locker und wie zum Ausgleich. Sie werden die Spannung nicht lange halten können, dann lassen Sie los, entspannen sich. Irgendwann geht es wieder weiter. Je häufiger Sie diesen Muskel anspannen, desto kräftiger wird er.

Man sollte dieses kleine Spiel mehrfach am Tag wiederholen, im Auto, in der Bahn, am Schreibtisch. Anspannen – loslassen! Wenn der Muskel im Laufe der Zeit an Kraft gewinnt, werden Sie die Spannung leicht für zehn Sekunden aufrecht erhalten können.

Zum Abschluss eine spielerische Belohnung. Noch einmal heben Sie Ihr Bekken an und lassen es auf die Matte fallen, immer wieder. Vielleicht überkommt Sie der Wunsch nach kräftigen Bewegungen, dann folgen Sie ihm. Atmen Sie kräftig dabei, möglichst mit Tönen, und stellen sich vor, wie diese energievollen, Bewegungen alle Verspannungen in Ihnen nach draußen befördern. Wenn Sie Gelegenheit haben, sich jetzt eine rhythmische Begleitmusik zu besorgen – sehr schön!

Loslassen:

Dann klingen alle Anstrengungen und wilden Bewegungen aus, Sie bleiben auf dem Rücken liegen, recken und strecken sich. Dann stellen Sie Ihre Beine auf und genießen eine wunderbare Bewegung. Ihre Beine öffnen und schließen sich, das heißt Sie bringen die Knie zusammen – auseinander – wieder zusammen etc. Und Sie machen es so langsam wie möglich!

Gleichzeitig bewegt sich Ihr Kiefer im gleichen Rhythmus, auch die Lippen, die Zunge. Es ist wie Schmelzen. Beine, Becken und Mund finden zu einem leichten und irgendwann auch lustvollen Zusammenspiel. Dazu etwas Musik

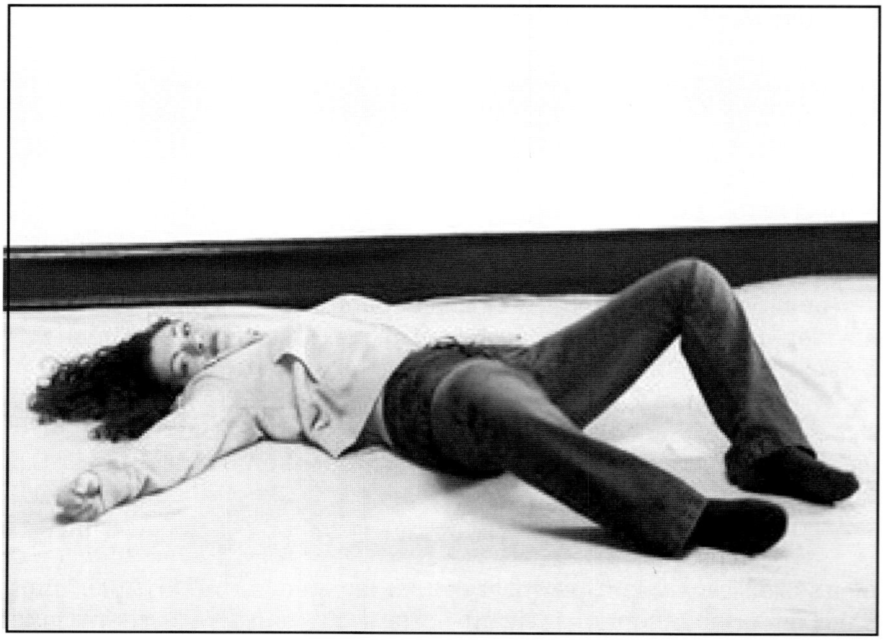

und Sie spüren, wie sich innere Schleusen öffnen. Vielleicht fangen die Beine an, leicht zu vibrieren – das ist das Resultat: es fängt an zu fließen! Sie sollten mindestens fünf Minuten in diesem Sing-Sang bleiben, je länger, desto besser. Es sind wieder diese kleinen Let-Go-Bewegungen, welche die blaue Energie im ganzen Körper verteilen. Es passiert von allein, Sie müssen nichts tun außer sich so langsam und genussvoll wie möglich zu bewegen. Dabei können Sie eine Hand auf Ihr Becken legen und die andere auf Ihr Herz – spüren Sie dieses beglückende Zusammenspiel!

Und wenn Sie es anfangs nicht fühlen, dann braucht es eben noch etwas Zeit. Möglicherweise werden Sie nach zwei bis drei Wochen starke und vielleicht ungewohnte Lustwellen verspüren, Sie sind frei in Ihrer Entscheidung.

Loswerden:

Danach wieder die bekannte Phase der weitgehenden Passivität. Sie liegen oder sitzen – bis die Psychoperistaltik hörbar wird. Wir empfehlen Ihnen, dabei einen Satz laut oder tonlos zu sprechen: „Ich erlaube mir meine Lust, ich genieße meine Lust, sie ist ein wunderbares Geschenk!" und „Meine Lust ist so, wie sie ist - mal schwach, mal stark, mal gar nicht, mal wie ein billiger Schlager und ein anderes Mal wie eine gewaltige Symphonie – so ist die Natur!"

Die goldenen fünf Lebenshelfer (4):

Das ultimative Schlaflied

Schlaf finden

Schlafstörungen werden zur Geißel des modernen Menschen, und nicht nur Senioren leiden unter ruhelosen Nächten, auch jeder vierte Jugendliche findet nachts keinen erholsamen Schlaf. Es kann jeden treffen, aktive Menschen, aber auch solche, die bewusst äußere Ruhe in ihr Leben bringen wollen. Schlaflosigkeit gibt es in der Stadt und auf dem Land. Kerngesunde sind davon gleichermaßen wie Kranke betroffen. Man schätzt, dass 20 Prozent der Bundesbürger damit zu tun haben, in den USA sind es 33 Prozent der Bevölkerung (Studie der Uni Marburg). Ein gigantisches und auch ein gesellschaftliches Problem.

Ein- und Durchschlafschwierigkeiten, die nur wenige Tage andauern, werden gewöhnlich durch Aufregung oder Stress verursacht, die Angst vor einer Prüfungssituation oder einer ärztlichen Untersuchung etwa. Anhaltender Stress kann den Schlaf auch einmal über einen Zeitraum von zwei bis drei Wochen beeinträchtigen.

Die Mehrzahl derjenigen, die mit gestörtem Schlaf zu tun haben, leiden an chronischer Insomnie, das heißt sie schlafen jede oder fast jede Nacht schlecht. Und das über Jahre und Jahrzehnte. In den meisten Fällen stecken Sorgen oder Stress hinter den Schlafstörungen. Manchmal sind sie aber auch ein Symptom für andere Erkrankungen. Depressionen können beispielsweise phasenweise auf die Nachtruhe schlagen. Typisches Warnzeichen sind trübe Gedanken, die das Einschlafen behindern, und ein morgendliches Tief. Schlafmangel kann die Gesundheit erheblich beeinträchtigen, das Leistungsvermögen schwächen und die Stimmung auf den Nullpunkt bringen.

Ebenso wichtig wie Ursachenforschung ist das Management des eigenen Schlafs. Haben sich die Störungen eingenistet, dann entwickeln sie die verhängnisvolle Tendenz zum Bleiben. Insofern gibt es zwischen der Schlafstörung und dem Aufsteigen von Ängsten starke Ähnlichkeiten. Beide Phänome sind Stellvertreter für tiefere Konflikte und Signale zum Innehalten.

Wer nicht einschlafen kann oder zu früh aufwacht, macht sich oft Sorgen über die Einschränkung seiner Funktionstüchtigkeit am Tage. Je mehr man sich aber um einen erholsamen Schlaf bemüht, desto mehr verschärft sich das Problem.

Im Übrigen können alle Handlungen, die sich auf das Schlafengehen beziehen, wie Impulse wirken, die Wachheit steigern, wie z. B. das Anlegen der Nachtkleidung, das Ausschalten des Lichtes oder das Aufdecken der Bettdecke. Auch bewusste Beruhigungsstrategien können das Gegenteil bewirken. Alles hat aus unserer Sicht mit der in diesem Buch immer wieder erwähnten psychosomatischen Realität der Restspannung zu tun. Wird diese nicht gelöst, kommen viele Menschen nicht zur Ruhe.

Wie also kann man sich helfen?

Die meisten Antworten verweisen in den diagnostischen und danach in den pharmakologischen Bereich: Schlaflabor zur Bestimmung des richtigen Medikamentes. Und wieder ist die Parallelität zum Thema Angst offensichtlich, auch hier kommen Medizin und Psychotherapie nicht richtig voran.

Nun sind wir selbst auf dieses Thema gestoßen worden und haben die obige Entdeckung etwas systematisiert und in die Form einer Selbstbehandlungstechnik gegossen. Die Wirkungsweise ist eine dreifache: Ablenkung, Spannungslösung und Feedback. Wie beim Schafezählen erfolgt eine Umleitung der Gedanken, jetzt sind es aber nicht irgendwelche bedeutungslosen Tiere, jetzt beschäftigen sich die Gedanken mit positiven Signalen des eigenen Körpers. Das Mithören der „rollenden Steine" kann nur beruhigend wirken, denn:

1. Es erfolgt eine Kanalisierung der Gedanken, sie schweifen nicht mehr durch die Spielfelder des eigenen Lebens, sondern fokussieren sich auf einen Reiz, der positiv ist und über nur geringe emotionale Ladung verfügt. Die Geräusche sind angenehm, aber keinesfalls aufregend.

2. Da die Psychoperistaltik eine Reaktion auf parasympathische Prozesse ist, findet im Körper ein entsprechender tiefer Entspannungszustand statt.

3. Über die akustische Rückmeldung erlebt sich der nach Schlaf suchende Mensch anders als sonst, nämlich als sich aktiv Bewegender. Es ist das Gegenbild zur Situation, in der jemand wartet, dass endlich die Müdigkeit und der Schlaf zu ihm kommt. Diese konstruierte Hilflosigkeit trägt den Keim für ängstliche, unruhige Gedanken bereits in sich.

4. Die psychoperistaltischen Geräusche sind ureigene, unverwechselbare Entspannungsmelodien des eigenen Organismus. Deshalb werden sie auf besonders harmonische Weise in die Gedanken und Wahrnehmungen einfließen.

Dieser Aspekt erschloss sich uns durch eine Veröffentlichung im „Spiegel". Danach kann das gute alte Schlaflied auch Erwachsenen den nötigen Schlummer bescheren: „Kanadische Wissenschaftler haben herausgefunden, dass die Musik des eigenen Körpers das Einschlafen erleichtert und den Schlaf länger macht. Die Forscher (der University of Toronto) zeichneten per EEG die Gehirnwellen der Patienten auf, um herauszufinden, welche Rhythmen einen meditativen Zustand hervorriefen. Dann übersetzte ein Computerprogramm die Wellen in Töne," berichtet das Nachrichtenmagazin. '"Wir verwandeln die elektrischen Frequenzen in Musik, deren Rhythmus, Lautstärke und Tonhöhe sich entsprechend verändert," erläutert Schlafforscher Leonid Kayumov. So entstehe gleichsam ein akustischer 'Abdruck' des Gehirns.

Unser biodynamischer Ansatz kommt mit ungleich einfacheren Prozeduren aus. Deswegen haben wir diese neue Variante der Dynamischen Entspannung jetzt „Das ultimative Schlaflied" genannt. Die Erfolgsquote ist enorm, sie liegt bei 90 Prozent unter bislang 60 Probanden, die intensiv beobachtet wurden.

So funktioniert das ultimative Schlaflied:

Vorbemerkung: Für diese Variante empfehlen wir ausdrücklich die Anschaffung eines elektrischen Stethoskops. Konventionelle Stethoskope verfügen nämlich über einen Hörbügel, mit dem das Einschlafen eher unbequem ist.

Anfangen:

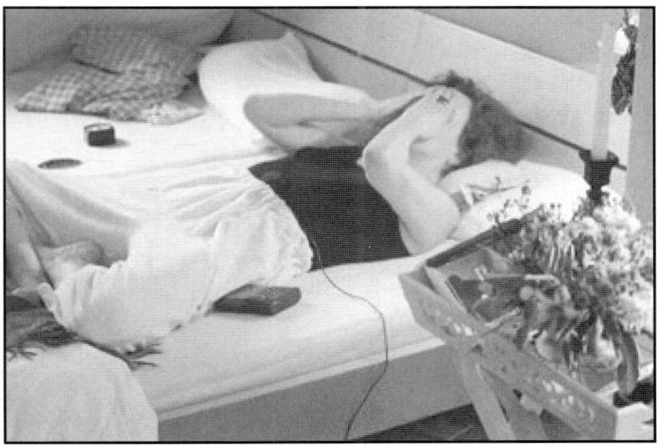

Das ist die Situation: Sie liegen im Bett und können nicht einschlafen bzw. sind zu früh aufgewacht. Sie nehmen jetzt das Stethoskop und befestigen den Hörer an der üblichen Stelle unterhalb des Bauchnabels. Um unnötige Hektik zu vermeiden, sollten Sie das Gerät schon bereitgelegt halten.

Loslegen & Loslassen: (Beide Phasen gehen hier ineinander über)

Sie beginnen sich jetzt leicht zu bewegen, nicht den ganzen Körper, vielleicht die Finger, die Hände, die Füße. Ein sanftes Kreisen etwa - oder spielerische Bewegungen. Mit dem Ohr am Stethoskop werden Sie merken: Es gibt bestimmte Bewegungen, die Ihre Psychoperistaltik hörbar macht – dann lösen sich Spannungsklumpen im Bauch und Entspannung strömt durch alle Zellen.

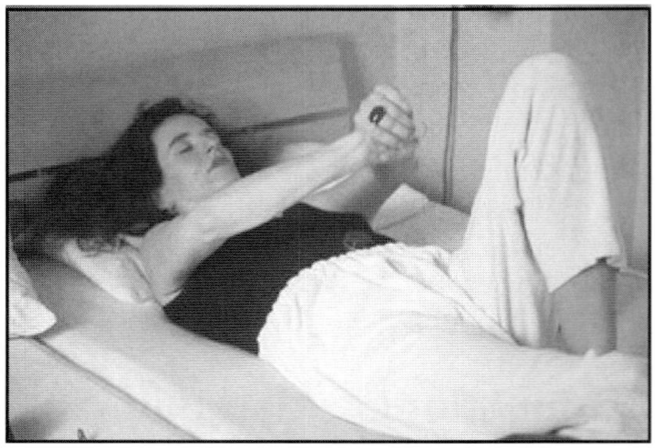

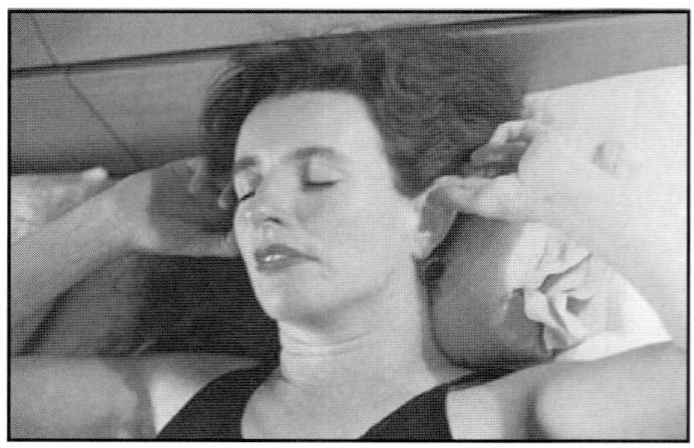

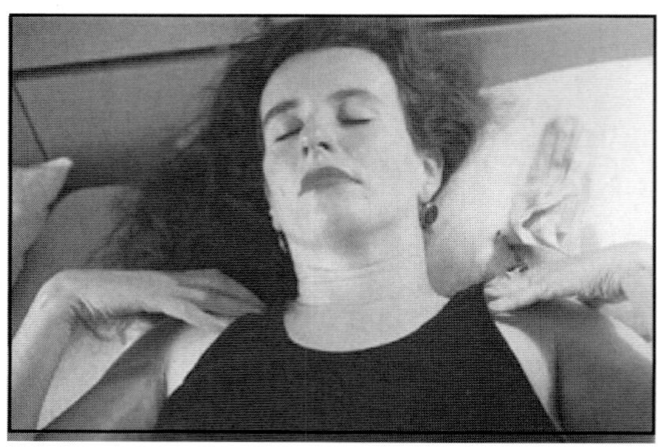

Das sind Ihre individuellen Schlüsselbewegungen. Diese werden Sie finden, auch wenn Sie vielleicht länger experimentieren müssen. Sie können sich auch selbst eine kleine Massage geben, die Hände ausstreichen, die Hände auf den Bauch legen. Es gibt jetzt keine richtigen und keine falschen Bewegungen, es gibt nur solche, die in dieser Situation für Sie die richtigen sind. Und lauschen Sie den Tönen, die aus der Tiefe Ihres Bauches nach oben perlen. Es sind wunderbare Klänge, denn sie zeigen an, dass es Ihnen gelingt, Ihren Körper von alten oder neuen Lasten zu befreien.

Vielleicht erinnern Sie diese Geräusche an bestimmte Tiere oder knarrende Türen, an lebendiges Gewässer oder rauschende Wälder.

Die übliche Phase des Loswerdens entfällt, denn Sie sind eingeschlafen!

Die goldenen fünf Lebenshelfer (5):

Die Glücksspirale: Tägliche Lebensfreude

Vor einigen Jahren habe ich eine Meditation kennengelernt, die mich augenblicklich begeisterte und seitdem ständig begleitet: „Vision der Freude“, komponiert von dem Kollegen G. Ziegler. Es gibt eine sehr passende gleichnamige Begleitmusik dazu, die von einem Menschen namens Shantiprem komponiert wurde und bei amazon.de und im ambitionierten Buchhandel zu erhalten ist.

Wir haben die Abläufe etwas modifiziert und nennen sie jetzt „Glücksspirale“ - eine wunderbare Bewegungsmeditation für Menschen jeden Alters. Ja, auch Vierjährige können sich dafür begeistern, in einem Berliner Kindergarten wurde die „Glücksspirale für Kinder“ zum großen Renner. Wer kann, der sollte dieses Ritual zum festen Element seines Lebens machen, es lohnt sich. Man kann die Glücksspirale mit den „Fünf Tibetern“ vergleichen, die Ergebnisse sind ähnlich, aber den meisten bringt die Glücksspirale einfach mehr Laune.

Die niederschwelligen Bewegungsabläufe haben bislang noch niemanden vor irgendwelche Probleme gestellt, es müssen keine Schambarrieren überwunden werden und jeder bestimmt seine Dosis selbst - so ähnelt die Glücksspirale einem erholsamen, interessanten Waldspaziergang, der in jeder Umgebung für Auflockerung, Besinnung und schöne Schwingungen sorgt. Im Team und im Kollegium, in Sportstudios und Positiven Feldern, in der Reha und im Urlaub, zu Hause allein oder mit den anderen, es passt eigentlich immer.

So funktioniert die Glücksspirale:

Antraben 10 Minuten:

Langsam und gemächlich setzen Sie sich in Bewegung. Joggeln Sie durch den Raum oder laufen Sie langsam auf der Stelle. Bewegen Sie sich so, wie Sie sich fühlen! Müde und schwer, genervt und angespannt oder energiegeladen, federnd und optimistisch. Es gibt nur eine Regel: anfangen und bis zum Ende der zehn Minuten durchhalten! Irgendwann werden die Bewegungen leichter und flüssiger – die ersten inneren Staus haben sich gelöst, allein dafür hat es sich gelohnt, die Glücksspirale zu beginnen. Vielleicht tauchen auch innere Bilder auf, wie Sie eine vertraute Landschaft durchqueren oder wie Sie einem Ziel entgegenlaufen.

Loslegen, in die Kraft laufen (3 - 5 Minuten):

In dieser kurzen Phase sollen Sie sich etwas anstrengen. Das geht ganz leicht, erhöhen Sie einfach das Lauftempo! Und heben Sie dabei die Knie stärker an, sofort werden Sie den Effekt spüren. Aber bleiben Sie locker, es ist kein Wettkampf, es soll Sie zwar anstrengen, aber keineswegs überanstrengen oder gar quälen.

Vielleicht haben Sie an einem Tag auch das Gefühl, „Bäume ausreißen" zu können, dann können Sie die Belastung erhöhen und zusätzlich kleine Gewichte in die Hände nehmen. Telefonbücher erfüllen diesen Zweck auch. Mit den Armen machen Sie nun raumgreifende Bewegungen.

Diese drei Minuten sollen Ihren Körper so stark mobilisieren, dass Sie stärker atmen müssen und vielleicht auch etwas schwitzen.Jedes freie Lebewesen sucht und liebt körperliche Anstrengung, deswegen werden Sie in dieser Phase auch Freude empfinden können und vielleicht auch Stolz über das Zusammenspiel von Bewegung und Atmung. Dauer: Drei Minuten

Legen Sie nun eine kleine Erholungsphase ein! Sie bewegen sich zwar weiter, aber Sie beruhigen Ihre Atmung, entspannen die angestrengten Glieder und lassen es sich gut gehen. Dauer: Ein bis zwei Minuten.

Loslassen, aus dem Bauch heraus:

In den nächsten zehn Minuten stehen Sie fest auf dem Boden, Ihre Knie sind dabei elastisch-locker und leicht gebeugt. Die dazu passende Bewegung kennen Sie vielleicht aus Kinderspielen oder Meditationsgruppen, es ist das Drehen des Oberkörpers um die eigene Achse. Strecken Sie dabei die Arme aus, sie werden im Verlauf immer lockerer und freier und scheinen sich irgendwann zu verselbstständigen. Die Bewegung entsteht tief in Ihrem Bauch und es kann gut sein, dass von hier eine richtige Bewegungslust nach oben steigt und sich im ganzen Körper ausbreitet.

Dieses Schwingen ist wunderbar entspannend und leicht, vielleicht haben Sie manchmal sogar ein Gefühl von Fliegen oder Gleiten. Bleiben Sie in Ihrem Tempo, links-rechts-links-rechts. Später können Sie sehr schnell in tranceähnliche Zustände gelangen. Manchmal werden innere Bilder auftauchen, in denen Sie mit Kraft und Energie in der Welt stehen oder in denen Sie sich verloren und abgeschnitten vom Rest der Welt fühlen. Registrieren Sie alles in dem Bewusstsein, dass jedes dieser Bilder einen Sinn hat und lassen Sie diese Eindrücke kommen und gehen.

Let Go:

Dann wechselt die Musik. In der vierten Phase sitzen Sie, entweder für sich allein und aufrecht, oder Sie suchen sich eine andere Person und sitzen mit ihr Rücken an Rücken, lehnen sich an, summen mit der Musik und genießen den schönen Kontakt mit sich selbst (Abb. nächste Seite).

Auch hier sollten Sie sich in leichten Schwingungen bewegen, egal ob Sie für sich sitzen oder gemeinsam. Ganz leichte, kleine und vor allem angenehme

Bewegungen finden sich von selbst. Denken Sie nicht bewusst daran, die Bewegungen entstehen von allein.

Loswerden:

Zum Abschluss legen Sie sich hin, vorzugsweise auf die linke Seite. Das Prozedere kennen Sie von Seite 205. Lauschen Sie den Tönen in Ihrem Bauch, irgendwann werden diese zu hören sein. Stellen Sie sich vor, wie sich jetzt die tiefsten Anspannungen anfangen zu lösen. Und wenn sich diese Kapseln öffnen können, dann fließt Lebensenergie durch die inneren Kanäle und mit diesen Strömen kommen gute Gedanken und Gefühle. Einmal stärker, einmal schwächer.

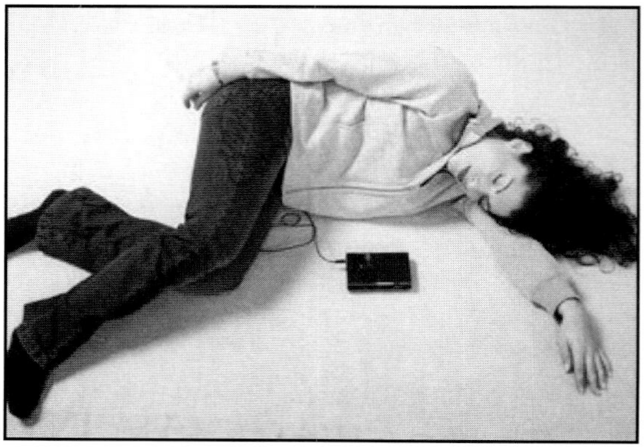

Wenn Sie keine Gelegenheit haben, sich zehn Minuten lang hinzulegen, dann setzen Sie sich in eine Ecke und dösen. Schaffen Sie sich aber für diese Zeit eine ungestörte, eigene Welt, bleiben Sie ganz für sich und mit sich. In dieser Zeit gibt es keine Musikbegleitung mehr, die Töne kommen nun von innen.

Die Teilnehmer unserer Gruppen und Trainings gestalten den Übergang von der Glücksspirale zum Alltagsgeschehen ganz unterschiedlich. Einige lieben es, noch eine Weile mit anderen zusammenzusitzen und zu plaudern, andere erheben sich sehr schnell und verschwinden. Finden Sie es selbst heraus!

Neue Horizonte:

Das Wasser des Lebens

Messungen der Lebensenergie

Positive Felder als dritter Weg

Ausklang:

Hilf dir selbst, wer soll es sonst tun?

„Das Leben spannend halten!“

Neue Horizonte (1):

Das Wasser des Lebens

Der japanische Alternativ-Mediziner Masaru Emoto goß etwas Wasser in eine Schale und sagte einige Male in Richtung des Wassers „Danke". Dann gab er Wasser in eine zweite Schale und „besprach" dieses mit dem Wort „Dummkopf".

Beide Wasser wurden dann in seinem Labor eingefroren und die entstehenden Wasserkristalle anschließend fotografiert. Das Ergebnis war eine Sensation: Beide Wasserproben hatten völlig unterschiedliche Kristallstrukturen entwickelt. Das eine hatte offensichtlich die positive Schwingung des Wortes Danke aufgenommen und gleichförmige Kristalle entwickelt. Die Kristalle des anderen unterschieden sich deutlich, zeigten verstümmelte Formen, wiesen Löcher in ihrer Mitte auf und zerfielen rasch. Dieses Wasser hatte die Negativität des Begriffs „Dummkopf" angenommen und wies deshalb eine nur geringe (Lebens-) Schwingung auf.

Über einen Zeitraum von fünf Jahren ließ der Forscher Wasser auf diese Weise besprechen und beschallen. Sein Team sammelte Proben von Heiligen Quellen und verglich es mit dem Leitungswasser von Großstädten. Alle Ergebnisse wurden dokumentiert und sind unter den entsprechenden Bedingungen reproduzierbar. Sie sind der wissenschaftliche Beweis für ein sensationelles Phänomen.

„Die Schwingungen der menschlichen Gedanken und Worte übertragen sich auf das Schwingungsverhalten des Wassers und verändern dieses entsprechend. Wasser wird somit zum Informationsträger seiner Umgebung," konstatiert Emoto. Er konnte fotografieren, wie sich unvollständige oder beschädigte Kristalle im positiven Milieu versuchen, sich selbst in eine intakte Form zu bringen. Ein objektiver Beleg für die von Gerda Boyesen immer wieder beschriebene Fähigkeit der organismischen Selbstregulation: „Jeder Organismus verfügt über ein inneres Programm zur Selbstheilung und Anpassung. Alles richtet sich von allein, wenn man es möglich macht".

Emotos Team konnte herausfinden, dass Wasser mit niedriger Frequenz auf niedrigen Frequenzen heftig reagiert während Wasser mit höherer Frequenz weniger stark auf die gleichen niedrigen Frequenzen reagiert. Dies erklärt die Tatsache, dass eine kräftig pulsierende Lebensenergie als Schutz vor äußeren Einflüssen wirkt und ein schwaches Energieniveau kaum eine Barriere abgeben kann. Emoto belegt dies an einem Beispiel: gewaltverherrlichende Filme machen aggressive (also niedrige Schwingung) Menschen noch aggressiver, hinterlassen dagegen beim zufriedenen Menschen (höhere Schwingung) kaum Wirkungen. Nun bestehen 70 Prozent unseres Körpers und 70 Prozent der Erde aus Wasser. Deshalb sind die Ergebnisse von Emoto von ungeheurer Bedeutung für die menschliche Existenz. Die Quantenphysik lehrt, dass jede Materie nicht tot sondern lebendig ist und jedes Leben sich auf Schwingungen reduzieren lässt. Und da Moleküle innerhalb geordneter Kristalle mit höherer Frequenz miteinander schwingen als solche innerhalb ungeordneter Systeme, erlauben die Ergebnisse von Emoto direkte Schlussfolgerungen über die Beeinflussbarkeit des Innenlebens. Sie sind gleichzeitig der physikalische Beweis für feinstoffliche Prozesse, für das Wirken einer lebensgestaltenden Ur-Energie: Prana, Chi. Wir nennen diese Kraft „strömende Lebensenergie".

„Alles Leben wird durch Schwingung aufrecht erhalten, deshalb sucht das Leben instinktiv immer nach Anregungen aus seiner Umgebung. Das gilt ganz besonders für Menschen. Es ist selbstverständlich, dass schlechte Anregungen eine Interferenz (gemeinsames Schwingen) mit dem Schlechten in uns eingehen. Das führt dann wohl zu einer Schwächung von Körper und Geist. Wenn es aber gute Anregungen sind, dann aktivieren sie unseren Körper und Geist zum Guten hin, bringen uns Stabilität und Glück. Die Zellen unserer Körper, die kleine blühende Blume im Garten, das Steinchen am Wegesrand, alles, was existiert, besitzt seine eigene Schwingung. „Selbstverständlich verändert sich diese Schwingung im Laufe der Entwicklung eines Lebewesens, aber die Bandbreite ist nicht besonders groß," berichtet Emoto.

Seine Arbeit lässt uns jetzt besser verstehen, warum eine Fahrt in der mit müden Menschen angefüllten U-Bahn so anstrengend sein kann, wie ein angespanntes Arbeitsklima die Arbeitsergebnisse einer ganzen Abteilung zwangsläufig negativ beeinflusst. Kurzum: wir alle beeinflussen uns gegenseitig und es gibt keine Möglichkeit, diese Prozesse zu kontrollieren. In seinen Publikationen beschreibt Emoto weitere Fragestellungen, Versuchsanordnungen und Schlussfolgerungen, hier sollen nur drei Aspekte zusätzlich erwähnt werden, die als Beleg für Gerda Boyesens Theorien dienen.

Innere Stauungen scheinen also tatsächlich starke Auswirkungen auf das Schwingungsverhalten des Wassers zu haben, und somit auf die Lebensenergie schlechthin.

Sie sind als Leserinnen und Leser diesen Gedanken immer wieder begegnet, es ist eines der Grundbilder in der Boyesen-Arbeit: die Auflösung innerer Stauungen. Dies kann sowohl im metaphorischen Sinne als auch physikalisch-biologisch verstanden werden. Auch die an den Nervenenden gestaute Flüssigkeit besteht zu Teilen aus Wasser und reagiert im Sinne der Erkenntnisse von Emoto. Abgesehen davon, dass allein der Versuch dem Prinzip eines bewegten Lebens zuwiderliefe, ist es heute auch praktisch nicht möglich, sich Menschen und Lebenssituationen auszusuchen.

Ebenso wenig können wir andere Menschen wirklich (ver-)ändern. Allein diese Tatsachen machen deutlich, wie sinnlos das Warten auf Lösungen von außen ist. Emotos Bilder sind ein einzigartiger Beleg für das Prinzip der Selbstverantwortung: „Der einzige Mensch, der über dein Befinden entscheidet, bist du selbst!"

Deshalb werden diejenigen gesund und auf ihre Weise erfolgreich sein, die sich von dem herrschenden Druck und den vagabundierenden Ängsten nicht anstekken lassen, die sich also aktiv um eine Stärkung und Erhaltung ihrer Lebensenergie kümmern. Dies ist auch die Botschaft von Gerda Boyesen seit vielen Jahrzehnten, und die Bilder von Masuro Emoto liefern eine objektivierbare Rechtfertigung.

Neue Horizonte (2):

Messungen der Lebensenergie

Der Arzt und Psychiater David R. Hawkins begann 1975 mit seinen Messungen und veröffentlichte die Ergebnisse schließlich 1995 in seinem Bestseller „Power Versus Force: An Anatomy of Consciousness". Die deutsche Ausgabe erschien zwei Jahre später unter dem Titel „Die Ebenen des Bewusstseins. Von der Kraft, die wir ausstrahlen". Hawkins' Ziel war es, Informationen über die Schwingungen der unterschiedlichen emotionalen und bewusstseinsmäßigen Zustände zu gewinnen. Auch ging er davon aus, dass Gedanken und Gefühle mit bestimmten Frequenzen beziehungsweise Stärken schwingen.

Hawkins arbeitete mit dem kinesiologischen Messsystem und konnte Millionen von Daten erheben und verrechnen. So entstand eine bislang einmalige Schwingungslandkarte der menschlichen Entwicklung. Hawkins verwendete eine Skala von 0 (Tod) bis 1000, wobei der Bereich 700-1000 (Erleuchtung) ein eher theoretischer bleibt, der wahrscheinlich nur von wenigen Figuren der Weltgeschichte erreicht wurde. Gleichwohl wird das Potential deutlich, das es noch zu erobern gilt. Der gegenwärtige Mittelwert liegt bei 200.

Hier eine Darstellung des Hawkinschen Spektrums in stark verkürzter Form:

Die Energieebene 20: Scham

Die Ebene der Scham ist dem Tode gefährlich nahe. Wenn wir uns schämen, lassen wir den Kopf hängen, schleichen uns davon und wären am liebsten unsichtbar.

Die Energieebene 30: Schuldbewusstsein

Schuldgefühle, die in unserer Gesellschaft so weit verbreitet sind und dazu benutzt werden, zu manipulieren und zu bestrafen, manifestieren sich zum Beispiel in Reue, Selbstanklage, Masochismus und Opferrollen.

Die Energieebene 50: Apathie

Diese Ebene ist durch Armseligkeit, Verzweiflung und Hoffnungslosigkeit charakterisiert. Die Welt und die Zukunft schauen trostlos aus.

Die Energieebene 75: Kummer

Dies ist die Ebene der Traurigkeit, des Verlustgefühls und der Niedergeschlagenheit, des Trauerns, der Verlassenheit und des Bedauerns von Vergangenem.

Die Energieebene 100: Angst

Die Welt sieht gefährlich aus, sie ist voller Fallen und Bedrohungen. Das Wuchern von Ängsten ist so unbegrenzt wie die menschliche Vorstellungskraft; ist die Angst einmal ins Zentrum der Aufmerksamkeit gerückt, wird sie durch die endlosen beängstigenden Ereignisse der Welt genährt.

Die Energieebene 125: Begehrlichkeit

Begehrlichkeit ist offensichtlich ein viel höherer Zustand als Apathie oder Kummer. Um etwas zu „bekommen", braucht man die Energie, etwas zu „wollen". Begehrlichkeit hat etwas zu tun mit Anhäufen und Gier. Sobald ein Wunsch befriedigt ist, wird er durch das unerfüllte Verlangen nach etwas anderem ersetzt.

Die Energieebene 150: Wut

Wut kann entweder konstruktives oder destruktives Handeln auslösen. Wenn Menschen von Apathie und Kummer loskommen und die Angst als Lebensstil überwinden, dann beginnen sie Dinge zu begehren. Die Begehrlichkeit führt zur Frustration, die wiederum Wut hervorruft. Deswegen kann Wut ein Wendepunkt sein, an dem die Niedergeschlagenen schließlich in die Freiheit katapultiert werden. Aber Wut zeigt sich häufig als Groll und Rachsucht und ist dann explosiv und gefährlich.

Die Energieebene 175: Stolz

Der Stolze verfügt über Energie, aber das Problem ist der „Hochmut vor dem Fall". Der Stolze ist defensiv und verwundbar, weil er von äußeren Bedingungen abhängig ist, ohne die er plötzlich auf eine tiefere Ebene stürzen könnte.

Die Energieebene 200: Mut

Auf dieser Ebene zeigt sich Kraft. Mut beinhaltet die Bereitschaft, Neues auszuprobieren und sich mit den Wechselfällen des Lebens auseinander zu setzen. Beispielsweise ist bei Messwert 200 genügend Energie vorhanden, um sich beruflich weiterzubilden. Wachstum und Bildung werden erreichbare Ziele. Streben wird nicht länger durch Furchtsamkeit behindert, wie das auf den unteren Entwicklungsebenen geschehen würde.

Die Energieebene 250: Neutralität

Auf der Ebene der Neutralität kann ein Mensch sagen: „Nun, wenn ich diese Stelle nicht bekomme, dann bekomme ich eben eine andere!" Das ist der Anfang der inneren Zuversicht, man spürt seine Kraft und lässt sich nicht einschüchtern.

Die Energieebene 310: Bereitwilligkeit

Die Widerstände gegenüber dem Leben sind überwunden, man beteiligt sich engagiert. Auf dieser Ebene ist das Selbstwertgefühl hoch und wird durch das positive Feedback der Gesellschaft in Form von Anerkennung und Belohnung verstärkt.

Die Energieebene 350: Akzeptanz

Die Menschen unterhalb der Stufe von 200 sind eher machtlos und fühlen sich als Opfer, die dem Leben auf Gedeih und Verderb ausgeliefert sind. Diese Haltung entstammt dem Glauben, die Quelle unseres Glücks oder Unglücks oder die Ursache unserer Probleme läge außerhalb unserer selbst. Auf der Ebene der Akzeptanz ist ein Individuum nicht daran interessiert festzustellen, was richtig und was falsch ist, sondern beschäftigt sich damit, Streitfragen zu klären und herauszufinden, was bei Problemen zu tun sei. Langfristige Ziele haben Vorrang vor kurzfristigen. Auf der Ebene der Akzeptanz sind wir nicht mehr polarisiert durch Konflikt und Opposition; wir sehen, dass andere Menschen die gleichen Rechte haben wie wir.

Die Energieebene 400: Verstand

Intelligenz und Rationalität treten in den Vordergrund, wenn die Emotionalität der tieferen Ebenen transzendiert wird. Der Verstand kann große und komplexe Mengen an Daten verarbeiten und schnelle, korrekte Entscheidungen fällen und geschickt mit Symbolen umgehen. Dies ist das Niveau, in dem Nobelpreisträger, Staatsmänner und Koryphäen anzutreffen sind.

Die Energieebene 500: Liebe

Auf dieser Ebene geht es nicht um die Liebe, wie sie in Massenmedien dargestellt wird. Sie ist vielmehr gekennzeichnet durch die Entwicklung einer Liebe, die bedingungslos, unwandelbar und beständig ist. Sie schwankt nicht, weil ihr

Ursprung in der Person liegt, die liebt und nicht von äußeren Faktoren anhängig ist. Liebe als Seinszustand.

Die Energieebene 540: Freude

Wird die Liebe immer bedingungsloser, so wird sie als innere Freude erlebt. Charakteristisch für diese Ebene ist die Fähigkeit zu enormer Geduld und das Andauern einer positiven Haltung angesichts langwieriger Schwierigkeiten. Ein weiteres Kennzeichen ist Mitgefühl. Diese Menschen haben eine starke Wirkung auf andere. Von dieser Ebene an aufwärts erstreckt sich das Reich der spirituellen Heiler und fortgeschrittenen spirituellen Schüler.

Die Energieebene 600: Frieden

Dieses Energiefeld wird außerordentlich selten erreicht, nur von einem unter zehn Millionen Menschen. Diese Menschen sind wie Heilige und werden manchmal auch offiziell heiliggesprochen. Häufig ziehen sich diese Menschen zurück, da der Zustand der Glückseligkeit, der daraus erwächst, normale Aktivitäten eher ausschließt.

Die Energieebenen 700-1000: Erleuchtung

Die Verkörperung des Göttlichen: Krishna, Buddha, Jesus Christus.

Nach Hawkins Angaben liegen 85 Prozent der Menschen unterhalb der kritischen Ebene von 200, während der Gesamtdurchschnitt heute bei ungefähr 204 liegt. Kritikern gegenüber verweist er auf die Tatsache, dass die Bevölkerung ganzer Subkontinente in Armut und damit in dauernder Angst lebt. Sinnvolle menschliche Befriedigung kann seiner Meinung nach erst ab der Ebene 250 beginnen, wo ein gewisser Grad an Selbstvertrauen vorhanden ist. Die Ergebnisse korrespondieren mit der frühen These von Gerda Boyesen, nach der jedes Wachstum, jede positive innere Neuorientierung und jede Heilung mit einer Erhöhung der inneren Schwingung, die wir Lebensenergie nennen, zusammenfällt.

„Kann sich der Mensch an seinen eigenen Haaren hochziehen?", fragt Hawkins und antwortet selbst: „Warum nicht, dazu braucht es nichts weiter, als dass er seine Antriebskraft erhöht, dann wird er mühelos ein höheres Niveau erreichen. Machtausübung allein kann diese Leistung nicht vollbringen; Kraft kann es nicht nur, sondern tut es auch beständig.

Zwischen Psychotherapie und Nichtstun:

Positive Felder als dritter Weg

„Ich glaube, das größte Geschenk, das ich von jemandem bekommen kann, ist, daß er mich sieht, mir zuhört, mich versteht und mich berührt. Das größte Geschenk, dass ich einem anderen Menschen machen kann, ist, ihn zu sehen, ihm zuzuhören, ihn zu verstehen und ihn zu berühren. Wenn das gelingt, habe ich das Gefühl, dass wir uns wirklich begegnet sind."
Virgina Satir (gest. 1989)

Die schönste Zeit meines Lebens hatte ich als Postbote in den Semesterferien", das sagt der Chef eines der größten Deutschen Textilkonzerne. „Zum Postboten sind eigentlich alle freundlich, es gibt viele kleine Gespräche und man lernt immer neue Menschen kennen. Ich habe mich viel bewegt, gelacht und wenn ich mich extra beeilt habe, dann war ich auch früher fertig. Ich habe richtige Rekorde aufgestellt, die konnte ich dann richtig genießen. Es war abwechslungsreich, kein Tag war wie der andere. Nach Feierabend haben einige der Kollegen manchmal Fußball gespielt oder es ging gemeinsam in die Badeanstalt. Auch dort hatten wir unseren Spaß. Damals hatte ich alles, was ich brauchte und Freiheiten dazu!"

Und er fährt fort: „Jetzt bin ich 53 Jahre alt und befinde mich und auf dem Höhepunkt meiner Karriere, natürlich kann ich mir materiell alles leisten, aber wenn ich mein jetziges Leben mit damals vergleiche, dann ist da Einiges auf der Strecke geblieben!"

Es gibt eine tiefe Sehnsucht nach einem Leben mit Zielen, Freiräumen, Freunden und den Erlebnissen, dass der „Seele Flügel wachsen". Die legendäre Familientherapeutin Virgina Satir formuliert fünf Freiheiten, die das Leben lohnend machen: Die Freiheit, das zu sehen und zu hören, was im Moment wirklich da ist, anstatt was sein sollte, was gewesen ist oder erst sein wird. Die Freiheit, das auszusprechen, was ich wirklich fühle und denke, und nicht das, was von mir erwartet wird. Die Freiheit, zu meinen Gefühlen zu stehen, und nicht etwas anderes vorzutäuschen. Die Freiheit, um das zu bitten, was ich brauche, anstatt immer erst um Erlaubnis zu fragen. Die Freiheit, in eigener Verantwortung Risiken einzugehen, anstatt immer nur auf Nummer Sicher zu gehen und nichts Neues zu wagen.

Und als sechsten Punkt fügen wir an: Die Freiheit, Lust zu lieben

Es ist die Sehnsucht an einen Raum ohne Erwartungen, Bewertungen und Rechtfertigungen. Hier interessieren sich die Menschen zwar für einander, hören sich gegenseitig zu, haben auch eine Meinung und vertreten diese. Aber es gibt keine Forderung nach Zustimmung. Dies ist keine Utopie, sondern die Leitidee für das Positive Feld.

Hier kann ich so sein, wie ich wirklich bin

Ein Netz von fremden Vorstellungen spannt sich über das eigene Leben, von früh bis spät, Tag für Tag. Stimmen, die empfehlen, raten, drohen, betteln, appellieren, verführen, bedrängen – es wird immer schwerer, sich selbst treu zu bleiben. Wir lernen, wie wir sein sollen, aber verlieren die Sicherheit, zu sein wie wir sind.

Das Positive Feld ist eine Möglichkeit, sich wieder selbst begegnen zu können, in sich hineinzuspüren, Ballast abzuwerfen und mit anderen Neues zu entwickeln.

Hierfür gibt es keine bessere Lehrmeisterin als Gerda Boyesen. Meine erste Begegnung mit ihr liegt lange zurück, es muss im Winter 1981 gewesen sein. Die Anreise zu einem Seminar mit ihr im Schwarzwald war beschwerlich, ich erreichte das Seminarhaus jedenfalls mit gehöriger Verspätung. Zu einer intensiven Selbsterfahrungsgruppe muß man pünktlich kommen, alles andere ist Störung, Respektlosigkeit, Narzissmus und Missachtung – so jedenfalls die angesagte Gewissenshaltung damals. Ich klopfte also zaghaft, schuldbewusst mit angehaltenem Atem an die Tür, drückte unendlich vorsichtig die Klinke und betrat den Raum. Ungefähr 30 Leute lagen auf dem Boden und entspannten sich. Ich fühlte mich scheußlich, alle würden sich jetzt gestört fühlen und auf mich sauer sein, da hörte ich eine helle, laute Stimme. Es war Gerda Boyesen, die mich ansprach: „Hallüüüü! Schön, dass du da bist! Hattest du eine anstrengende Fahrt? Möchtest du einen Tee, hier steht noch einer."

Augenblicklich fielen alle Spannung, alle Angst, alle negativen Vorstellungen ab und mir stiegen Tränen der Dankbarkeit in die Augen. Nach wenigen Sekunden spürte ich, dass ich dazugehörte! An diesem Wochenende beschloß ich, noch viele Seminare mit Gerda zu machen und solange wie möglich mit ihr zu arbeiten. Es war gleichzeitig ein radikaler Abschied von der Psychologie, die ich bis dahin kennengelernt hatte. Obwohl zur Befreiung des Menschen gedacht schafft sie so viele neue Zwänge.

In der Bioenergetik-Ausbildung waren Wutgebrüll und Tränen angesagt, im Gestalt-Training sollte man „zum Punkt" kommen, in der Familientherapie kluge Dinge sagen und in meiner ersten psychoanalytischen Selbsterfahrungsgruppe war jeder bemüht, nicht aufzufallen. Wer sich bewegt, der kommt dran!

Und jetzt diese Freiheit, dieses lustvolle JA zu sich selbst. Weder kritische Stirnfalten noch skeptische Mundwinkel, keine forschenden Blicke und abweisende Minen. „Der Teilnehmer hat immer Recht“ und „Jeder kann so verrückt sein wie er will, es regelt sich alles von allein!“ - das sind Glaubenssätze, die Gerda Boyesen nicht nur in professionellen sondern auch in privaten Begegnungen lebt. So kann ein wunderbares Klima entsehen, das alle Menschen, die es erleben, immer wieder tief berührt und öffnet.

Der menschliche Organismus verfügt über ein feines Sensorium, das jeden Angriff und jede Erwartung registriert und das innere Programm auf „Hab acht! Verstecke dich! Reiß dich zusammen! Fassade runter!“ schaltet. An dieser Schnittstelle entstehen die Verspannungen, die sich später zu dauerhaften Anspannungen manifestieren und danach innere Staustrukturen ausbilden, die unsere Lebensenergie binden und einsperren. Aus diesem Grund sucht der Bauch das Gegenteil.

Eine Entspannungsleiterin von uns hat eine Zeit in Brasilien gelebt und erzählt noch immer von ihren damaligen Erlebnissen: „ Wenn man dort mit Menschen zusammensteht, egal ob an einer Haltestelle, auf einem Fest oder während der Pause eines Konzertes, dann war ich oft danach stundenlang beschwingt. Die gleichen Situationen hier in Ostfriesland machen mich dagegen schnell müde“. Pulsierendes Leben ist ansteckend und eingesperrtes leider auch.

In diesem Sinn vermitteln die Positiven Felder auch einen Hauch brasilianischer Lebensfreude. Oder, um das Bild eines Teilnehmers zu gebrauchen: „Es war für mich so, als seien wir alle Biolek, Hermann van Veen und wilde Tiger in einer Person gewesen und hätten am Ende gemeinsam einen Sonnenaufgang auf Hawaii erlebt“. Positives breitet sich aus, weil es Schwingungen verstärkt. Aus diesem Grund lohnen sich auch punktuelle Einsätze des Positiven Feldes, denn es wirken hier die Kräfte morphogenetischer Felder, wie sie von Sheldrake u.a. beschrieben wurden. In den meisten Fällen ist es sowieso sinnvoll, mit einer niedrigen Dosis zu starten. Für Familien reichen zweimal 30 Minuten im ersten Monat und Unternehmen profitieren als Gesamtsystem, wenn eine einzige Einheit zum Positiven Feld wird.

Sinn und Möglichkeiten der Positiven Felder

Vele Menschen gehen ziemlich scheußlich miteinander um“, so Gerda Boyesen, *“Respektlose Behandlungen, Vereinnahmung, Entmutigung – alles das ist nur schwer auszuhalten. Weglauf-Impulse und Empörungsschreie unterdrücken wir und gewöhnen uns so an, einen Teil unseres Charakters zu verstecken.“* *Diese Selbstkontrolle, vor allem wenn sie zum Dauerzustand gerät, drückt auf die Schwingungen der Lebensenergie und bindet eine enorme Menge körperlicher,* mentaler und emotionaler Kraft. Bis zu 80% der zu Verfügung stehenden Energie kann in den angespannten Körperstrukturen hängen bleiben. Was übrigbleibt ist kompensatorisches (übertriebenes) oder defensives Verhalten. Diese Schwächung durch Anpassung wird in den satten Gesellschaften zu einem existenzbedrohenden Thema, hier ist auch die neue Psychologie gefragt.

Jedenfalls entstammen Motivationsprobleme, unsoziales Verhalten, Mobbing, Bossing, innere Kündigung, Opferattituden, Ängste, Hemmungen, Illoyalität, vorsätzliche Dummheit, Rückzug, Erkrankungen und andere Verhaltensmuster dieser Schwächung und sie verstärken sich gegen- und wechselseitig.

Ähnlich stark wirken reale oder vermeintliche Erwartungen. Positive Erwartungen lassen Menschen über sich selbst hinauswachsen – und umgekehrt. Ein Mann, der neben seiner eloquenten, gebildeten Gattin mehr und mehr verstummt, kann an seinem Stammtisch durchaus die Rolle der Stimmungskanone einnehmen. Die Wahrnehmung und Interpretation der Umgebung bestimmt hier das Verhalten: „Hier bin ich eine Sardine und dort kann ich ein Hecht sein!“

So können reale und phantasierte Erwartungen und Bewertungen unser Verhalten stärker behindern als es die Auswirkungen einer schwierigen Kindheit vermögen.

Ein Positives Feld kann man sich vorstellen wie einen Markt der Möglichkeiten, wo

1. jeder Belastendes loswerden kann,
2. jeder etwas von dem erhält, was er gerade braucht
3. jeder etwas weitergeben kann
4. alle zum Erreichen gemeinsamer Ziele beitragen

Was passiert in den Positiven Feldern?
Es gibt keine langen Anlaufzeiten, Effekte treten sofort ein und verstärken sich im Verlauf. Sie korrespondieren im übrigen auch mit den Erkenntnissen von Emoto und Hawkins.

Die erhöhten Schwingungsfrequenzen im Raum bewirken positive Aktivierungen aller Beteiligten. Diese breiten sich aus und stimulieren die psychoperistaltischen Prozesse. Das gemeinsame Erleben von Entspannung, Klärung und Bauchkraft ist für die meisten eine außerordentlich beglückende Erfahrung. In diesem Klima schwinden die üblichen Vorbehalte und die Bereitschaft zur Auseinandersetzung mit der eigenen Person wächst. Und damit die Fähigkeit zur klaren, starken und partnerschaftlichen Kommunikation. Eindrucksvoll sind auch die Effekte auf Parameter wie Zufriedenheit, Selbstvertrauen, Risikobereitschaft und Motivation.

Das Positive Feld ist eine recht junge Erkenntnis und unsere Erfahrungen sind noch begrenzt. Wir konnten dennoch als übergreifendes Ergebnis ein deutliches Anwachsen des „sense of coherence" feststellen. Das ist die Fähigkeit, gerade bei widrigen Umständen einen Sinn im Leben zu sehen. Es sind Gedanken an eine lohnende Zukunft, verknüpft mit der Lust, Dinge konkret „in die Hand zu nehmen".

Die 10 Regeln des Positiven Feldes

1. *Alle Beteiligten treffen sich in einem Raum.*
2. *Jeder Einzelne ist wichtig und herzlich willkommen und zwar so wie er gerade ist oder nicht ist.*
3. *Das Positive Feld beginnt und endet im Kreis.*
4. *Es gilt das Prinzip der freien Füße, also die Freiheit zu kommen, zu gehen und zu bleiben.*
5. *Jeder Beitrag ist wesentlich für das Ganze.*
6. *Das einzige Ziel besteht darin, positive Erfahrungen miteinander zu ermöglichen, in der Begegnung mit sich selbst und mit anderen.*
7. *Auf dem Weg dorthin gibt es kein Richtig und kein Falsch, also weder Kritik noch Rechtfertigung.*
8. *Der Ablauf folgt dem Grundmuster der Dynamischen Entspannung: Anfangen, Loslegen, Loslassen und Loswerden alter Anspannungen*
9. *Musik ist immer dabei.*
10. *Am Ende stehen konkrete Schritte zum Erreichen der entsprechenden Ziele und feste Vereinbarungen.*

Unser erstes Positive Feld: Meeting People
Die Kennlern- und Entspannungsparty

Es kommen immer wieder Situationen im Leben, in denen wir neue Orientierung suchen - weil wir uns vielleicht gerade getrennt haben, umgezogen sind, unsere Eltern gestorben sind oder wir unser Leben einfach etwas langweilig finden. Dann stellen wir uns vielleicht auch die Frage: wo und wie können wir neue Menschen kennenlernen? Das wird heute für viele zum Problem, es fehlen einfach passende Gelegenheiten. So entstand die Idee von „Meeting people".

Es sollte ein lockeres Treffen werden und den Menschen in einer heiteren Atmosphäre die Leichtigkeit des Seins wieder nahe bringen. Das würde ihnen helfen, auch außerhalb von „Meeting People" Kontakte zu knüpfen und zu pflegen. Anders als auf verkrampften Parties sollte sich hier jeder frei fühlen und Spaß daran haben, er selbst zu sein. Kaum jemand gibt gern zu erkennen, wenn er sich allein fühlt und Kontakt sucht. Dieses Gefühl ist noch mit viel

Scham und Peinlichkeit besetzt. Die Angst vor Körperkontakt ist auch ein wichtiges Thema. Manche Menschen verbinden mit Körperkontakt sofort Sexualität, was ich für ausgesprochen unnatürlich halte.

Die erste Veranstaltung fand 1993 in einem Hamburger Hotel statt. Es war ein großer Erfolg. Wir hatten ein abwechselungsreiches Programm mit verschiedenen Biodynamischen Übungen zusammengestellt und schon nach einer Stunde herrschte eine so rege Aktivität, dass in dem Rundfunkbericht darüber von einem kleinen Wunder gesprochen wurde.

Es war natürlich keine Zauberei, wir hatten es nur geschafft, die Anspannung aus den Teilnehmern zu nehmen, den Erwartungsdruck und den Darstellungsdruck. Entgegen unseren Befürchtungen waren auch viele Männer dabei, Teenager und Thirdagers. Einige kamen in Kostümen, andere in T- Shirts - das Äußere spielte tatsächlich keine Rolle.

Ich sehe heute noch vor mir, wie schnell sich die Gesichter veränderten. Am Anfang wirkten viele neutral bis skeptisch und manche hängenden Mundwinkel waren zu sehen. Obwohl der Raum mit 180 Leuten überfüllt war, herrschte am Anfang die Stille einer Kathedrale. Aber von Übung zu Übung stieg der Aktivitätspegel, die Bewegungen wurden freier, die Gesichter entspannter und dann war das Eis gebrochen. Ein phantastisches Erlebnis!

Wir wollten „Meeting People" auch in Paris und London, ja sogar in San Francisco veranstalten, aber meine Krankheit machte diese Pläne erst einmal zunichte. Erst Ende der neunziger Jahre nahm Peter Bergholz mit einem Kollegen dieses Projekt in Hamburg wieder auf. Jetzt nennen sie es „Moving People - frei im Bauch & Kribbeln auf der Haut".

Positive Felder in Unternehmen und Organisationen
„Man redet, weil man sich versteht, und nicht, damit man sich versteht."

Sind Sie berufstätig und arbeiten nicht als Ich-AG, sondern mit anderen zusammen? Dann spüren Sie jeden Tag am eigenen Leib, wann Ihnen Arbeit gelingt und wann nicht. Es gibt nur noch einen einzigen übergreifenden Erfolgsfaktor für heutige Unternehmen, der sich durch das Maß klarer und direkter Kommunikation definiert. Das hat vor allem mit den enormen Reibungsverlusten zu tun, die mit angespanntem Umgang und verdeckten Transaktionen einhergehen. Diese binden bis zu 80% der (theoretisch) zu Verfügung stehenden Energien der Mitarbeiter auf allen Ebenen. Es bleibt ein Rest, zum Sterben zu viel, zum Meistern der Zukunft aber häufig zu wenig.

Die Vorstellung, externe Experten könnten dieses Dilemma durch das Antrainieren von Soft-Skills beheben, hat sich als kostspieliger Irrtum erwiesen, denn jedes System (Belegschaft, Team) ist einzigartig und muss seine Struktur selbst suchen und finden. Reibungsarmes Miteinander, Motivation, Loyalität, Kreativität, Begeisterung in einer Gemeinschaft entwickeln sich von innen oder sie entwickeln sich gar nicht.

Sich gut verstehen und dann gut zusammenarbeiten, dies ist die natürliche Reihenfolge. In den Positiven Feldern können sich genau diese Prozesse entfalten. Aus diesem Grund bieten wir sie Unternehmen als neues Förderungssystem an. Hilfe zur Selbsthilfe: „Die Idee, über gemeinsame Erfolgserlebnisse Menschen zusammen zu bringen, halte ich für genial", so der Arbeitsmediziner Dr. Frank Illig, „man fragt sich, warum andere noch nicht auf diese Idee gekommen sind!".

Mit dem Erscheinen dieses Buches werden wir an der Umsetzung unserer Idee arbeiten, Positive Felder oder ähnliche Veranstaltungen an möglichst vielen Orten zu unterstützen. Auch kleinere Städte eignen sich, denn hier ist es für Interessierte besonders schwierig, gemeinschaftsstiftende Angebote zu finden.

Wir laden Sie gerne zu unseren Veranstaltungen ein und unterstützen Sie beim Aufbau, die Kontaktadresse finden Sie im Anhang.

.

Wie dieses Buch entstand:

Das Gebot der Stunde: Hilfe zur Selbsthilfe

Es war eine Beobachtung aus dem Alltag, die den Anstoß zu diesem Buch gab: Auf dem Weg zum Hamburger Flughafen hatten wir noch etwas Zeit und beschlossen, unterwegs eine kleine Pause einzulegen. Die Sonne schien besonders warm an diesem Sonntagnachmittag im Herbst 1991, und wir landeten schließlich in einem für die Lüneburger Heide typischen Gasthof. Es war brechend voll, hauptsächlich Tagesausflügler aus Hamburg, die zum üblichen Sonntagsspaziergang in die Heide fahren und sich dann mit Kaffe und Kuchen verwöhnen. Wir fanden einen Tisch, erzählten und erzählten, anfangs ohne zu merken, dass unsere Stimmen langsam immer leiser wurden, irgendwann flüsterten wir nur noch.

Was war passiert? Wir schauten uns um: Viele Paare, auch ganz junge, einzelne Herren und Kinder. An manchen Tischen saßen auch ganze Familien, es war wohl eine der Gelegenheiten, die alten Eltern einmal auszuführen. Was wir in unserem Eifer nicht bemerkt hatten - alle schwiegen, jedenfalls war es so still, dass man eigentlich nur das Klappern der Gabeln auf den Kuchentellern hörte. Ab und an brabbelte jemand irgendetwas vor sich hin, dann war wieder Schweigen im Walde.

Aber es war keine meditative oder behagliche Stille, es herrschte frustrierte, angespannte Wortlosigkeit. Gerda schien fast geschockt zu sein „Es ist Sonntagnachmittag, ein herrlicher Tag, eine wunderschöne Landschaft, man ist mit seinen Liebsten zusammen. Und nicht ein einziger dieser hundert Menschen scheint glücklich zu sein oder sich sich wirklich wohl zu fühlen!“

Und dann sagte Gerda: *„Peter, ich habe schon häufig darüber nachgedacht, wir müssen versuchen, viel mehr Menschen anzusprechen. Auch solche, die nie eine Psychotherapie machen oder eine Selbsterfahrungsgruppe besuchen würden. Es muss sich noch viel stärker herumsprechen, was jeder aus seinem Leben machen kann. Ich glaube, viele Menschen haben überhaupt keine Ahnung, was alles in ihnen steckt!“*

Und so verabredeten wir noch an diesem Nachmittag ein gemeinsames Buch über Psychoperistaltik und Dynamische Entspannung, das Sie jetzt in Händen halten. Die Übungen und die Anwendung der Bauchgeräusche haben die Arbeit von Gerda Boyesen bekannt gemacht, sie sind aber nur eine Seite der Medaille.

Denn ohne eine gewisse Art zu denken und wahrzunehmen verbleiben die Übungen auf der Ebene von Gymnastik und damit unter ihren Möglichkeiten.

Diese „Philosophie“ galt es einem breiten Publikum zu vermitteln, und zwar in einer leichtverständlichen, von jedermann nachzuvollziehenden Form. Wir hoffen, es ist gelungen.

Ausklang:

„Das Leben spannend halten!"

Der Fernsehkanal Arte berichtete im Rahmen einer Serie zur Flow-Psychologie auch über einen ehemals erfolgreichen italienischen Skirennfahrer, der nach einem Verkehrsunfall querschnittsgelähmt blieb - mitten aus dem vollen Leben heraus! Da sagte er: „Eigentlich war der Knall das größte Glück meines Lebens, denn erst danach habe ich mich, meine Gefühle und meine Gedanken, richtig kennengelernt. Es ist vielleicht verrückt, aber ein glückliches Leben habe ich erst im Rollstuhl gefunden!"

Der Sänger Kurt Cobain hingegen schrieb einen Abschiedsbrief: „...schon seit vielen Jahren spüre ich keine Aufregung mehr für Musik (...) ich kann euch nichts mehr vormachen (...) also erinnere ich mich, es ist besser zu verbrennen als langsam zu verwelken..." Dann erschoss er sich, 27 Jahre alt, Vater einer kleinen Tochter und mit seiner Rockband „Nirvana" auf dem Gipfelpunkt des Ruhmes angelangt. Er gab ein Leben auf, in dem Begeisterung verloren gegangen und Routine eingekehrt war.

Der eine verpasst den Zugang zu den Quellen des Lebens, der andere findet sie schließlich. Der größte Feind des Lebens ist die fehlende Begeisterung zu leben. Und diese kann tödlich sein! Ziele und Anregungen liefern uns die nötige Nahrung für die Lust auf das volle Leben, aber wir müssen uns um sie bemühen, sie kommen nicht von allein! Dieses Paradies endet mit unserer freien Kindheit. „Alles Leben wird durch Schwingung aufrecht erhalten, deshalb sucht das Leben instinktiv immer nach Anregungen aus seiner Umgebung." So Masaru Emoto. „Deswegen müssen wir unser Leben spannend halten", sagt Gerda Boyesen und nach dieser Maxime lebt und arbeitet sie.

Was vor einem halben Jahrhundert begann, ist noch nicht am Ende angelangt. „Es gibt noch so viele Ziele und es ist so spannend, die ich noch erreichen kann", sagt Gerda Boyesen heute, immerhin 80 Jahre alt und mit schwerer Krankheit kämpfend. In den übersättigten Zeiten verliert sich offensichtlich der Hunger nach positiven Erlebnissen. Diese aber sind der Motor des Lebens überhaupt.

„Deswegen müssen Menschen wieder Lust verspüren, das aus sich herauszuholen, was in ihnen steckt, alte Träume wieder zu finden, interessanten Menschen zu begegnen und sich auf ihre Zukunft zu freuen," so Gerda Boyesen. „Die Dynamische Entspannung bietet allen Menschen hervorragende Perspektiven!"

Anhang

Zur beigefügten Video-CD

So nutzen Sie die CD

Das sehen Sie auf der CD

Adressen

Zur Video-CD in diesem Buch:

Der Verlag hat diesem Buch eine Video-CD beigefügt. Bitte beachten Sie, dass es sich bei dem Filmmaterial um Ergänzungen zum Buch „Dein Bauch ist klüger als Du" handelt. Die Aufnahmen erfüllen also nicht unbedingt die Anforderungen eines Studioproduktes, sondern es handelt sich um bearbeitete und kommentierte Mitschnitte aus üblichen Seminar- bzw. Trainingssituationen. Dennoch werden Sie die Punkte, die uns wichtig sind, klar erkennen und verfolgen können.

So nutzen Sie die Video CD:

Diese Video-CD können Sie mit jedem PC abspielen (natürlich muss ein Laufwerk vorhanden sein).

Sie benötigen als Software einen installiertem Media Player. In den meisten Fällen wird sich zumindest der „Windows Media Player" auf Ihrem PC befinden, er ist Teil von Windows XP, 98 und 95.

Wir können ansonsten auch den Real Player empfehlen, der kostenlos aus dem Internet heruntergeladen werden kann: www.real.com

Legen Sie die CD in das Laufwerk, normalerweise startet die Video-CD jetzt automatisch. Sollte dies nicht der Fall sein, dann starten Sie bitte Ihren Media Player, gehen auf DATEI, danach auf ÖFFNEN und wählen Ihr CD Laufwerk, dann die Videodatei. Jetzt geht es los!

Das sehen Sie auf der Video-CD:

I. Gerda Boyesen leitet eine Biodynamische Schönheitsbehandlung an.

Gestaute Energie im Bindegewebe der Gesichtshaut läßt das Gesicht älter wirken und vertieft Falten. Außerdem schwillt die Haut infolge gestockter Flüssigkeit aufgedunsen. Im Extremfall wirkt ein Gesicht dann leblos.

Mit einer sehr einfachen biodynamischen Selbstbehandlung werden die Stauungen aufgelöst und die Energie verteilt, das Ergebnis ist in jedem Fall eindrucksvoll.

II. Gerda Boyesen leitet eine Biodynamische Energie-Selbstbehandlung an.

„Wenn die Lebensenergie strömt, dann wächst die eigene Ausstrahlung."

Auch dieser Behandlung liegt die Idee von Energieverteilung zugrunde. Energie kann sich grundsätzlich überall stauen. Hier geht es darum, durch Selbstmassage oder andere einfache Behandlungen die Schlüssel zum Auflösen der Stauungen zu finden. Die Bauchgeräusche zeigen den Erfolg an.

Ausstreichen der Arme
langsame Ausstreichen: entspannt
schnelles Ausstreichen: macht munter

Energie sammelt sich häufig auch in den Gelenke,
mit speziellen Bewegungen werden hier Schultergelenken,
Knie und Fußgelenke entstaut.

Solarplexus: Kreisen, greifen und wegnehmen!
Ohren (hier sammelt sich besonders viel): aufnehmen und wegwerfen!

Wichtig: diese Massage wirkt nicht, wie sonst üblich, auf die Muskeln sondern auf den Energiefluss. Deshalb ist hier die Intentionalität der Berührung wichtiger als deren Qualität.

III. Lernen Sie die Gewinnenden Bewegungen kennen
Die sieben Starter:

Wenden Sie einen oder mehrere dieser Starter an, wenn Sie sich müde, schwach oder freudlos fühlen. Wahrscheinlich müssen Sie zuerst eine gewisse Unlust überwinden, aber diese Starter sind niederschwellig, sie stellen keine großen Anforderungen an Sie, Sie fangen einfach irgendwie an......

Das Ziel ist der AlphaBlues, dann fließen verschiedene Bewegungen zusammen, verselbstständigen sich und können sich zu einem kleinen Kraft- und Lust spendenden Tanz entwickeln.

Atempumpe :
Mit dem Atmen steigt das Leben hoch! Die Atempumpe kann überall unbemerkt angewendet werden, auch im Angesicht eines wütenden Chefs und in der stickigsten Konferenz.

Der freie Kopf :
Hier genügen sanfte Bewegungen und die Gedanken fangen an, sich zu verändern.

Bewegte Kiefer:
Vor schwierigen Situationen besonders zu empfehlen, hier wird häufig festgehalten, was uns lebendig und ausdrucksstark macht.

Vitale Schultern:
Der wirksame Schutz gegen die schleichende Lust, es sich zu schwer zu machen.

Tanzende Arme:
Nur bewegliche Arme handeln zielgerichtet.

Kraftvolles Becken:
Im Laufe der Jahre werden viele Becken steif . Power, Lust und Liebe schwinden dahin...

Lebendige Beine sind starke Beine.
Wir laden Sie ein: Finden Sie etwas über Ihr eigenes Bewegungsmuster heraus! Sollten Sie feststellen, dass Ihnen diese natürliche Bewegung fremd geworden sind, dann gewöhnen Sie sich diese wieder an, in Bus und Bahn, beim Warten , in der Pause, davor und danach, vielleicht sogar mit anderen, in der eigenen Familie oder in einer unserer Gruppen!

IV. Gerda Boyesen leitet an: Gewinnende Bewegungen
Vitale Schultern:
Tanzende Arme:
Kraftvolles Becken:
Lebendige Beine:

Und dann kommt ein sanfter AlphaBlues in das Becken.....und die Psychoperistaltik beginnt zu gluckern....
Hier ist auch der Einsatz eines Stethoskops gut zu beobachten.

V. Der Übergang zum Alpha-Blues

„Alpha-Blues“ ist ein Kunstwort für die ursprünglichste aller natürlichen Regungen: die Bewegung aus der Bewegung heraus. Es ist das Gegenprogramm zur Anpassung und falsch verstandener Selbstkontrolle; immer individuell und jedes Mal ein Unikat.

Auf dem Video sind drei dieser kleinen Tänze zu sehen, sie unterscheiden sich beträchtlich voneinander, verfolgen erkennbar aber ein identisches Ziel: Anspannungen loszuwerden und das Leben (wieder) zu spüren.

Erstes.Beispiel: Svea, sie ist Lehrerin. „So schalte ich nach einem anstrengenden Unterrichtstag ab."
Zweites Beispiel: Benni, er ist BWL-Student und steht in der Abschlussprüfung: „Ich sitze seit Monaten 10-12 Stunden täglich am Schreibtisch, solche Bewegungen mache ich alle zwei Stunden, danach fühle ich mich wie neugeboren und wieder aufnahmebereit."
Drittes Beispiel: Kerstin, Mutter, Seminarleiterin und Hausfrau."
Der Körper lernt schnell. Unsere Beispiele zeigen noch recht auffällige Bewegungen, diese reduzieren sich im Laufe der Zeit.

Svea „ Wenn ich vor der Klasse sitze und merke, dass ich meine Energie verliere, dann bewege ich jetzt nur noch das Becken und den Unterkiefer. Das ist mein spezieller AlphaBlues für Situationen, in denen keiner etwas merken soll!"

Gerda Boyesen: „Manche der Leserinnen und Leser unseres Buches werden möglicherweise nicht die Motivation aufbringen, um die Übungen der Dynamischen Entspannung auszuprobieren. Die kleinen Gewinnenden Bewegungen, die wir hier vorschlagen, erfordern keine große Überwindung. Und auch wer sie nur ansatzweise in sein Leben bringt, kann von ihnen enorm profitieren."

Und wer jetzt auf den Geschmack gekommen ist und diesen Weg weitergehen möchte:

Gerda Boyesen auf Video-Cassette: Biodynamische Psychologie
ca. drei Stunden. Aufbereitung: Peter Bergholz

Gerda Boyesen bei der Arbeit: Behandlungen, Vorträge, Geschichten. Dieses einzigartige Material liefert tiefe Einblicke in die Arbeit einer Pionierin der Körperpsychotherapie.

Erscheinungsdatum: Oktober 2003
Preis: 55 Euro,
Subscriptions-Vorzugspreis für Leser dieses Buches:
40 Euro (nur gültig bis 1. September 2003)

Direktvertrieb über Mikado-Verlag: 20149 Hamburg, Mittelweg 111,
Email: mikado@mikado-verlag.de, Fax 040 - 822272111

Nützliche Adressen

„Das Seminarhotel Odenwald ist ein wunderbarer Platz für unsere Gruppen, es wurde in den letzten Jahren immer mehr zum Zentrum meiner Arbeit in Deutschland“! Gerda Boyesen

... und ist vielleicht auch der richtige Platz für Ihre Veranstaltungen! Gelegen zwischen Frankfurt, Darmstadt und Heidelberg. Bahnhof Höchst (4 Km), 40 Autominuten nach Frankfurt. 50 (-80) Betten, 32 Zimmer, alle mit DU/WC, 3 Seminarräume (120. 80, 60 Quadratmeter). Sauna, Liegewiese).

64739 Hassenroth, Am Dachsrain 2, Tel. 06163-912020, Fax 06163-912022, www.seminarhotel-odenwald.com, Email: leitung@seminarhotel-odenwald.com

Hier ist Gerda Boyesen persönlich zu erreichen:

Gerda Boyesen Institute
15, The Ridgeway
London W3 8LW
Telephone +44 (0) 208 998 8701
Fax +44 (0) 870 705 9934
Email gbi@biodynamic.org
Website www.biodynamic.org

Vorträge und Seminare zum Buch:

Gesund bleiben und werden: Einführung in die Psychoperistaltik,
Schritte aus der Angst,
Positive Felder u.a.
Ausbildungen in Dynamischer Entspannung

Deutsche Liga für Angst- und Stresslösung (DLAS)
Peter Bergholz, Dipl. Psych.
Am Lintel 40, 27432 Bremervörde
Tel. 04761-921291
www.Bauchenergie.de
Email Bergholz@web.de